KB052034

중국 홍군의 2만 5천리 장정(長征) 신(新) 문화답사기

중앙방송총국 TV대하특집프로그램『장정의 노래』촬영팀 지음
(中央广播电视总台大型电视专题片《长征之歌》摄制组 著作

옌동(闫东) 책임편집
김승일(金勝一) 옮김

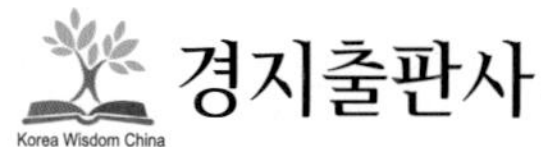

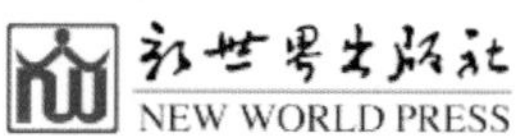

중국 홍군의
2만5천리 장정(長征) 신(新) 문화답사기

초판 1쇄 인쇄 2024년 3월 25일
초판 1쇄 발행 2024년 3월 31일
발 행 인 김승일
출 판 사 경지출판사
출판등록 제 2015-000026호

ISBN 979-11-93337-04-2 (03330)

판매 및 공급처 경지출판사
주소 : 서울시 도봉구 도봉로117길 5-14 **Tel** : 010-3202-8325
홈페이지 : https://www.sixshop.com/Kyungji

* 잘못된 책은 바꿔드립니다. 가격은 표지 뒷면에 있습니다.
* 이 책은 본사의 허락없이는 어떠한 형태나 수단으로도 이 책의 내용을 무단 사용할 수 없습니다.

이 도서의 국립중앙도서관 출판사 도서목록(CIP)은 서지정보유통지원시스템 홈페이지(http://seoji.nl.go.kr)와 국가자료공동목록시스템에서 이용하실 수 있습니다.

중국 홍군의
2만5천리 장정(長征) 신(新) 문화답사기

중앙방송총국 TV대하특집프로그램 **『장정의 노래』** 촬영팀 지음
(中央广播电视总台大型电视专题片《长征之歌》摄制组 著作

옌동(闫东) 책임편집 | 김승일(金勝一) 옮김

중국 홍군의 25,000리 장정(長征)

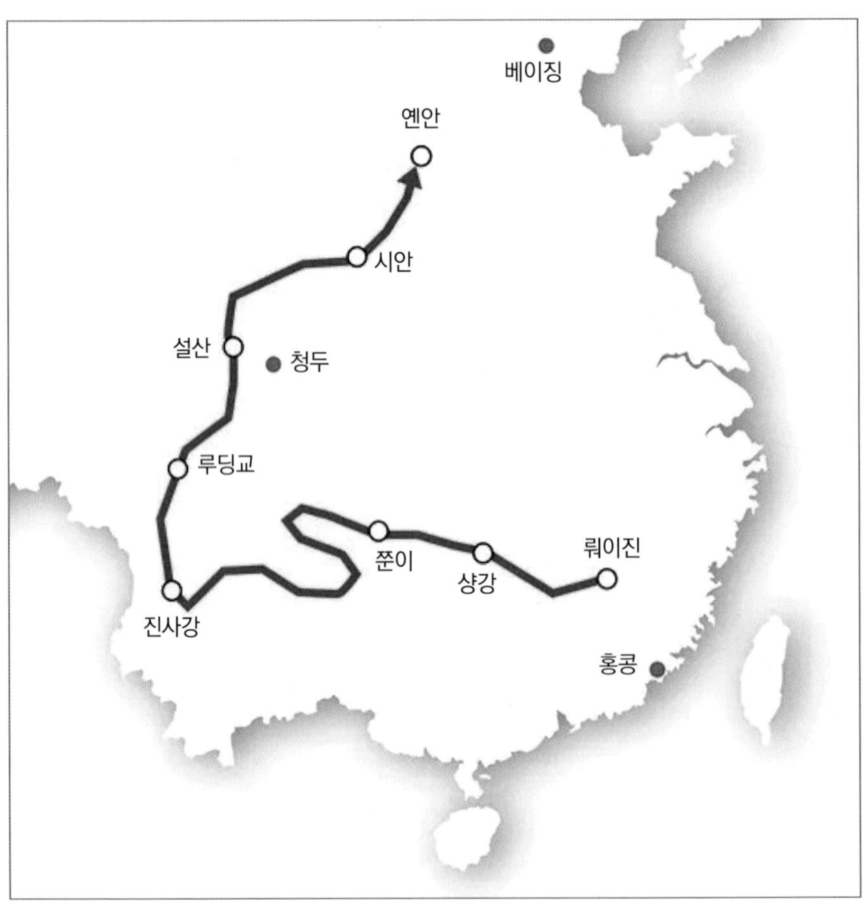

머리말

『장정』에서 『장정의 노래』까지

장정(长征)은 대서사시이며, 장정에는 이루 다 말할 수 없는 이야기가 있다. 2016년 CCTV(중국 중앙 텔레비전)는 홍군(红军)의 장정 승리 80주년을 기념하기 위해 8부작 다큐멘터리 『장정』을 제작했다. 8년 후에 CCTV는 또 다른 6부작 특집 프로그램 『장정의 노래』[1]를 제작했다. 이 작품은 시진핑 신시대 중국 특색 사회주의 사상을 지도사상으로 한 훌륭한 작품으로, 장정 국가문화공원(长征国家文化公园) 건설을 바탕으로 장정의 이야기를 들려주고, 장정의 정 신을 계승하며, 새로운 시대의 새로운 장정의 참신한 성과를 반영하였다.

장정은 중국 공산주의자들의 정신적인 혈통이다. 여러 세대의 중국 공산주의자들이 장정의 정신을 이어받아 홍색 혈통을 이어왔던 것이다. CCTV 사회교육프로그램센터의 옌동(闫东) 제작진은 장정의 정신에 따라 『장정』과 『장정의 노래』를 완성하는 데 꼬박 8년이라는 시간을 공들여 제작했다. 그런 점에서 지금까지 중국 다큐멘터리 분야에서 장정의 역사에 대해 가장 많이 연구해온 권위 있는 전문 제작진이라고 할 수 있다.

중국 외문국(外文局) 산하의 신세계출판사(新世界出版社)와 옌동 씨의 인연은 2004년 『샤오핑 백년(百年小平)』으로부터 시작되었으며, 이후 『1937 난징 기억

1) 이 책에서는 제목을 『중국 홍군의 2만5천리 장정(長征) 신(新) 문화답사기』라고 함.

(1937南京记忆)』, 『동방의 주요 전장(东方主战场)』, 『공자(孔子)』, 『강주아오 대교(港珠澳大桥)』, 『장정』 등 굵직한 작품들의 출판에 협력해 왔다. 수년에 걸쳐 중국의 주요 제재(题材, 주제가 되는 자료)를 창조하는 데 앞장서온 옌동 씨는 매우 부지런하고, 항상 창작에 대한 열정을 갖고 있으며, 종종 지혜의 빛으로 반짝이면서 재치 있는 언어로 우리들을 감탄하게 만들고 있다.

『장정의 노래』는 6부작으로 매 회당 50분씩 총 300분 분량이다. 1부의 주제는 "장정문화재에 생명을 불어넣다", 2부의 주제는 "시공간을 초월한 약속", 3부의 주제는 "녹색 생태 회랑", 4부의 주제는 "여정의 길에서 기적이 빛나다", 5부의 주제는 "붉은 리본 위의 이상향", 6부의 주제는 "장정으로 세계가 중국을 읽다"이다.

『장정의 노래』는 장정을 다룬 기존의 다큐멘터리와는 달리 장정 국가문화공원 건설을 테-마로 삼아, 장정의 역사와 현재의 이야기를 새로운 시대적 관점에서 들려준다. 장정 국가문화공원은 '14차 5개년 계획' 기간 동안 국가가 추진한 주요 문화 프로젝트이다. 홍군의 장정은 15개 성(자치구 및 직할시 포함)을 통과했는데, 그 연선에는 장정의 수많은 문화재와 문화자원이 보존되어 있기 때문에 대체할 수 없는 역사적, 기념적, 교육적 가치를 지니고 있다. 『장정의 노래』는 장정 국가문화공원 건설의 보호와 계승, 연구와 발굴, 환경 지원, 문화관광 통합, 디지털 재현, 교육과 훈련 등의 요구에 부응하고자 만들어진 프로그램으로서 장정 국가문화공원 건설의 진행 상황을 반영하고 장정의 정신을 보여주었다.

『장정의 노래』는 "장정과 우리"라는 창작이념을 고수하고, "국가의 큰일(国之大者)"과 "인민의 관심(民之关切)"을 유기적으로 결합하였으며, 과거 홍군의 굳건한 약속이 지금 단계적으로 실현되고 있는 현실을 둘러싸고, 50여 개의 생생한 에피소드를 통해 각급 당 조직, 당원 및 간부, 여러 민족 인민들이 시진핑 동지를 핵심으로 하는 당 중앙의 강력한 지도 아래 한데 뭉쳐 새로운 장정을 진행해 나가는 정신적 풍모를 보여주었다.

역사 속의 장정은 과거가 되었고, 새 시대의 장정은 한창 진행 중이다. 『장정의 노래』 총감독 창작회의에서 옌동은 다음과 같이 말했다. "『장정의 노래(长征之歌)』의 '가(歌)'는 노래이고 읊조림이자 예찬이라 할 수 있습니다. 이는 중국 인민의 의욕적이고 진취적이며 끊임없이 진보하는 정신력에 대한 예찬이고, 위대한 장정의 정신에 고무된 각지의 간부와 대중의 새로운 여정에 대한 책임과 헌신에 대한 예찬이며, 장정의 연선에 있던 지역이 새로운 시대와 함께 발전한 성과와 놀라운 변화에 대한 예찬입니다."

홍색 유전자는 대대로 이어질 것이고, 장정의 정신은 영원히 빛날 것이다. 이 책의 출판은 위대한 장정을 기념 할뿐만 아니라 새로운 시대의 새로운 장정의 노래를 기록하기 위한 것이다. 이제 중국식 현대화의 새로운 장정의 경적이 울렸고, 14억 중국인민은 중국공산당의 지도 아래 인류 문명의 새로운 장을 쓰기 위한 여정을 시작하고 있다. 시작은 미약하지만 그 끝은 심히 창대할 것이다! 새로운 승리의 노래가 울려 퍼지기를 기원하고 기대한다! 『장정의 노래』 프로그램의 주제곡 가사에서 알 수 있듯이 "천년의 꿈을 안고 새로운 장정의 길을 걸으면, 장정의 노래는 끊이지 않을 것이고, 마음과 마음이 이어져 앞으로 나아갈 것이다."

중국 외국어출판발행사업국(中国外文出版发行事业局)

루차이롱(陆彩荣) 부국장

2023년 2월

차 례

중국 홍군의
25000리 장정(長征) 신(新) 문화답사기

차 례

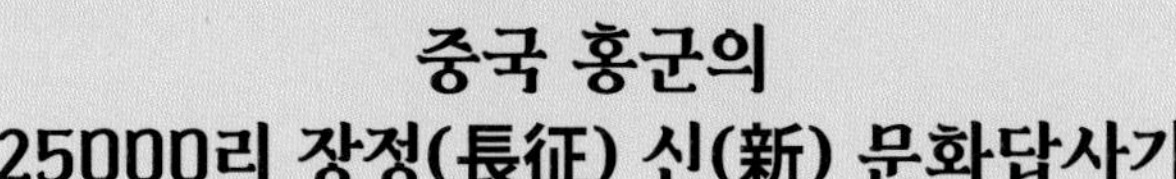

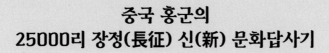

중국 홍군의
25000리 장정(長征) 신(新) 문화답사기

제1장
장정문화재에 생명을 불어넣다

중국공산당 역사박물관(中国共产党历史展览馆)

5대 테마조형물(五大主题雕塑)

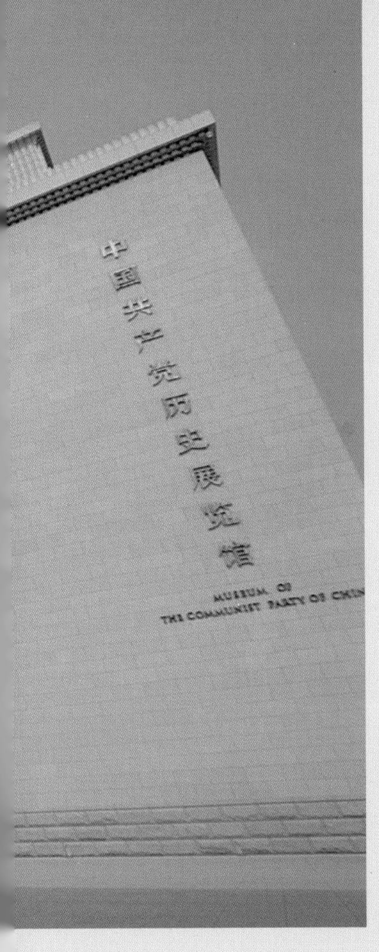

2021년 7월 중국공산당이 창당 100주년을 맞이했다. 베이징(北京)의 새로운 홍색 랜드마크인 중국공산당 역사전시관이 일반에 개방되었다. 전시관 서쪽 광장에는 인민의 행복과 민족의 부흥을 위한, 중국공산당의 100년 투쟁에 대한 이야기를 담은 5대 테-마 조형물이 웅장하게 서 있다. 홍군(红军)이 장정에서 넘었던 대설산—자진산(夹金山) 기슭의 한백옥(漢白玉)을 캐다가 만든 조형물은 충성심과 헌신을 상징하며 초심과 사명을 담고 있다.

장정은 인류 역사상 위대한 장거이자 20세기 세계의 미래에 영향을 미친 중요한 사건 중 하나이며, 중국공산당과 중국 노농홍군(工农红军)이 쓴 장려한 서사시다.

시진핑 총서기는 꿰이저우(贵州) 쭌이(遵义), 닝샤(宁夏) 시지(西吉), 장시(江西) 위두(于都), 후난(湖南) 루청(汝城), 광시(广西) 촨저우(全州) 등 장정 연선의 중요 지점을 차례로 시찰하며 장정 국가문화공원 건설에 중시를 기울였다.

장정 국가문화공원은 문화재 자원과 문화유산을 활성화함으로써 문화재가 이야기하고, 역사가 이야기하며, 문화가 이야기하도록 할 것이다.

장정 국가문화공원(산시 구간) 중앙홍군 장정승리기념공원
长征国家文化公园(陕西段)中央红军长征胜利纪念园

1. 장정 국가문화공원

장정문화재와 문화자원은 장정 역사의 행군 루트와 혁명 위업을 기록하여 마오쩌둥 동지와 홍군 지휘관으로 대표되는 원로 세대 혁명가들이 피 흘리며 싸우고 혁명에 투신한 역사적 장면을 보여주고 있으며, 대체할 수 없는 역사적·기념적·교육적 가치를 지닌 중국 특색의 혁명적 역사 주제와 문화 노선을 형성한 장정의 역사적 증인이자 물리적 매개체이다.

2019년 7월 시진핑 총서기는 중앙심화개혁위원회 제9차 회의를 주재하여 만리장성, 대운하, 장정 국가문화공원 건설 방안을 심의·통과시키면서 장정 국가문화공원 건설이 시작되었다. 장정 국가문화공원에는 주요 전시 정원, 집중 전시 벨트, 특색 있는 전시 지점 등이 있으며, 중국 남동

장정 연선의 기념비와 옛터(长征沿线纪念碑、旧址)

장정 연선의 기념비와 옛터(长征沿线纪念碑、旧址)

쪽에서 북서쪽까지 15개 성(자치구 및 직할시 포함)의 광활한 지역과 차례로 연결되어 있다.

장정 국가문화공원에는 장정을 주제로 한 기념관, 기념시설, 문화유적 등이 있으며, 장정 기간 동안의 주요 역사적 사건과 중요 기념 유적지가 전시되어 있다.

장정 연선의 기념비와 옛터(长征沿线纪念碑、旧址)

장정 연선의 기념비와 옛터(长征沿线纪念碑、旧址)

장정문화재

장정문화재는 이동 불가 문화재, 이동 가능 문화재 등 종류가 다양하다. 전국에 2,100개 이상의 이동 불가 장정문화재가 있으며, 주로 문화재 건축물 및 건축물 군집, 전장 유적, 행군 유적, 교통 시설, 홍군 구호, 기념 시설 등 장정의 역사를 종합적으로 증언하고 장정 루트 전체를 아우르는 유적들이 있다.

장정문화재(长征文物)

장정문화재(长征文物)

장정 국가문화공원 내 기념관

총 70여 개의 장정 테-마 박물관, 기념관, 전시관이 장정 연선 지역을 포괄하고 있다. 장정을 테-마로 한 박물관에는 풍부하고 다양한 장정문화재가 전시되어 있으며, 이는 장정의 역사를 전반적으로 보여주는 중요한 매개체이자 장정의 이야기를 전달하고 장정의 정신을 홍보하는 데 중요한 역할을 한다.

장정 국가문화공원 내 기념관(长征国家文化公园里的纪念馆)

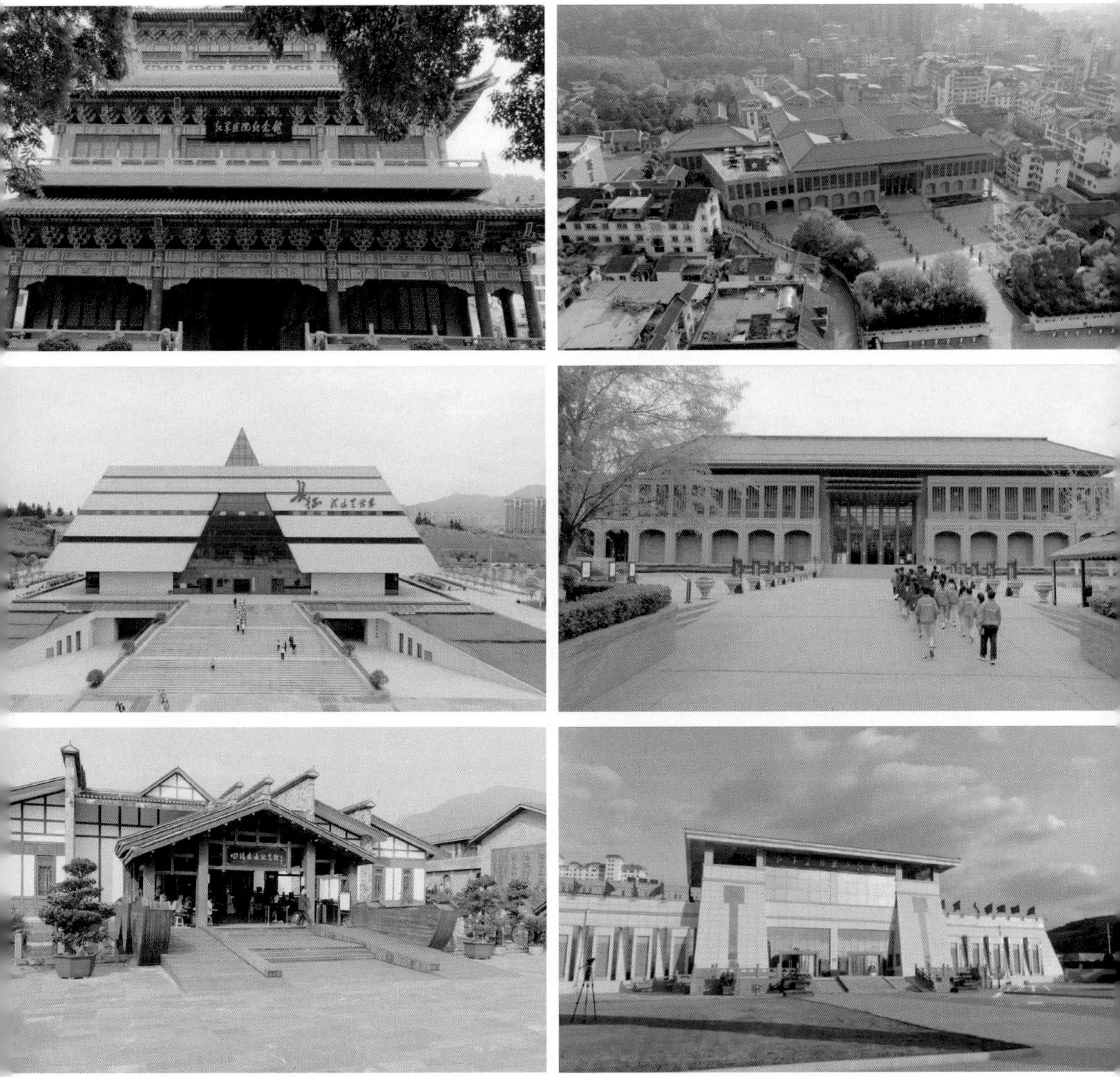

장정 국가문화공원 내 기념관(长征国家文化公园里的纪念馆)

장정 테마 기념시설

장정 테마 기념시설에는 열사묘지, 열사능원, 기념비, 조형물, 기념 정원, 기념 광장 등 다양한 종류가 있으며, 그 중 열사묘지와 기념비가 주를 이룬다. 전국적으로 장정 테마에 속하는 애국주의교육 시범기지는 장정 시대의 주요 역사적 사건과 중요한 혁명 기념지를 기본적으로 포괄한다. 장정의 문화재와 문화 자원은 위대한 장정의 정신을 담고 있다.

장정 테마 기념시설(长征主题纪念设施)

장정 테마 기념시설(长征主题纪念设施)

장정 테마 기념시설(长征主题纪念设施)

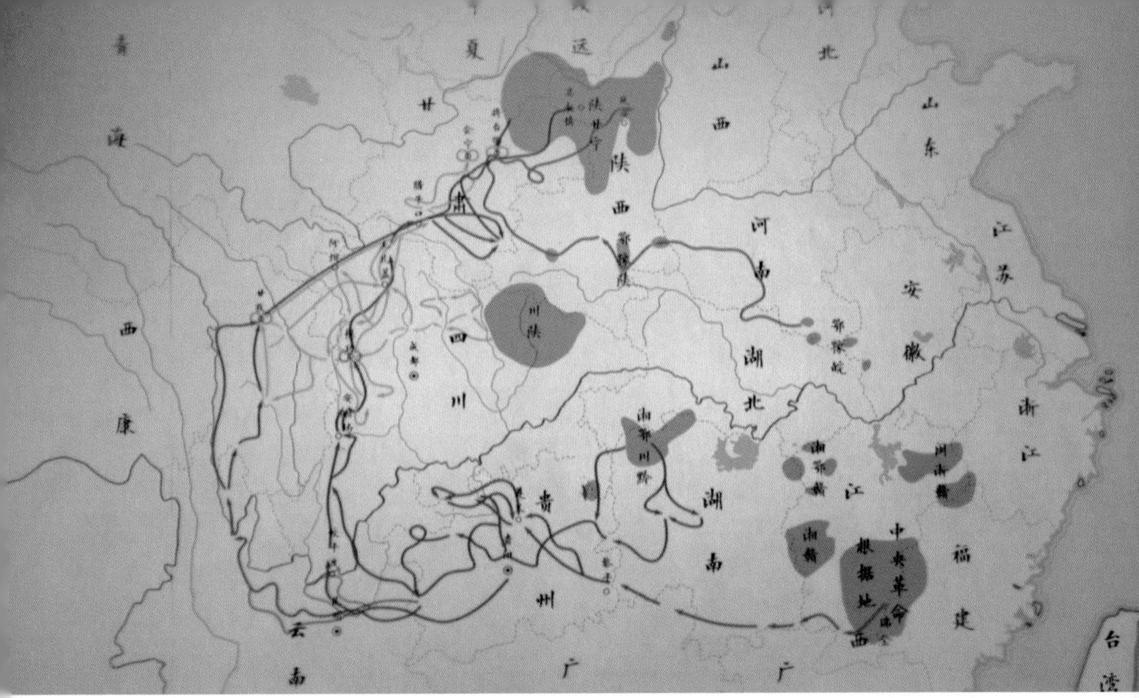

장정 전역도(长征全图)

2. 말로 전하는 장정의 역사

1934년 10월부터 1936년 10월까지 중국공산당이 이끄는 중앙홍군, 홍25군(红二十五军), 홍4방면군(红四方面军), 홍2군단(红二军团), 홍6군단(红六军团)의 주력은 국민당군의 '토벌'을 분쇄하고, 핵심 전력을 보존하며, 북상항일을 실현하고, 민족을 위기에서 구해야 하는 중책을 짊어지고 속속 혁명 근거지를 떠나 전략적 이동의 길에 올랐다.

그들은 십여 개의 성(省)을 가로지르는 매우 힘든 만 리(里) 행군을 해냈다. 도도하게 흐르는 급류를 넘고, 눈 덮인 산을 정복하고, 망망한 초원을 가로지르고, 겹겹의 봉쇄를 돌파하고, 100만 명 이상의 적군의 포위망을 분쇄하며 마침내 산간닝(陕甘宁) 지역에서 성공적으로 합류함으로써, 중국혁명의 새로운 단계를 열었다. 역사적으로는 중국홍군의 이 위대한 장거를 '장정(长征)'이라고 부른다.

오늘날 장정을 경험한 노인들은 대부분 세상을 떠났지만, 이들이 들려주는 이야기는 장정 국가문화공원에서 영원히 울려 퍼지고 있다.

80여 년이 지났지만 장정은 아직 멀리 가지 않았습니다. 장정은 사람들의 마음속에 있고, 직접 경험한 중국 노농홍군(工农红军)의 노장들의 기억 속에 남아있습니다.
— 왕딩궈(王定国)는 홍4방면군(红四方面军) 선전원이었는데 인터뷰 당시에는 이미 104세의 고령이었다. (2016년 인터뷰)

그때는 조금도 흔들림 없이 꿋꿋이 공산당을 따라 나아갔습니다.
— 펑쉐유(冯学友)는 홍4방면군(红四方面军) 전사였는데 인터뷰 당시에는 이미 99세의 고령이었다. (2016년 인터뷰)

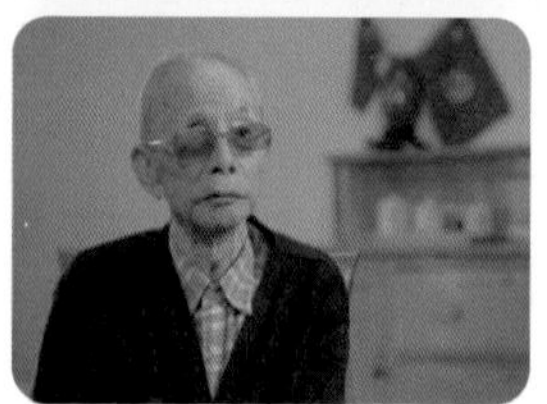

장정은 이상과 신념 없이는 하루도 버틸 수 없습니다.
— 홍밍꿰이(洪明贵)는 홍25군(红二十五军) 위생원이었는데, 인터뷰 당시에는 이미 98세의 고령이었다.
(2016년 인터뷰)

아픕니다. 말할 수 없이 아픕니다. 오로지 의지로 버텨내야 했지요.
— 천유더(陈有德)는 홍6군(红六军) 통신반장이었는데, 인터뷰 당시에는 이미 97세의 고령이었다. (2016년 인터뷰)

하늘에서는 비행기가 폭격을 해대고, 땅에서는 육박전을 했습니다. 매일 있는 일이었지요.
— 두홍젠(杜宏鉴)은 홍6군(红六军) 중대 지도원이었는데, 인터뷰 당시에는 이미 101세의 고령이었다. (2016년 인터뷰)

아무리 어려워도 나는 두렵지 않았습니다.
— 뤄용샹(罗永祥)은 홍4방면군(红四方面军) 나팔수였는데, 인터뷰 당시에는 이미 96세의 고령이었다. (2016년 인터뷰)

장정이 성공할 수 있었던 것은 공산당의 올바른 리더십 덕분이었습니다.
— 뤄광리(罗光里)는 홍4방면군(红四方面军) 위생원이었는데, 인터뷰 당시 이미 98세의 고령이었다. (2016년 인터뷰)

저는 자신을 당에 바치고, 모든 생명을 당에 바칩니다.
— 류 푸스(刘福时)는 홍1방면군(红一方面军) 위생원이었는데, 인터뷰 당시에는 이미 106세의 고령이었다. (2016년 인터뷰)

앞으로 나아가는 것이 곧 승리입니다.
—탄더번(谭德本)은 홍4방면군(红四方面军) 전사였는데, 인터뷰 당시에는 이미 98세의 고령이었다. (2016년 인터뷰)

여러분들께 경례를 올립니다.
— 우칭창(吴清昌)은 홍1방면군(红一方面军) 소대장이었는데, 인터뷰 당시에는 이미 99세 고령이었다. (2016년 인터뷰)

(경례)
— 왕청덩(王承登)는 홍1방면군(红一方面军) 통신반장이었는데, 인터뷰 당시에는 이미 102세의 고령이었다. (2016년 인터뷰)

(경례)
— 장성룽(张生荣)은 홍1방면군(红一方面军) 나팔수였는데, 인터뷰 당시에는 이미 97세의 고령이었다. (2016년 인터뷰)

(경례)
— 천윈종(陈云忠)은 홍1방면군(红一方面军) 정찰병이었는데, 인터뷰 당시에는 이미 102세의 고령이었다.
(2016년 인터뷰)

남들이 풀을 뽑아서 먹는 것을 보고 나도 풀을 뽑아서 씹어 보았습니다. 많은 사람이 죽었습니다. 독초를 먹고 많은 병사들이 죽었습니다.
— 완만린(万曼琳)은 홍4방면군(红四方面军) 전사였는데, 인터뷰 당시에는 이미 92세의 고령이었다. (2016년 인터뷰)

'장정의 노래' 촬영 당시 완만린(万曼琳)은 더 이상 말을 할 수 없었지만, 우리는 그녀의 삶이 고스란히 담긴 소중한 영상을 기록했다.

오늘 우리의 카메라는 늘 그랬던 것처럼, 구출작전을 벌이기라도 하듯 7명의 홍군 전사를 영상에 담아냈는데, 그들의 풍채는 여전히 모든 사람을 감동시키고 있었다.

— 완만린(万曼琳)은 홍4방면군(红四方面军) 전사였는데, 인터뷰 당시에는 이미 98세의 고령이었다. (2022년 인터뷰)

— 자오꿰이잉(赵桂英)은 홍4방면군(红四方面军) 전사였는데, 인터뷰 당시에는 이미 106세의 고령이었다.
(2022년 인터뷰)

그때는 아직 어린 나이였습니다. 15살이었으니까요. 뉴링(牛岭)에서 많은 전투를 치렀는데, 수많은 사람들이 죽었습니다.

— 뤄창성(罗长生)은 홍1방면군(红一方面军) 전사였는데, 인터뷰 당시에는 이미 104세의 고령이었다. (2022년 인터뷰)

천천히 돌아왔습니다. 거기서 이곳까지 오는데, 좋은 길도 있었습니다. 천천히 걸어서 돌아왔는데 5개월 남짓 걸렸지요. 사현(沙县)에서 부상을 입었었지요. 그나마 평지가 좀 있었기에 살 수가 있었지요. 아니면 죽었을 겁니다.

— 주완링(朱万陵)은 홍1방면군(红一方面军) 전사였는데, 인터뷰 당시에는 이미 103세의 고령이었다. (2022년 인터뷰)

저는 여러 가지 일을 했습니다. 범인을 지키고 주방도 맡았지요. 그때 우리는 아직 어렸는데, 그들은 돌아오자마자 저를 높이 들어 올렸지요.

— 왕사오롄(王少连)은 홍4방면군(红四方面军) 전사였는데, 인터뷰 당시에는 이미 103세의 고령이었다. (2022년 인터뷰)

저는 14살에 홍군에 입대했습니다. 홍군이 오자 곧바로 홍군을 따라 나섰지요. 가다가 날이 어두워지면 텐트를 치고 그곳에 머물렀어요. 그렇게 수많은 산을 넘고 물을 건너며 많은 곳을 돌아다녔습니다.

(노래) 태양이 사방을 비추네
비추는 곳마다 밝아지니
공산당이 이르는 곳마다
인민들은 해방을 맞이하네.

— 왕촨잉(王全英)은 홍4방면군(红四方面军) 전사였는데, 인터뷰 당시에는 이미 101세의 고령이었다. (2022년 인터뷰)

'장정 나루터' 비석("长征渡口"石碑)

3. 장정의 출발지

'장정 나루터' 비석

중앙홍군 장정 출발지 기념공원에는 국가 중점 문화재인 '장정 나루터' 비석이 우뚝 서 있다.

장면 재현:
1934년 10월 16일 밤, 발걸음을 재촉하는 행렬이 위두(于都) 강변에 집결했다. 위두현(于都县)에 있는 800여 척의 배가 모두 이곳에 모이게 되었다. 적에게 발각되지 않도록 홍군은 매일 저녁 8시에 부교를 놓아서 강을 건넜고, 다음날 새벽에 철거했다. 중부 소비에트 지역 곳곳에서는 아들을 군대에 보내는 어머니, 신랑을 군대에 보내는 아내, 서로 홍군에 입대하겠다고 경쟁하는 형제들의 작별 장면이 펼쳐졌다.

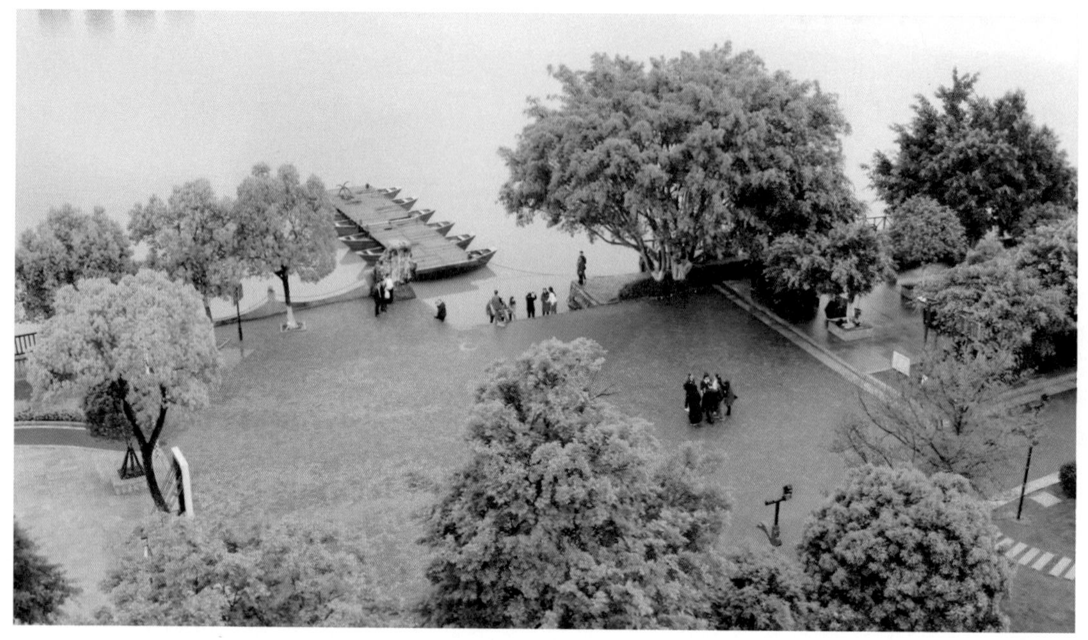

장정 국가문화공원(장시 구간) 위두(于都) 중앙홍군 장정 출발지 기념공원
长征国家文化公园(江西段)于都中央红军长征出发地纪念园

중앙홍군 장정 출발 기념관

중앙홍군 장정 출발 기념관에는 수재(寿材) 하나가 유난히 눈에 띈다.

그 주인은 위두현성 동쪽 성문에 있는 쩡(曾)씨 성을 가진 할아버지이다. 당시 쩡 할아버지는 다리 공사장에 아직 문짝이 부족하다는 소식을 듣고 자신이 오랫동안 보관해 온 수선재료를 선뜻 내놓았다. 이를 안 저우언라이(周恩来)는 "위두 사람들은 정말 훌륭하고, 소비에트 지역 사람들은 참 친근하다."며 감동했다.

위두 열사 기념공원

1932년 14살의 돤꿰이슈(段桂秀)는 홍군 병사 왕진창(王金长)과 결혼했다. 결혼 후 21살이 된 왕진창은 곧바로 장정의 길에 올랐다. 80여 년이 넘는 세월 동안, 이팔청춘에서 백발이 되기까지 돤꿰이슈는 남편 왕진창의 귀환을 고대하고 있었다. ……

104세 고령의 돤꿰이슈(段桂秀)는 홍군 열사 왕진창(王金长)의 미망인이다.
段桂秀104岁红军烈士王金长遗孀

돤꿰이슈 : 남편을 떠나보낼 때 그가 저에게 당부한 말이 있지요. 어머니 말을 잘 들어야 한다고 세 번 네 번 곱씹어 말했지요. 그래서 저는 아무 곳에도 가지 않고 지금까지 줄곧 기다려 왔습니다.

그녀의 남편은 끝내 돌아오지 않았다. 1953년 지방정부에서 "북상해서 소식이 끊겼다"는 열사증명서를 보내왔을 때까지 돤꿰이슈는 이 사실을 믿지 못했다.

2022년 3월 말 104세의 돤꿰이슈는 위두 열사기념공원을 찾았다. 마침내 왕진창이라는 이름 석 자를 본 순간, 80여 년의 긴 세월을 견뎌온 그녀는 더 이상 자

장정 국가문화공원(장시 구간)
위두 열사기념공원
长征国家文化公园(江西段)
于都烈士纪念园

신을 통제할 수 없게 되자 순식간에 흐느껴 울기 시작했다. "당신을 떠나지 못해, 지금까지 이렇게 지켜왔잖아요."하며 그녀는 튀어 나가서 창백한 손으로 남편의 이름을 쓰다듬었다.

위위란(余玉兰) : 저의 할아버지 위스마오(余士茂)는 저의 할머니가 막 임신했을 무렵에 홍군의 장정에 참여했습니다. 그렇게 북상한 뒤로 영영 소식이 끊겼지요.

종젠핑(钟建平) : 저의 할아버지 종난떠우(钟南斗)와 작은할아버지 종자오슈(钟照秀)는 1934년에 장정에 참여했는데, 북상한 뒤로 영영 소식이 끊겼습니다.

이커메이(易克美) : 저의 할아버지는 이관메이(易冠美)입니다. 할아버지의 삼형제는 모두 홍군 전사였습니다. 그 중 두 분이 장정에서 희생되었는데, 북상한 뒤로 영영 소식이 끊겼습니다.

장푸신(张复信) : 저의 할아버지는 장창성(张长生)입니다. 북상한 뒤로 영영 소식이 끊겼지요.

북상한 뒤로 영영 소식이 끊겼다! 북상한 뒤로 영영 소식이 끊겼다! 얼마나 많은 홍군 전사들이 장정의 길에서 쓰러졌던 것일까? 홍1방면군(红一方面军)에 소속된 홍군들은 2만 5천리 장정에서 평균 300미터마다 한 명씩 희생되었다.

위위란(余玉兰)은 홍군 열사 위스마오(余士茂)의 후손이다.
余玉兰红军烈士余士茂后代

중젠핑(钟建平)은 홍군 열사 종난떠우(钟南斗)의 후손이다.
钟建平红军烈士钟南斗后代

이커메이(易克美)는 홍군 열사 이관메이(易冠美)의 후손이다.
易克美红军烈士易冠美后代

장푸신(张复信)은 홍군 열사 장창성(张长生)의 후손이다.
张复信红军烈士张长生后代

광시 촨저우(全州)의 자오산푸(脚山铺)
广西全州脚山铺

4. 샹장 전투의 기념지

샹장 전역(湘江战役) 구술사(口述史)

1934년 11월 25일, 중앙홍군은 국민당군의 세 차례에 걸친 봉쇄를 뚫고 샹구이(湘桂) 경계에 도착했다. 홍군의 주력과 중앙기관이 샹장(湘江)을 건너는 것을 엄호하기 위해 중앙홍군은 적군과 일주일간 필사적으로 싸웠다. 신웨이(新圩), 광화푸(光华铺), 자오산푸(脚山铺)는 중앙홍군이 샹장에서 벌인 피비린내 나는 전투의 3대 주요 전장이었다.

자오산푸 전투에서 홍1군단의 만여 명 전사들은 4~5만 명에 달하는 적들의 광란적인 공격을 완강히 저지하고 사흘 밤낮으로 격전하여 샹장을 건널 수 있는 생명 통로를 만들었다.

유난히 치열했죠. 기관총과 박격포가 모두 우리쪽을 향해 발사되었습니다. 제가 알기로는 첫날 한 시간 만에 연대장과 정치위원 4명이 희생되었습니다.

— 류즈젠(刘志坚)은 홍1방면군(红一方面军) 군단(军团) 선전부장이었는데 인터뷰 당시 84세였다. (1996년 인터뷰)

죽기 살기로 싸웠습니다. 전 부대가 죽기 살기로 싸웠습니다. 위에서는 비행기가 폭격했고 아래에서는 기관총이 불을 토했습니다. 그래도 우리는 이 강을 건너야만 했습니다.

— 왕징춘(王敬群)은 홍1방면군(红一方面军) 소공국제사(少共国际师) 선전간사였는데, 인터뷰 당시에는 97세의 고령이었다. (2016년 인터뷰)

샹장에서의 피비린내 나는 전투는 중앙홍군의 장정 중에서 가장 길고, 가장 크고, 가장 치열하고, 가장 많은 희생을 치른 전투였다.

주하이징(酒海井)의 홍군 기념공원

주하이징은 샹장 전역의 격전지에 있는데 지하 암하로 이어지는 동굴이다. 오랜 세월 동안 사람들은 줄곧 이곳에 수많은 홍군 전사들의 유골이 묻혀 있다고 전해 왔다.

2017년 8월 13일 주하이징 홍군 열사 유해 인양 작업이 공식적으로 시작되었다. 고고학팀원과 수중탐험가들이 한 달 가까이 인양한 결과 동굴 속 진흙탕 속에서 홍군 열사의 유해를 발견하였다.

유해에 종려나무로 만든 밧줄에 묶여 있는 큰 돌은 이곳에서 희생된 홍군 병사들이 총에 맞아 희생된 것이 아니라, 적에 의해 큰 돌에 묶여 산 채로 동굴 아래로 버려졌음을 말해준다.

전문가팀이 종합적으로 분석한 결과 대략 20구정도 되는 이들 유해는 모두 15~25세 남성이었고, 신장은 1.37~1.63m, 체중은 55kg 이하인 것으로 추정되었다.

"수만 명의 병사들이 샹장에서 피를 흘리며 나라를 위해 목숨을 바쳐 이 산언덕에 잠들었다."

"홍군의 피가 뿌려진 이 땅에서 샹장 전투에서 순국한 장병들의 유해를 집중 안치하는 엄숙한 의식이 거행되었다."

2017년 9월 24일 샹장 전역에서 희생된 홍군 열사 유해 안장식이 성대하게 치러졌다. 80여 년간 동굴 바닥에 잠들어있던 홍군 열사 유해가 마침내 홍군 열사묘지에 안장될 수 있었다.

장정 국가문화공원(광시 구간) 샹장 전역 신웨이(新圩) 저지전 주하이징 홍군 기념공원 열사 유해 안장 의식
长征国家文化公园(广西段)湘江战役新圩阻击战酒海井红军纪念园烈士遗骸安放仪式

샹궤이(湘桂) 고도, 샹장 전역 유적

이곳은 한때 홍군이 피를 흘리고 뼈를 묻었던 곳이자, 광시(廣西)에서 조성 중인 장정 국가문화공원 내 샹장 전역 문화유적 보호 및 활용 시범 현이기도 하다.

관양현(灌阳县) 수이처진(水车镇)에서 홍군 유해의 신원을 확인한 우자푸(伍家富)는 이곳에서 6명의 홍군 열사 유해를 발견한 이야기를 들려주었다.

우자푸(伍家富)는 관양현(灌阳县) 수이처진(水车镇)에서 홍군 열사 유해를 발견한 당사자이다.
伍家富灌阳县水车镇红军烈士遗骸指认人

우자푸: 이 홍군의 무덤은 말이죠, 비행기가 날아와서 폭격하여 희생되는 장면을 마을 사람 두 명이 직접 목격했습니다. 아주 젊었지요. 다들 20여 세 남짓했다고 하는데 이곳에 매장되었습니다. 여섯 명의 홍군이 모두 이곳에 매장되었습니다. 유해를 발굴한 후 관양의 주하이징으로 옮겨졌습니다. 매 해 청명절마다 성묘하러 옵니다.

주하이징 홍군 열사 유해 인양에 이어 전쯔옌(甄子岩)의 홍군 열사 유해도 안장되었다. 이 홍군 열사들의 희생에 관하여 또 다른 지명자인 황궈룽(黄国荣)이 소개하였다.

황궈룽(黄国荣)은 관양현(灌阳县) 홍군 열사 유해를 가르쳐준 사람이다.
黄国荣灌阳县甄子岩红军烈士遗骸指认人

황궈룽: 우리 아버지 세대들에게서 전해들은 것인데, 모두 스무 살이 채 안 되었고 더러는 무기도 없었다고 합니다. 그들을 산 채로 이곳에 던져버렸지요. 정말 잔인했지요.

자오산푸(脚山铺)의 미화산(米花山)

이곳은 자오산푸 전쟁터 유적지이다. 장중타이(蒋忠泰) 일가는 80여 년 동안 5대째 이곳에서 홍군 묘지를 지키고 있다.

장스린(蒋石林)은 광시 촨저우(全州)의 홍군열사 묘지의 묘지기이다.
蒋石林广西全州红军烈士墓守墓人

장스린(蒋石林): 저의 할아버지는 목숨을 걸고 홍군의 유해를 이 자리에 묻었습니다. 할아버지는 돌아가실 때 아버지에게 매년 춘절과 청명, 보름에 이곳에 와서 성묘하라고 말씀하셨습니다. 그래서 우리는 80여 년 동안 이 혁명 열사의 묘를 지키고 있습니다.

촨저우 자오산푸 미화산(全州脚山铺米花山)

장스린 일가가 홍군의 묘에 성묘하고 있다.
蒋石林一家祭扫红军墓

백성들이 홍군의 묘에 성묘하고 있다.
百姓祭扫红军墓

장정 연선에 있는 홍군 열사 무덤들
长征沿线红军烈士墓群

백성들은 대대로 지켜왔고, 입에서 입으로 전해왔기에, 홍군 열사들의 흩어진 무덤과 순교한 지역을 생생하게 기억하고 있었다. 이는 샹장 홍군 열사의 유해 발굴 과정에서 중요한 역할을 했다. 현재까지 피로 물든 샹장 전역 유적의 217곳, 421개 지점에서 완전한 유골 82구와 흩어진 유골 7,465점을 발굴했다.

장정 국가문화공원의 광시 구간에 속하는 꿰이린시(桂林市)는 현재 샹장 전역 기념시설 68개 항목의 보수와 보호 임무를 마쳤다.

장정 국가문화공원(광시 구간) 싱안현(兴安县) 샹장 돌파 홍군 열사 기념비원
长征国家文化公园(广西段)兴安县红军突破湘江烈士纪念碑园

장정 국가문화공원(광시 구간) 촨저우(全州) 홍군 장정 샹장 전역 기념관
长征国家文化公园(广西段)全州红军长征湘江战役纪念馆

장정 국가문화공원에는 테마별 기념시설이 길을 따라 조성되어 있고, 곳곳에서 열사의 무덤과 기념비를 볼 수 있다. 그 당시 백성들이 목숨을 걸고 세운 무덤과 비석이 많은데 어떤 비석에는 이름조차 없다. 오늘날 사람들은 그들을 기억하고 있을까? 그들이 누군지 알고 있을까?

기념시설은 혁명 열사들을 기억하고 홍색 유전자를 계승하는 중요한 장소이다. 우리는 이 용감한 군인들을 결코 잊어서는 안 된다. 그들은 중국노농홍군이라는 붉은 별처럼 빛나는 영광스러운 이름을 가지고 있다.

장정 국가문화공원(궤이저우 구간) 쭌이 회의 유적
长征国家文化公园(贵州段)遵义会议会址

5. 쭌이 회의 유적

쭌이 회의(遵义会议) 구술사(口述史)

쭌이 회의는 중국공산당과 홍군의 역사에서 생사를 가르는 전환점이었다. 실제로 이 회의를 통해 마오쩌동은 중국공산당 중앙위원회와 홍군에서 주도적인 지위를 확보했다. 확고한 신념, 진리 고수, 독립과 단결에 기초한 쭌이 회의의 정신은 중국공산당의 귀중한 정신적 자산이다.

회의실 벽에 걸린 구식 벽시계는 이곳에서 일어난 모든 일을 조용히 목격했다.

장정 국가문화공원(꿰이저우 구간) 쭌이 회의 장소
长征国家文化公园(贵州段)遵义会议会址

쭌이 회의 테이블
遵义会议会议桌

선야오이(沈尧伊)가 창작한 유화 「쭌이 회이」
《遵义会议》, 油画, 沈尧伊创作

저는 그때 정찰중대 소속이었는데, 주요 임무는 쭌이 회의의 성공적인 개최를 보호하고, 야간 경계에 각별히 주의하며, 적의 기습을 방지하는 것이었습니다.

— 왕따오진(王道金)은 홍1방면군(红一方面军) 홍3군단(红三军团) 정찰 중대장이었는데, 인터뷰 당시에는 이미 102세의 고령이었다. (2016년 인터뷰)

1935년 1월 15일 쭌이 회의가 시작되자 버꾸(博古)[2]는 적의 다섯 차례 토벌에 저항해서는 안 되고 장정을 떠나야 한다는 주요 보고를 했다.

그(버꾸)는 국민당은 군대가 많고, 병력이 강하고, 무기가 좋으며, 제국주의의 도움이 있다는 등 다섯 차례의 '반토벌'에 저항해서는 안 된다는 객관적인 원인을 저우(周) 총리에게 보고했고, 저우언라이 동지는 비교적 객관적 사실에 부합하는 검토를 했지요.

—양상쿤(杨尚昆)은 홍1방면군(红一方面军) 홍3군단(红三军团) 정치위원이었는데 인터뷰 당시에는 이미 91세의 고령이었다. (1998년 인터뷰)

쭌이 회의는 잘못된 노선을 대변하는 리더(李德)와 올바른 노선을 대변하는 마오쩌동의 두 의견 사이에서 벌어진 투쟁이었습니다.

— 우슈촨(伍修权)은 공산국제(共产国际) 군사고문 번역자의 신분으로 쭌이 회의에 참가했는데, 인터뷰 당시에는 이미 88세의 고령이었다. (1996년 인터뷰)

2) 버꾸(博古, 1907~1946) : 중국공산당 지도자로 1930년대 초반 "28인의 볼셰비키"그룹의 수장으로서 당을 이끌었다. 본명은 친방셴(秦邦宪)이다. 미프가 코민테른의 명을 받아 중국공산당을 지도한다는 명목으로 실권을 장악함에 따라 그의 제자이자 통역자였던 왕밍이 정치국원이 되었고 공산당의 사실상의 지도자가 되었는데, 버꾸는 이런 왕밍과 행동을 같이했고 도다. 후에 쭌이 회의에서 국민당의 토벌에 대해 다섯 가지 이유를 들어 장정을 떠나게 했다.

1963년 9월 3일, 마오쩌둥은 외빈과의 만남에서 다음과 같이 심오한 말을 남겼다. "선생님이 있으면 좋은 점도 있고 나쁜 점도 있습니다. 선생님이 없으면 혼자서 독서하고 혼자서 글을 쓰고 혼자서 문제를 사고할 수 있지요. 이 또한 하나의 진리라고 할 수 있습니다. …… 우리가 중국을 이해하게 되는 데는 수십 년이 걸렸고, 진정한 독립과 자주를 알게 된 것은 쭌이 회의에서부터였습니다."

쭌이 회의 기념관

쭌이 회의 기념관은 귀중한 유물 보호를 강화하기 위해 2019년부터 디지털 보호 프로젝트에 주력하고 있다.

쭌이 회의 기념관 디지털 보호 프로젝트는 귀중한 유물의 디지털 수집 및 제작 작업에 3년을 투자했다. 이미 소장하고 있는 3차원 유물 80점, 2차원 평면 유물 1,100점을 스캔하여 8,600쪽의 문화재 디지털 파일을 구축하여 오늘날 젊은이들의 전시 관람 방식에 더 부합하는 디지털 전시를 점진적으로 만들고, 문화유물 보호를 강화하는 동시에 관람 경험을 향상시키고자 노력하고 있다.

쭌이 회의 회의장 기념관에는 관람객들의 발길이 끊이지 않는다. 사진은 학생들이 쭌이 회의 기념관에 들어서는 모습이다.
遵义会议会址纪念园内游客络绎不绝, 学生们进入遵义会议纪念馆

루천(陆辰)은 쭌이 회의 기념관 해설원이다.
陆辰遵义会议纪念馆讲解员

루천(陆辰): 쭌이 회의 당시 사용되었던 사각형의 테이블은 국가 1급 문화재로 판정되었습니다. 그리고 유리장에 전시된 이 개인 인장 역시 1994년 국가 1급 문화재로 판정되었습니다.

중국노농홍군 쭌이 쉬이양메이탄(绥阳湄潭)유격대 정치위원 왕유파(王友发)의 개인 인장
中国工农红军遵义绥阳湄潭游击队政委王友发的私章

"홍군을 대신해 소식을 전하자"라는 문구가 새겨진 문짝 디지털 캡쳐
"替红军送消息"门板数字化采集

양양(杨阳)은 쭌이 회의 기념관 디지털보호 엔지니어이다.
杨阳遵义会议纪念馆数字化保护工程工程师

양양: 우리의 디지털 모델은 일대일 복원이 가능합니다. 이것이 디지털 결과물의 가장 큰 가치입니다.

이 유물은 매우 작습니다. 현재 수집 과정에 있는데, 세부 사항을 수집하기 위해 특히 높은 정밀도를 선택해야 합니다.

"홍군을 대신해 소식을 전하자"라는 문구가 새겨진 이 문짝은 디지털화하는 데 시간이 많이 걸립니다.

우리는 총 8,600쪽에 달하는 방대한 양의 기록문서를 스캔했습니다. 문서 중 하나는 「(을) 쭌이 정치국 확대 회의」라는 천윈(陈云)의 원고입니다. 이 문서는 매우 중요하기 때문에 우리는 특별히 전임관장 페이칸루(费侃如)에게 가서 가르침을 청했습니다.

페이칸루(费侃如)는 인터뷰 당시 (2022년) 86세였는데, 쭌이 회의 기념관의 전임 관장이다.
费侃如86岁(2022年)遵义会议纪念馆原馆长

페이칸루: 쭌이 회의는 마오쩌동의 지도적 지위를 확립했습니다. 1957년 모스크바에서 가져온 이 원고는 중앙문서보관소가 소련으로 사람을 파견해서 돌려받은 것입니다. 이 원고는 쭌이 회의에 대해 비교적 상세히 설명허고 있습니다. 1980 년대 초 중앙위원회는 쭌이 회의에 대한 연구 그룹을 설립했는데 저도 참여했습니다. 연구과정에서 천윈은 자신이 쭌이 회의를 전달하기 위해 쓴 글이라고 말했고, 그래서 그것이 확인되었습니다.

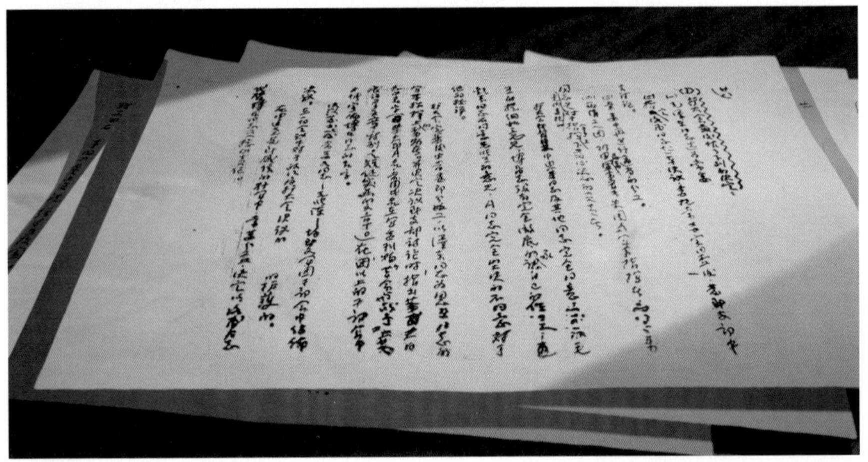

「(을) 쭌이 정치국 확대 회의」 원고
手稿《(乙)遵义政治局扩大会议》

「(을) 쭌이 정치국 확대회의」 원고

1982년 천윈은 모스크바 코민테른 문서보관소에 보관되어 있던 「(을) 쭌이 정치국 확대회의」 원고가 쭌이 회의 이후 중앙 종대(中央纵队)에 회의 상황을 전달하기 위해 작성한 개요문서라는 사실을 확인했다. 이 매우 귀중한 역사적 문서를 통해 쭌이 회의의 구체적인 내용을 일부 확인할 수 있었다.

1. 마오쩌동 동지가 상임위원회에 선출되었다.
2. 뤄푸{洛甫, 张闻天(장원톈)} 동지가 결의안 초안을 작성하고 상임위원회에 심의를 의뢰한 후, 각 지부로 보내져 토론을 진행했다.
3. 상임위원회는 적절한 분업을 실시했다.

디지털 박물관 구축의 의의에 대해 노 관장과 관람객들은 각자의 견해를 가지고 있다.

페이칸루: 디지털 박물관의 기능은 하나는 홍보, 하나는 문화재 자료 보관, 하나는 연구입니다. 이는 디지털이라는 현대적 수단으로 표현되고 있는데, 우리가 어느 정도 내실을 다지기만 하면 많은 사람들의 이목을 끌 수 있다고 생각합니다.

평위쉐(冯玉雪)는 쭌이 사범대학교의 학생이다.
冯玉雪遵义师范学院学生

평위쉐(冯玉雪): 이는 문헌 정보들을 더 크게, 더 많이 확장함으로써 우리에게 더 많은 기회를 제공하며, 문헌이 우리에게 미치는 영향을 더 깊고 직관적으로 이해하게 합니다.

학생들이 쭌이 회의 환영 영상을 관람하고 있다.
学生们参观遵义会议幻影成像

디지털 프레젠테이션 및 전파 프로젝트
数字化展示与传播项目

쭌이 회의 기념관은 장정 국가문화공원의 중요한 장소로서 과학기술의 지속적인 발전과 더불어 디지털화의 역사적 전환을 점차 실현하고 있다.

장정 국가문화공원에서는 쭌이 회의 기념관 디지털화 보호사업, 중국노농홍군 따뚜하(大渡河) 도하 기념관, '인터넷+장정' 디지털 전시·전파 프로젝트 등은 새로운 시청각 언어와 서사 기법을 적용해 장정문화재와 문화자원을 전시해 재미를 더하는 한편, 공간과 시간의 경계를 허물어 장정 역사를 모든 사람들이 생생하게 체험할 수 있게 했다. 이러한 것들은 국가문화공원 디지털 재현 프로젝트의 혁신적인 조치입니다. 머지않아 "지구의 붉은 리본"이라는 꿰이저우 장정디지털예술관도 일반에 공개될 것이다.

장정 국가문화공원(쓰촨 구간) 루딩교(泸定桥)
长征国家文化公园(四川段)泸定桥

6. 루딩교(泸定桥)

장정 국가문화공원에는 이동 불가 문화재들이 장정 루트 곳곳에 널려있다. 이 문화재들은 장정의 문화를 보여주고 장정의 정신을 담고 있는 살아있는 매개체이다.

1961년 중화인민공화국 국무원은 루딩교(泸定桥)를 국가 중점 문화유적 보호 단위로 선정했다. 이는 역사적 유물이자 혁명 유물인 것이다.

장정 국가문화공원의 이동 불가 문화재
长征国家文化公园不可移动文物

장정 국가문화공원의 이동 불가 문화재
长征国家文化公园不可移动文物

루딩교 구술사

장정에 참여했던 노병들이 우리에게 알려준 바에 따르면, 루딩교 탈취는 단순히 다리를 건너는 문제가 아니다. 홍군이 하루 밤낮을 쉬지 않고 240리를 달려 루딩교에 당도한 것이야말로 전쟁사의 기적이라고 할 수 있다.

한밤중에 길을 재촉하는데 비가 왔습니다. 우리 중 일부는 횃불을 만들어 들었지요. 일부는 적들에게 발각될까봐 두려워 횃불도 들지 않았습니다.

— 천윈종(陈云忠)은 홍1방면군 전사였는데 인터뷰 당시에는 102세의 고령이었다. (2016년 인터뷰)

이 길은 걷기가 여간 어렵지 않았습니다. 산과 강 사이에 있는 길이었는데 높낮이가 고르지 않고 뾰족한 돌멩이들이 박혀있었지요. 밤에도 걷고 낮에도 걸었는데 때때로 달리기도 했습니다. 도중에 전투가 벌어지기도 했는데, 그렇게 해서 겨우 루딩교 서쪽 끝머리에 도착했습니다.

— 왕징췬(王敬群)은 홍1방면군 소공국제사(少共国际师)의 선전간사였는데 인터뷰 당시에는 97세의 고령이었다. (2016년 인터뷰)

양청우(杨成武)는 『장정을 회억하며』라는 회고록에서 다음과 같이 말했다. "우리가 점령할 루딩교는 10여 장 높이의 공중에 매달려 있었다. 적들은 이미 다리 판자를 모두 뽑아버려서 차갑게 빛나는 13개의 쇠사슬만 남아있었다."

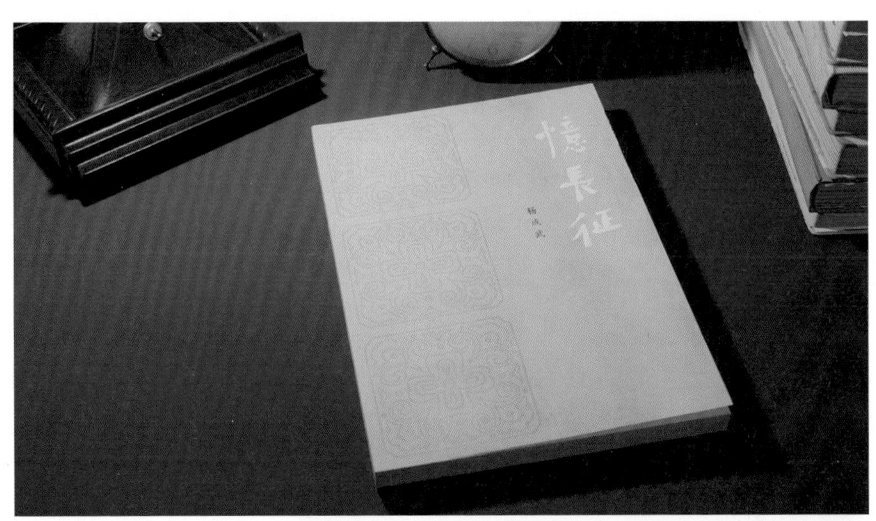

能的。这样凌厉的水势，早把两岸削成两壁高墙，
雎之间真是一道无法逾越的天然巨堑。
悬于十丈高空中的便是我们要抢占的泸定桥！它没有从河
床上立起的桥墩。大概是由于这样的水势，无法建筑桥墩吧，
只有十三根铁索，从河东岸拉到河西岸，共有八十丈长，八尺
宽。每根铁索都有碗口粗，九根作为桥面，四根作为扶手。铁
索用铁环扣成，每根铁环一尺多长。听说桥面原来铺有三尺宽

122

的木板，眼下，敌人已经把桥板全部抽掉，只剩下寒光闪闪的
十三根铁链子了，不要说上去，看着都令人头晕目眩！
看得出，铁索桥的两端，分别固定在两根铁桩上。听说那
桩上刻有“康熙四十四年岁次酉九月造汉中府金火匠马之常
铸桥重一千八百斤”的字样。相传，那是一位名叫戈达的藏族
大力士，为了架这座桥，一只胳膊挟着一根铁桩翻山越岭来到
这里，又费了九牛二虎之力渡过河去，等桥刚一架起，他也
累死了。为了纪念这位藏族兄弟，人们在西岸修了一座小
取名叫戈达庙。庙里塑着这位大力士威严站立的形象，就
守在河边，昼夜听着河水的咆哮，随时随地都在关心着

양청우(杨成武)의 회고록 『장정을 회억하며』
杨成武的回忆录《忆长征》

루딩교의 유지보수

오늘날 쓰촨성 간쯔 자치주(甘孜州) 루딩현(泸定县)에 위치한 루딩교는 이곳의 문화적 상징이 되었다. 루딩교의 이미지는 기념공원, 기념광장, 캠퍼스 등 어디에서나 볼 수 있다.

이 상징적인 철교를 보호하기 위해 왕치쉐(王其学)는 수년 동안 루딩교의 정밀 점검을 담당해 왔으며, 다리 양안의 다리 받침대에 있는 철제 말뚝에 쇠사슬을 고정하는 비법을 터득했다.

루딩교 유지보수 노동자 왕치쉐(王其学)
王其学泸定桥维修工人

왕치쉐(王其学) : 이걸 지룡말뚝(地龙桩)이라고 하고, 이걸 곤룡(困龙)이라고 하는데, 이 곤룡에 13개의 쇠사슬을 모두 묶어서 연결시켜주는 역할을 합니다. 평상시 보수는 교량의 균형을 유지하는 것인데, 낮으면 바짝 조여야 합니다.

쉬푸강(徐富刚)은 루딩현에서 유명한 대장장이로 대대로 쇠사슬을 만드는 기술을 전수받아 왔다. 그에게 있어서 철환의 견고함은 안전을 보장하는 최우선 과제이다.

쉬푸강(徐富刚)은 간쯔 자치주(甘孜州)의 무형문화재로, 철삭교 쇠사슬 제작기술 보유자이다.
徐富刚甘孜州非物质文化遗产铁索桥铁链制作技艺传承人

쉬푸강(徐富刚): 두드리는 폭이 같아야 합니다. 지금 제가 이걸 들고 있는데 이 두 개는 당기는 역할을 하기에 가운데가 빈틈이 없어야 합니다. 이 정도로 만들면 든든합니다. 사부님께서 가장 많이, 가장 진지하게, 가장 세심하게 가르친 부분은 바로 이 이음매입니다. 만약 이음매가 불이 약해서 제대로 붙지 않으면 폐기해야 합니다. 훗날 안전에 큰 영향을 미치기 때문입니다.

장정 국가문화공원(쓰촨 구간) 루딩교
长征国家文化公园(四川段)泸定桥

쓰촨 깐즈 루딩에 있는 야캉(雅康)고속도로 루딩따뚜하(泸定大渡河)대교
四川甘孜泸定, 雅康高速公路泸定大渡河大桥

"대장부가 일을 함에 있어서 크고 작음이 없다. 백성에게 유리하기만 바랄 뿐이다. 공로 역시 쉽고 어려움이 없다. 오래도록 견지하는 게 중요할 뿐이다." '루딩교 구축 기념비(御制泸定桥碑记)'에 새겨진 글귀다. 다리 쇠고리에는 해당 대장간과 장인의 마크가 새겨져 있다. 오늘날까지 루딩교는 여전히 5년에 한 번 대대적으로 보수하고 3년에 한 번 소규모로 보수하는 전통을 유지하고 있다. 바로 이러한 전통으로 인해 300년이 넘는 기간 동안 루딩교는 여전히 그 풍채를 유지하고 있는 것이다.

루딩교의 쇠사슬은 역사 문화의 맥박과 연결되어 있으며, 홍군 장병들의 난공불락의 혁명 영웅주의 정신과 밀접하게 연결되어 있다.

홍군이 루딩교를 회수한 지 80년이 지났고, 신중국의 수립과 함께 오늘날 이곳은 이미 다리마을이 되었다. 따뚜하(大渡河)의 천험한 요새는 도처에 통로가 있다.

장정 국가문화공원(쓰촨 구간) 자진산(夹金山)
长征国家文化公园(四川段)夹金山

7. 자진산

"자진산, 자진산은 새도 넘을 수 없고 아무나 오를 수 없다네." 장정 국가문화공원 쓰촨 구간에는 홍군의 장정에서 넘은 첫 번째 대설산(大雪山)인 자진산(夹金山)이 우뚝 솟아 있다. 자진산은 야안시(雅安市) 바오싱현(宝兴县)과 아빠자치주(阿坝州) 샤오진현(小金县)을 가로지르고 있다.

자진산을 넘다

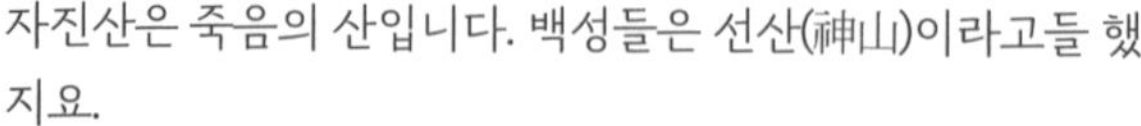

자진산은 죽음의 산입니다. 백성들은 선산(神山)이라고들 했지요.
— 궈린샹(郭林祥)은 홍1방면군(红一方面军) 연대 정치위원이었는데 인터뷰 당시에는 92세의 고령이었다.
(2006년 인터뷰)

그 설산은 정말이지 새도 날아넘을 수 없는 곳이었습니다.
— 양쓰루(杨思禄)는 홍1방면군(红一方面军) 분대장이었는데 인터뷰 당시에는 99세의 고령이었다.(2006년 인터뷰)

갑자기 눈이 내리고 우박이 쏟아지곤 했지요. 이렇게 얇은 옷차림으로 어떻게 설산을 넘느냐고 백성들이 걱정했지요.
— 쩡쓰위(曾思玉)는 홍1방면군(红一方面军) 사부(师部) 통신 주임(通信主任)이었는데 인터뷰 당시에는 95세의 고령이었다.(2006년 인터뷰)

중앙홍군 장정 출발 기념관에는 희귀한 문화재인 양가죽 재킷이 전시되어 있다. 이 양가죽 재킷의 회색 면직물 안감은 찢어져 있는데 그 안에 양털이 듬성하게 보이고, 가슴에는 단추가 줄지어 있다. 이 양가죽 재킷의 주인은 쩡광화(曾广华)이다.

중앙홍군 장정 출발 기념관에는 희귀한 문화재인 양가죽 재킷이 전시되어 있다.
中央红军长征出发纪念馆里陈列着一件珍稀文物——羊皮袄

쩡자오량(曾昭梁)은 원로 홍군 쩡광화(曾广华)의 아들이다.
曾昭梁老红军曾广华之子

쩡자오량(曾昭梁): 홍군이 설산을 오르고 초원을 지날 때 아버지는 양가죽 재킷을 보배처럼 여겼습니다. 아버지는 수많은 전우들이 설산에서 얼어 죽는 것을 목격했고, 전장에서 전사하는 걸 목격했습니다. 아버지가 그 이야기를 해줄 때 저는 눈물을 흘렸습니다. 아버지는 운이 좋게도 (양가죽 재킷 덕분에) 추운 설산을 넘을 수 있었습니다.

설산 공원

세월이 덧없이 흘러 오늘날 이 설산 공원에는 많은 길이 없는 험한 지역을 넘으려는(越野) 애호가들이 장정의 길을 되짚어보고 있다. 이제 그들은 전문 장비를 이용하여 홍군이 자진산을 넘는 과정을 체험할 수 있다.

자진산에서 오프로딩(off-roading, 험지주파[險地走破]) 팀이 장정의 길을 답사하고 있다.
夹金山越野队员重走长征路

장정 국가문화공원(쓰촨 구간) 자진산의 오도곡
长征国家文化公园(四川段)夹金山五道拐

마화(马花)는 바오싱현(宝兴县) 문화여행그룹 홍색교육센터의 훈련원이다.
马花宝兴县文旅集团红色教育培训中心辅导员

마화(马花): 여러분 안녕하세요, 제 이름은 마화입니다. 자진산 횡단 행사에 오신 여러분을 환영합니다. 다음은 제가 자진산 횡단 행사를 안내하겠습니다. 여러분 저를 따라오세요. 지금 우리 모두가 있는 이곳은 당시 홍군 선발대가 자진산을 넘을 때의 출발점입니다. 우리 할아버지는 당시 홍군이 자진산을 넘을 때의 길잡이였습니다. 우리 할아버지가 홍군을 안내하여 자진산을 넘을 때, 휴대용 석유등(马灯)을 하나 들고 있었지요. 그래서 홍군은 할아버지에게 마덩홍(马灯红)이라는 한족 이름을 지어주셨습니다.

나중에 할아버지는 아예 성씨를 마(马)씨로 바꿨습니다. 그래서 저의 아버지 이름은 마원리(马文里)이고, 저의 이름은 마화(马花)입니다.

란깡(兰刚)은 국가 1급 산악인이다.
兰刚国家一级登山运动员

란깡(兰刚): 팀원 여러분, 지금 우리가 있는 곳이 바로 홍군이 자진산을 넘을 때 지나갔던 곳으로 오도곡(五道拐)이라고 합니다.

우리는 높은 곳을 오를 때 심박수 변화에 주의해야 합니다. 심박수가 100~140를 유지하면 비교적 이상적인 상태라고 할 수 있습니다. 등반 과정에서 심장 리듬이 불규칙적이어도 걱정하지 마십시오. 수행 의사가 동행하고 있습니다. 현재 해발은 4,080미터입니다. 고지대 환경에서 우리는 옷을 두텁게 입어야 합니다.

마화(马花): 팀원 여러분, 우리는 아직 갈 길이 멉니다. 당년에 홍군이 자진산을 뛰어넘던 용기를 내어 함께 자진산을 넘읍시다. 전진!

이곳의 여름은 여전히 산바람에 휘날리는 눈송이로 가득하다. 눈보라가 얼굴을 때려 칼로 에이는 것처럼 통증이 느껴진다.

산악인들은 서로 등산 경험을 교류하고 있다.

양즈훼이(杨志慧)는 루산현(芦山县) 장청(姜城)유치원 교사이다.
杨志慧芦山县姜城幼儿园教师

양즈훼이(杨志慧) : 저는 오프로딩 애호가입니다. 평소에도 자주 등산하지요. 하지만 오늘 자진산 등산에는 참여하지 않았습니다. 조금만 따라 오르다가 내려왔지요. 너무 어려운 코스입니다.

장자오젠(蒋照健)은 중국노농홍군 쓰촨 야안시(雅安市) 밍산진(名山镇) 바이잔(百战) 홍군초등학교의 교사이다.
蒋照健中国工农红军四川雅安名山百战红军小学教师

장자오젠(蒋照健): 저는 바이잔(百战)홍군초등학교의 교사입니다. 나중에 학교에 복귀하면 학생들에게 홍군이 자진산을 어떻게 넘었는지 더 잘 알려줄 수 있을 것 같습니다.

그 당시 일반적인 솜저고리 한 벌은 홍군 전사의 생명을 보호할 수 있는 것이었다. 홍군이 자진산을 넘을 때, 대다수의 병사들은 여름에 입는 홑옷에 의지할 수밖에 없었다. 많은 병사들이 도중에 희생되었고, 새하얀 설산 봉우리는 이미 열사들을 기리는 영원한 금자탑이 되었다.

오늘날 장정국가공원은 "다시 걷는 장정의 길"이라는 주제로 홍색여행의 중점 노선과 결합시키려고 했으나 모든 장정 문물을 전시하는 일에 지장을 주게 되자, 장정의 역사를 걷는 시범지역으로 만들어 전체 혁명문화를 실감할 수 있게 하여 위대한 대장정의 역사를 복습하고, 위대한 장정의 정신을 느낄 수 있도록 창조하였다.

훼이닝(会宁)의 홍군 장정 승리 기념관
会宁红军长征胜利纪念馆

8. 홍군 장정 승리 기념관

1936년 10월, 홍1·홍2·홍4 방면군(方面军)이 훼이닝(会宁)에서 합류했다.

간쑤(甘肃)성 훼이닝 현성에 우뚝 솟은 3군 합류 기념탑은 홍군의 3대 주력이 합류한 이후의 강철 같은 단결을 상징한다.

장정 국가문화공원(간쑤 구간)
长征国家文化公园(甘肃段)

장정 국가문화공원(간쑤 구간) 훼이닝 3군 합류 기념탑
长征国家文化公园(甘肃段)会宁三军会师纪念塔

장정 국가문화공원(간쑤 구간) 합류 건물
长征国家文化公园(甘肃段)会师楼

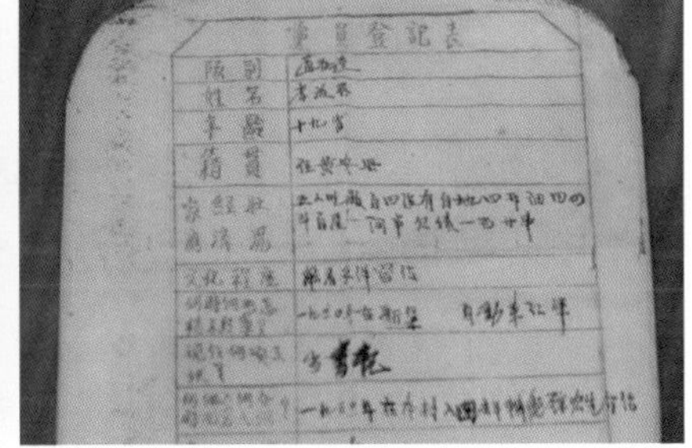

홍군 당원 등록표(1급 문화재임)
红军党员登记表(一级文物)

리쥔펑(李俊丰)은 훼이닝 홍군 장정 승리 기념관 관장이다.
李俊丰会宁红军长征胜利纪念馆馆长

장정 국가문화공원(간쑤 구간) 훼이닝의 홍군 장정 승리 기념관에는 홍군 당원 등록표 한 장이 유난히 눈에 띈다.

리쥔펑(李俊丰) : 당원 등록표의 이름은 리따오촌(李道存)인데 후베이 황안(黃安) 출신으로, 나이는 19세이며 통신중대 소속입니다. 문화수준은 문서를 보고 편지를 쓸 수 있는 정도라고 기록되어 있습니다.

2000년에 이 당원 등록표는 국가 1급 문화재로 감정되었습니다.
이 당원 등록표는 홍4방면군을 따라 훼이닝 저우자따위안(周家大院)에 이르렀고, 저우(周) 씨네 아주머니는 그것으로 두 폭의 도형을 오려냈습니다. 원래 1930년대에 서북의 집집마다 자수 베개를 사용했는데 아주머니는 그것을 베개 양쪽 끝자락 자수의 받침으로 사용했습니다. 훼이닝은 역대적으로 문풍(文風)이 번창하고 문화가 발달하여 충신효자를 제일로 쳤고, 공부와 농사를 가장 중히 여겼습니다. 옛날 어르신들은 대부분 글자를 몰랐지만 아이들에게는 글씨가 있는 종이는 높은 곳에 두라고 했습니다. 사람들은 글을 신령처럼 여기고 지식을 운명처럼 여겼습니다. 지식은 운명을 바꿀 수 있다는 것이 모두의 공통적인 생각이었지요. 그래서 아주머니는 이 글씨가 있는 종이를 버리지 않고 보관해뒀던 것입니다.

전시관에 가만히 누워 있는 한 장의 당원 등록표에는 어렵고 힘들었지만 희망찬 세월이 모습이 고스란히 담겨 있다.

리쥔펑(李俊丰): 우리가 오른 주먹을 높이 들고 당기(黨旗)를 향해 엄숙히 선서할 때 당원등록표의 행간에는 이미 우리의 이상과 신앙과 사명이 새겨져 있었습니다.

장정 국가문화공원에는 훌륭한 해설원이 아주 많다. 이들은 박물관의 명함이자 사회와 소통을 하는 가교 역할을 하고 있다. 이들은 교수·방송·강연·연극·연기 등 기술적 수단을 하나로 결합하여, 지식성과 예술성을 부여함으로써 문화재에 생명을 불어넣고 있다. 따라서 이들은 당원과 간부, 일반 대중, 특히 청소년의 장정정신을 함양하는 테-마 교육 및 훈련 시스템에서 중요한 역할을 하고 있다.

각 지역의 해설원들이 장정의 이야기를 들려주고 있다.
各地讲解员讲解长征故事

각 지역의 해설원들이 장정의 이야기를 들려주고 있다.
各地讲解员讲解长征故事

장정 국가문화공원(장시 구간) 싱궈현(兴国县) 장쥔원 '삼면홍기(三面红旗)' 대형조각군
长征国家文化公园(江西段)兴国县将军园 "三面红旗" 大型群雕

(꼬리말) 새로운 장정

시진핑 총서기는 2016년 7월 18일 닝샤 장타이바오(将台堡)를 찾아 중국 노농홍군 장정 합류 기념비에 헌화했다.

> 시진핑 : 제가 이곳에 온 것은 선열들을 기리고, 초심을 잊지 않기 위해서입니다. 우리는 새로운 장정을 해야 합니다. 장정은 영원히 해나가야 하며 지금도 새롭게 진행 중입니다. 당년의 장정은 우리 중국공산당이 인민들을 이끌고 정권을 탈취한 장정이고 새로운 시작이었습니다. 우리는 현재 또 개혁개방의 새로운 시기에 직면했고, '두 개 100년'이라는 새로운 장정을 하고 있습니다. 우리 세대는 우리 세대의 장정을 해나가야 합니다.

각 지역의 장정 국가문화공원 내의 장정을 주제로 한 조각들
各地长征国家文化公园里的长征主题雕塑

시진핑 동지를 핵심으로 하는 당 중앙은 중국 인민을 단결시켜 자신감과 자립심을 갖고 도전에 맞서 빈곤과의 싸움에서 승리하고, 전면적 샤오캉(小康)사회를 건설하였으며, 첫 100년 분투목표를 실현하였다. 또한 전면적 사회주의 현대화 국가 건설과 두 번째 100년 분투목표를 실현하는 새로운 장정을 시작하였다.

위대한 장정의 정신은 바로 전 국민과 중화민족의 근본이익을 무엇보다 우선시하고, 혁명의 이상과 신념을 굳게 지키며, 정의로운 사업의 필연적 승리를 믿는 정신이며, 나라를 구하고 국민을 구하기 위해 어떠한 어려움과 위험도 두려워하지 않고 희생을 아끼지 않는 정신이며, 독립과 자주를 견지하고 실사구시를 견지하며, 모든 것은 실제로부터 출발하는 정신이며, 대국을 고려

각 지역의 장정 국가문화공원 내의 장정을 주제로 한 조각과 석각늘
各地长征国家文化公园里的长征主题雕塑和石刻

하고 규율을 엄격히 준수하며, 긴밀하게 단결하는 정신이며, 인민대중에 굳게 의지하고, 인민대중과 생사를 같이하고, 고난을 함께하며, 간고 분투하는 정신이다.

가는 길마다 장정의 족적이 남아있고, 가는 길마다 영웅이 기념비가 넘쳐났다.

이 불멸의 기념비는 하나하나 율동하는 음표처럼 영웅적인 교향곡을 만들어냈으며, 세계를 뒤흔드는 장정의 노래를 만들어냈다.

제2장 시공간을 초월한 약속

장정 국가문화공원(쓰촨 구간) 홍군 장정 기념총비
长征国家文化公园(四川段)红军长征纪念总碑

어린이: 할아버지 홍군은 뭘 하는 사람이에요?

어린이: 엄마 홍군이 뭐에요?

장정 국가문화공원(쓰촨 구간) 홍군 장정 기념총비
长征国家文化公园(四川段)红军长征纪念总碑

장정 국가문화공원(닝샤 구간) 홍군 장타이바오(将台堡) 합류 기념비
长征国家文化公园(宁夏段)红军将台堡会师纪念碑

홍군이 뭐에요? 어린아이의 입에서 나온 이 단순해 보이는 질문은 이 군대가 탄생한 이래로 전 세계가 끊임없이 반복해서 물어온 질문이다.

장정 국가문화공원(후난 구간) 윈시현(郧西县) 혁명열사기념관에는 홍군 전단지 하나가 진열장에 조용히 누워있다.

'홍군이란 무엇인가?'라는 제목의 전단지에는 "홍군은 노동자·농민의 군대, 소비에트 정부가 지휘하는 군대, 공산당이 이끄는 군대이다."라고 적혀있다.

장정 국가문화공원(후난 구간)윈시현(郧西县) 혁명열사기념관
长征国家文化公园(湖北段)郧西县革命烈士纪念馆

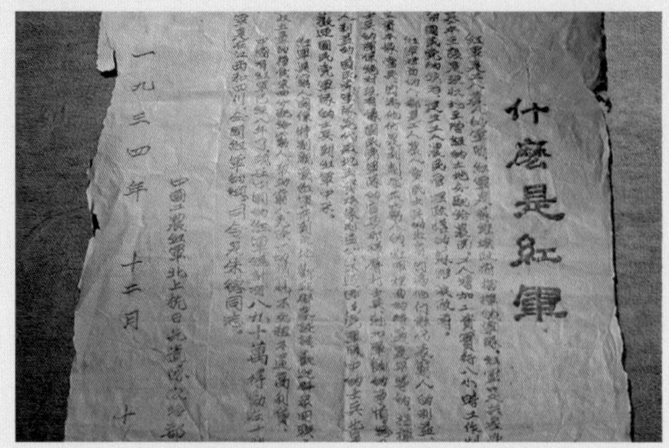
什麼是紅軍
一九三四年 十二月

'홍군이란 무엇인가?' 전단지
《什么是红军》传单

장시(江西), 푸젠(福建), 윈꿰이(云贵), 쓰촨(四川) 등 10여 개 성에서 장정의 길을 따라 걸으며 홍군이 산, 석벽, 건물에 남긴 표어는 여전히 구별할 수 있다. 이는 오늘날 빈곤 퇴치와 농촌 활성화라는 표어와 어우러져 장정 국가문화공원과 함께 독특한 경관을 형성한다.

2020년 9월 16일 오후, 후난성(湖南省)을 시찰 중이던 시진핑 총서기가 천저우시(郴州市) 루청현(汝城县) 원밍향(文明乡) 사저우촌(沙洲村)에 도착해 '반쪽 이불의 온기' 테-마 전시관을 방문했다. 시진핑 총서기는 '반쪽 이불'[3] 이야기는 중국공산당원들의 인민 정서와 인민을 위하는 본질을 구현한 것이라고 하면서 당시 홍군은 먹고 입는 것이 부족했고, 생사가 달린 상황인데도 백성들의 냉온난방까지 생각하고 있었으니 정말 대단하다고 말했다.

시공간을 초월해 공산당원들의 엄숙한 약속은 일관되었다. 이것이 바로 인민이 더 나은 삶을 위해 분투하는 것이다.

---

3) "1934년 11월 루청에 도착한 홍군은 사저우촌 일대에 주둔했다. 그들은 국민당과 달리 주민들에게 민폐를 끼치지도 않았고 물건을 약탈하지도 않았다. 북풍이 휘몰아치는데다 비까지 내려 한기가 엄습하는 어느 날 저녁 마을 주민 쉬제슈(徐解秀)는 전사들의 옷이 찬비에 젖은 것을 보고 여병사 세 명을 자신의 집에서 재웠다. 쉬제슈의 집은 매우 가난했다. 허름한 침상에 낡은 솜이불 한 채와 우비 외에 제대로 된 이불이라곤 하나도 없는 것을 본 여 병사들은 자신들이 가지고 있는 유일한 행군용 이불을 펴서 쉬제슈 모자와 함께 덮었다. 며칠 후 홍군이 이동해야 했다. 홍군 아가씨 세 명은 자신들에게 하나밖에 없는 이불을 쉬제슈 부부에게 주고 가려고 했지만 그들은 한사코 받지 않았다. 결국 홍군 아가씨들은 가위로 이불을 두 쪽으로 잘라 반쪽을 쉬제슈 부부에게 주었다. 쉬제슈는 두 손을 덜덜 떨며 이불 반쪽을 받은 뒤 하염없이 눈물을 흘렸다"는 이야기이다.

장정 국가문화공원(푸젠 구간)의 홍군교
长征国家文化公园(福建段)红军桥

1. 장정의 이상과 신념

홍군교의 '생명 등고선(等高线)'

홍군교(红军桥)는 장정 국가문화공원 푸젠 창팅(长汀) 구간의 중요한 문화재이다. 나무기둥에 새겨진 자국을 오늘날 사람들은 '생명 등고선'으로 해석한다.

종밍(钟鸣)은 홍군교의 자원봉사 해설원이다.
钟鸣红军桥义务讲解员

종밍(钟鸣): 이것은 홍군에 입대하는 사람들의 키를 측정하는 데 사용 된 선입니다. 소총과 총검의 높이를 합친 것인데, 키가 이 높이 이상이면 소총을 어깨에 메고 행군할 때 발뒤꿈치와 총받침이 부딪히지 않습니다. 그 당시 키가 모자라는 많은 아이들이 자신의 바지를 아래로 내려서 짚신 안에 넣은 키높이 깔창을 가렸습니다. 어떻게든 홍군에 입대하기 위해서

장정 국가문화공원(푸젠 구간)의 홍군교
长征国家文化公园(福建段)红军桥

였지요. 그렇게 입대한 사람들은 거의 돌아오지 않았기 때문에 나중에 사람들은 이 선을 생명의 등고선(等高线)이라고 불렀습니다.

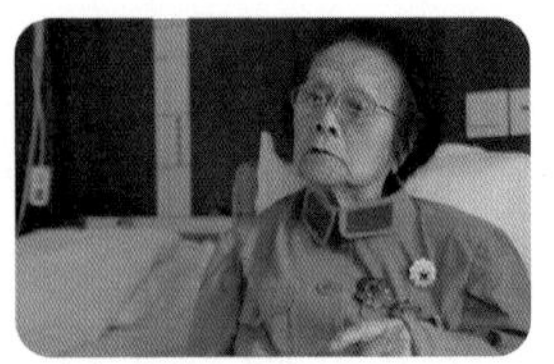

저는 열한 살에 참군했습니다.
—마이샹(马忆湘)은 홍2군단(红二军团) 위생원이었는데 인터뷰 당시에는 이미 98세의 고령이었다. (2016년 인터뷰)

열세 살이었지요.
— 홍밍꿰이(洪明贵)는 홍25군(红二十五军) 위생원이었는데, 인터뷰 당시에는 이미 98세의 고령이었다.
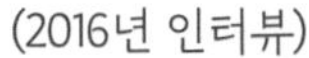
(2016년 인터뷰)

열네살 반이었지요.
— 왕징췬(王敬群)은 홍1방면군(红一方面军) 소공국제사(少共国际师) 선전간사였는데 인터뷰 당시에는 이미 97세의 고령이었다. (2016년 인터뷰)

저는 열두 살이었습니다.
— 양꽝밍(杨光明)은 홍4방면군(红四方面军)의 전사였는데, 인터뷰 당시에는 이미 94세의 고령이었다. (2016년 인터뷰)

열세 살에 홍군에 입대했습니다.
— 양전(阳震)은 홍4방면군(红四方面军)의 소대장이었는데, 인터뷰 당시에는 이미 96세의 고령이었다. (2016년 인터뷰)

저는 열다섯 살에 홍군에 입대했습니다.
— 뤄광리(罗光里)는 홍4방면군(红四方面军)의 위생원이었는데, 인터뷰 당시에는 이미 98세의 고령이었다. (2016년 인터뷰)

저는 당시 한양총(汉阳枪)[4] 보다도 작아서 홍군에서 받아주지 않았습니다. 그래서 막무가내로 홍군을 따라 나섰습니다.
— 탄더번(谭德本)은 홍4방면군(红四方面军)의 전사였는데 인터뷰 당시에는 이미 98세의 고령이었다. (2016년 인터뷰)

4) 한양총(漢陽槍) : 후베이성(湖北省) 한양(漢陽)에서 제조한 총

잘 살기 위해 입대하다

오늘날을 살아가는 아이들은 당시 자기 또래의 아이들이 키를 넘는 총을 어깨에 메고 홍군에 입대하던 그 초심을 이해하기 어려울 것이다.

아이들이 총을 메고 경례를 올리고 있다.
孩子们背枪、敬礼

당시에 가난한 사람들은 먹을 것이 없었지요. 홍군에 참가하여 토호(土豪)를 타도하면 땅을 나누어주었답니다.
— 류지청(刘吉成)은 홍2군단(红二军团)의 전사였는데, 인터뷰 당시에는 이미 98세의 고령이었다. (2016년 인터뷰)

가난한 사람도 먹을 것이 있어야 하고 입을 옷이 있어야 하고 쓰고 살 집이 있어야 하지요.
— 자오젠셴(赵建贤)은 홍4방면군(红四方面军)의 전사였는데 인터뷰 당시에는 이미 100세의 고령이었다.
(2016년 인터뷰)

홍군 조각상
红军雕塑

모든 가난한 사람들이 잘 살게 하고 중국 전역을 해방시키자! 당시 많은 사람들이 이러한 이상과 신념을 가지고 장정에 나섰다. 비록 많은 이들이 소망이 실현되는 날을 보지 못했지만, 그들이 장정 길에 뿌린 이상과 신념의 씨앗은 오랫동안 대지에 깊이 뿌리내렸고, 장정 이후 세대에 걸쳐 그들의 꿈은 한 걸음 한 걸음 현실로 변모해가고 있다.

중서부 빈곤 퇴치, 새로운 장정의 군령장(军令状)

빈곤 퇴치 책임 각서
脱贫攻坚责任书

당시 홍군의 출정 전 군령장처럼 중서부 22개 성·자치구·시의 당·정 주요 지도부가 중앙정부에 빈곤퇴치 책임 각서를 제출했다. 이러한 형태의 책임 각서는 중서부 22개 성·시·현·향의 각급 당위원회와 정부에서 모두 볼 수 있다.

홍군의 장정이 지나는 남서부 지역은 카르스트 지형이 많고 황토 고원에 위치한 닝샤와 간쑤는 물이 석유처럼 비싼 곳이다.

"백성들이 물을 보내와 갈증을 해소하니, 군대와 백성은 물과 고기처럼 한 가족이다." 물은 당시 홍군의 고난과 약속을 담고 있다.

가뭄 지구의 지형
干旱地区地貌

칸쯔산(坎子山)의 물 저장고

후베이 윈시는(郧西) “진나라의 인후, 초나라의 문호”로 알려져 있다. 1935년 홍25군(红二十五军)은 장정 도중 윈시와 주변 여러 현을 기반으로 한 어위산(鄂豫山) 혁명근거지를 건설했다. 이는 홍군이 장정 도중에 건설한 혁명근거지 가운데 항일전쟁이 전면적으로 발발할 때까지 견지했던 유일한 혁명근거지이다. 이곳에서 홍25군은 불과 7개월 만에 2,500여 명에서 지방무력을 포함해 6,000여 명으로 급성장했다.

당년에 홍25군의 장정을 하면서 지났던 후베이커우(湖北口) 칸쯔산 마을에서 웨이덩뎬(魏登殿)은 거의 반세기 동안 마을의 당지부서기로 있었다.

후베이 윈시(郧西)의 칸쯔산 마을
湖北郧西坎子山村

후베이관(湖北关), 장정 국가문화공원(후베이 구간) 홍25군(红二十五军) 223연대 정치부 옛터
湖北关，长征国家文化公园(湖北段)红二十五军二二三团政治部旧址

웨이덩덴(魏登殿)은 칸쯔산 당지부 서기이다.
魏登殿坎子山村党支部书记

웨이덩덴: 칸쯔산에는 홍군이 장정을 하면서 지나간 길이 있고 홍군이 한 약속이 있습니다. 백성을 위한 일을 하고 실제적인 일을 하겠다는 것이지요.

칸쯔산 마을은 카르스트 산악지대에 위치하고 있는데, 사람들은 칸쯔산을 "9할의 돌멩이와 1할의 흙"으로 묘사하고 있다. 집집마다 물 부족에 시달리고 있는데, 주민들은 산을 넘고 몇 시간을 걸어야 비로소 산 아래에서 물 한 통을 길어올 수 있다.

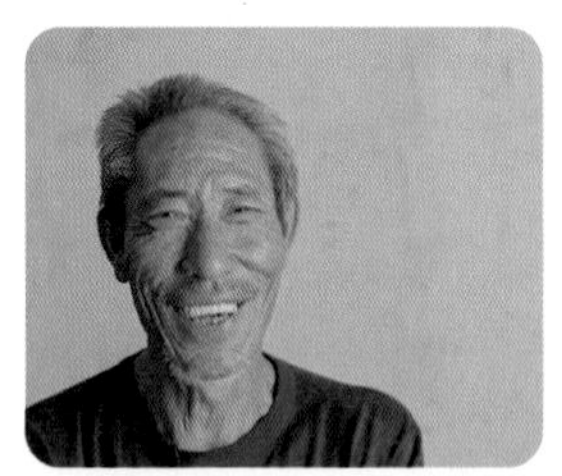

청사오시(程少喜)는 칸쯔산 마을의 주민이다.
程少喜坎子山村村民

청사오시(程少喜) : 그때는 대야에 물을 받아서 내가 씻은 물에 네가 씻고 네가 씻은 물에 내가 씻는 식으로 돌아가면서 씻었지요. 다들 씻고 난 물도 버리기 아까워서 가축에게 먹였습니다.

연간 강수량이 800㎖에 불과한 칸쯔산의 식수 문제를 해결하기 위해서는 물 저장고를 만들어 빗물을 모으는 것이 효과적인 해결책이다. 하지만 물 저장고를 만들려면 많은 양의 모래가 필요했는데 현지의 강에는 모래가 없기 때문에 웨이덩덴과 마을 사람들은 맷돌로 돌을 갈아서 300톤 이상의 모래를 만들어냈다. 이렇게 첫 물 저장고가 만들어졌다.

그렇게 풍찬노숙을 하면서 47년이라는 긴 장정을 이어왔다. 각급 당 위원회와 정부의 지원을 받아 웨이덩덴과 당원, 간부들은 마을 주민들을 이끌고 110개의 물 저장고를 건설하고, 5km의 낭떠러지 도로, 50km의 '산 밖으로 나가는 도로'를 개통했다. 또한 초가집이나 돌집에서 살던 마을 주민들이 겨울에는 따뜻하고 여름

맷돌로 돌을 갈아 모래를 만들다.
石磨磨沙

물 저장고
修水窖

에는 시원한 새 건물로 이사했다. 2018년 칸쯔산 마을은 마을 전체가 빈곤 퇴치를 실현했다.

수자원(水利) 빈곤 퇴치

18차 당 대회 이후 시진핑 총서기는 장정 연선을 포함한 24개 빈곤마을을 방문했다. 그는 마을을 방문할 때마다 마을 주민들의 식수를 걱정했다. 시진핑 총서기는 모든 인민이 안전하고 깨끗하며 믿을 수 있는 물을 마실 수 있도록 하는 것을 항상 염두에 두고 있었다.

시진핑: 이 물은 어디서 온 것입니까?
마을 주민: 이것은 우리의 샘물입니다.
시진핑: 제가 한 번 마셔봅시다.

수자원부는 빈곤층의 식수 안전을 수자원 빈곤 퇴치를 위한 첫 번째 프로젝트로 지정했다.

지난 10년 동안 중국은 장정 연선 지역을 포함하여 빈곤층 1,710만 명의 식수 안전문제를 전면적으로 해결했고, 총 2억 8,000만 명의 농촌 주민의 식수 안전문제를

각 지역 빈곤 탈퇴 군중들의 얼굴에 웃음꽃이 피어나고 있다.
各地脱贫群众笑逐颜开

해결했으며, 농촌 수돗물 보급률을 84%로 끌어올렸다.

빈곤에서 벗어난 사람들의 웃는 얼굴은 같은 사명을 짊어지고 한마음 한뜻으로 일하며, 최선을 다하는 성·시·현·향·촌의 당서기들이 그려낸 중국의 표정이다.

광시 롱성(龙胜)의 다랑논
广西龙胜，龙脊梯田

2. 광시 롱성

광시 롱성(龙胜)의 각족 자치현(各族自治县)은 중앙홍군의 장정 과정에서 거쳐 간 최초의 소수민족 거주 지역이다. 샹장(湘江) 전투 후, 중앙홍군은 라오산(老山) 지대에서 5령(五岭) 중 하나인 웨청령(越城岭)을 넘었다. 참혹한 혈전을 겪어서 지칠 대로 지친 홍군은 롱성으로 건너가 잠시 휴식을 취하며 회복을 도모했다.

샤오화(肖华) 동지가 우리를 이끌고 라오산 경계를 넘었습니다. 매우 위험했습니다. 적들이 계속 쫓아왔고 우리는 죽기살기로 달렸습니다. 라오산 경계를 넘어 룽핑(龙坪)이라는 곳에 도착해서야 합류할 수 있게 되었습니다.
— 왕징췬(王敬群)은 홍1방면군(红一方面军) 소공국제사(少共国际师)의 선전간사였는데 인터뷰 당시 이미 97세 고령이었다. (2016년 인터뷰)

홍군(紅軍)바위

오늘날의 룽성은 사진작가들이 '아름다운 중국'을 기록하는 촬영지이다. 그림과도 같은 룽성의 다랑논과 더불어 장정 국가문화공원의 야오자이(瑶寨) 용설암(龙舌岩)에 새겨진 홍군 전사들의 구호 역시 사진작가들이 선호하는 배경이다.

홍군바위에 새겨진 구호
红军岩标语

장정 국가문화공원
(광시 구간)의 홍군바위
长征国家文化公园
(广西段)红军岩

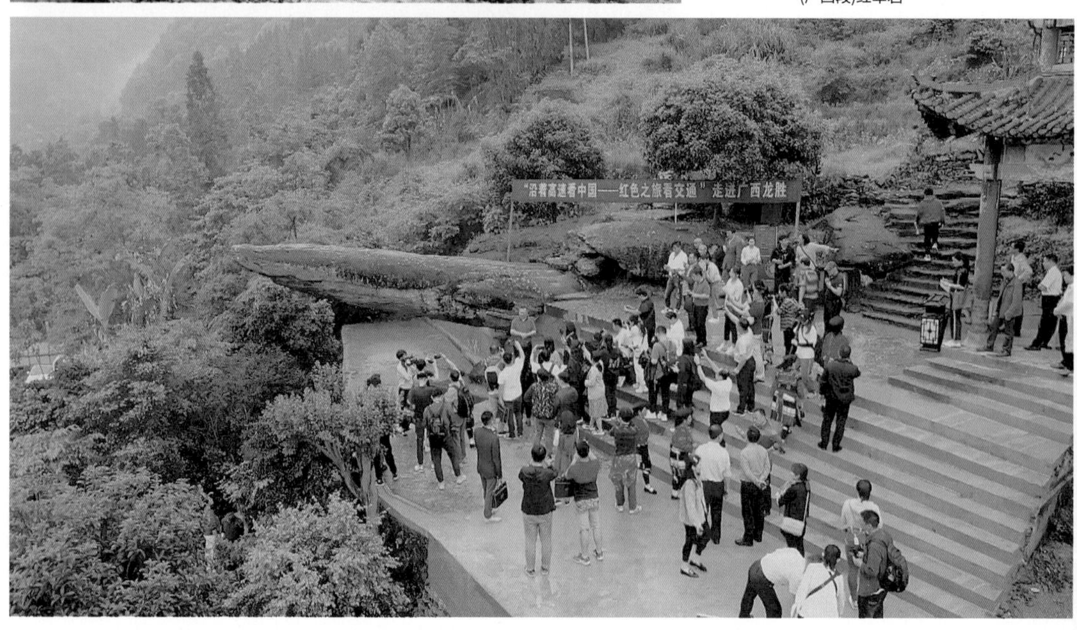

저우언핑(周恩平)은 광시 룽성 각종 자치현 인민대표대회 상무위원회 사업위원회 주임이다.
周恩平广西龙胜各族自治县人大常委会工委主任

저우언핑(周恩平): 이 구호들을 보십시오. 정말 마음을 따뜻하게 하지요. "홍군은 절대적으로 야오민(傜民)들을 보호한다." 원래는 '개사슴록변'이 붙은 '야오(猺)'자였는데, 사람인변이 붙은 '야오(傜)'자로 바뀌었습니다. 그래서 백성들은 돌아가면서 이렇게 말했답니다. 홍군은 우리를 인간으로 대한다. 공산당은 우리 자신의 조직이다……

홍군이 떠난 후 현지 야오족 동포들은 목숨을 걸고 이 구호를 보존해 왔다. 해방 후 이 용설암은 '광명바위', '홍군바위'로 이름이 바뀌었다. 한때 고립되어 있던 이 마을이 점차 세상에 알려지게 된 것은 바로 이 구호 덕분이었다. 오늘날 룽성을 여행할 때 이 홍색 마을은 관광객들이 꼭 들러야 할 코스가 되었다.

바이몐(白面) 야오자이
白面瑶寨

다랑논

홍군이 당시 이 다랑논을 지나갈 때, 현지 촌민들은 우경(耦耕) 방식으로 경작하였다.

오늘날에도 주민들은 다랑논을 보호하기 위해 여전히 이 원시적이고 고풍스러운 농업 방식을 고수하고 있다. 세계적으로 유명한 이 '다랑논의 고향'은 그렇게 맥을 이어가고 있다. 매년 밭갈이철이면 관광객이 벌떼처럼 이곳에 몰려든다. 마을 사람들은 현재 인터넷방송으로 현지 관광업을 발전시키고 있다.

촌민들이 우경(耦耕) 방식으로 경작하고 있다.
村民用耦耕方式耕种

숑홍린(熊虹林)은 따자이(大寨) 마을 주민이다.
熊虹林大寨村村民

숑홍린(熊虹林) : 이것이 바로 우리 광시 꿰이린(桂林)의 다랑논입니다. 지금 여러분들에게 선보이고 있는 것은 다랑논에서 밭갈이하는 정경입니다.

판바오위(潘保玉): 산이 얼마나 높으면 물이 그만큼 많겠습니까? 물 저장은 모두 이 나무들에 달려있습니다.
이곳에서 농사는 일종의 풍경이지요. 다랑논이 있어야 관광업이 잘 됩니다. 다랑논을 보호함에 있어서 가장 중요한 것은 수원(水源)이 되는 삼림을 보호하

판바오위(潘保玉)는 룽지진(龙脊镇) 따자이 마을 전임 당 지부 서기이다.
潘保玉龙脊镇大寨村原党支部书记

는 것입니다. 그래서 2007년에 마을사람들을 동원하여 산꼭대기에 30만 무(畝)의 묘목을 심었습니다. 2019년에 우리 마을에 찾아온 관광객 수는 80만 명에 달했고, 마을의 총 수입은 720만 위안에 달했습니다.

그때 심은 묘목은 하늘을 찌를 듯 큰 나무로 자랐고, 푸른 산줄기는 다랑논에 영양을 공급하는 물줄기를 이루며 사계절의 순환에 따라 매혹적인 풍경으로 변모했다.

"쟁기를 메고 밭을 일구고, 산노래를 부르며 관광업에 종사한다." '세계 중요 농업문화유산'인 룽성은 장정 국가문화공원 광시 구간의 중요한 개발 루트이기도 하다. 3만 명이 넘는 다양한 민족 사람들이 아름다운 산천에서 새 시대 생태 관광의 새로운 장을 열어가고 있다. 과거 홍군의 장정의 길은 관광과 부의 길로 바뀌었다.

밭갈이축제(开耕节) 공연
开耕节表演

광시 꿰이린(桂林)의 다랑논
广西桂林龙脊梯田

‘이하이 결맹(彝海结盟)’ 조각상
“彝海结盟”雕塑

3. 꿰이저우의 베이판강(北盘江)

홍군 장정의 역사는 군대와 인민의 깊은 사랑을 반영하는 역사이며, 2만 5천 리의 장정은 수많은 대중을 일깨우는 위대한 원정이다. 장정 과정에서 홍군은 10개 이상의 소수민족 거주지역이나 잡거지역을 통과하였는데 이는 전체 장정 통과지역의 50% 이상을 차지한다. 공산당과 홍군은 각 민족 인민들과 긴밀한 관계를 유지하며 널리 선전했고, 모범적인 행동으로 각 민족 인민들의 진심어린 옹호와 지지를 받았다.

‘이하이 결맹(彝海结盟)’ 이야기는 일찍이 장정의 미담이 되어 널리 퍼졌다.

농란 결맹(弄染结盟)

한 달여 전 홍3군단(红三军团)이 꿰이저우 남서부 진닝(镇宁)을 지날 때 홍군 장성과 현지 부이족(布衣族) 무장지도자 루뤄이광(陆瑞光)이 '농란 결맹(弄染结盟)'이라는 맹약을 맺었다는 사실은 잘 알려져 있지 않다.

류버(刘波)는 국방대학교 교수이다.
刘波国防大学教授

류버(刘波): 이곳은 당시 진닝의 홍3군단 지휘본부가 있던 자리입니다. 우종대(右纵队)는 우리가 있는 이곳 진닝을 통과했습니다. 당시 펑더화이(彭德怀) 장군이 이끌던 홍3군단이 베이판강(北盘江)을 건너기 위해 이곳에 지휘본부를 세웠습니다. 베이판강을 건너는 데는 곤난이 첩첩했습니다. 다들 아시다시피 이곳은 산이 많고 수많은 소수민족이 있는데, 당시 민족 갈등이 매우 첨예하였지요.……

장정 국가문화공원(꿰이저우 구간) 홍3군단이 도강 작전을 했던 자리
长征国家文化公园(贵州段)红三军团渡江作战旧址

중앙문서관 열람실
中央档案馆阅览室

'농란 결맹(弄染结盟)' 전보문
"弄染结盟"电文

오늘날 중앙문서관에는 홍군3군단이 베이판강을 건너기 전후로 중국혁명군사위원회와 주고받은 전보문이 있다. 이러한 전보문은 '농란 결맹'의 전말을 기록하고 있다.

장잉쥔(江英军)은 군사과학원 연구원이다.
江英军事科学院研究员

장잉쥔(江英军): 이것은 중앙문서관에서 보존 중인 전보 4건이며, 이를 통해 '농란 결맹' 전후에 어떤 일이 있었는지 확인할 수 있습니다.

루루이광이라는 부이족의 족장이 있었습니다. 그는 공산당이나 홍군과 접촉한 적이 없었기에 산으로 도망쳤습니다. 펑더화이 군단장, 양상쿤(杨尚昆) 정치위원, 리푸춘(李富春) 홍군 총정치국장 대행이 직접 농란으로 가서 접촉을 시도했습니다.

그 결과 루루이광은 감동을 받아 산에서 내려와 홍군이 베이판강을 건너는 것을 돕기로 동의했습니다.

이런 식으로 우리는 이 전보가 특히 귀중한 전보임을 알 수 있습니다. 전보의 원문은 "우리는 루루이광이라는 지방 무장 지도자와 장제스(蔣介石)를 반대하고, 왕자례(王家烈)를 반대하고, 유궈차이(犹国才)를 반대하며, 국민당과 가렴잡세를 반대한다는 협약을 맺었다."는 내용입니다. 이것은 '농란 결맹'의 가장 중요한 전보 중 하나였습니다.

'농란 결맹' 전보문

이 '반 장제스' 전투 협정은 장정 기간 중 홍군 주력군과 소수민족 간에 체결된 최초의 공식 협정으로, 향후 홍군이 쓰촨성, 간쑤성, 산시성 등 소수민족 지역으로 북진하는 데 귀중한 경험을 축적했다.

두견화 물결
杜鵑花海

홍군의 베이판강 도강 기념비
红军北盘江渡江纪念碑

'농란 결맹'은 홍군의 주력부대가 베이판강을 성공적으로 건너고 퀀밍을 압박하고 진사강을 건너 적군의 포위망을 제거하는 데 귀중한 시간을 제공했으며 동시에 지역주민들에게 홍색 불씨를 뿌렸다.

1년 후 허룽(贺龙)과 런비스(任弼时)가 이끄는 홍군이 다시 베이판강에 왔을 때 지역 주민들은 산 전체에 만발한 두견화처럼 홍군을 열렬히 환영했다.

여러 민족의 지지에 힘입어 홍2군단과 홍6군단은 수적으로 몇 배나 많은 적들과 우멍산(乌蒙山) 지역에서 거의 한 달 동안 백병전을 벌여 적의 포위와 차단을 뚫고 승리할 수 있었다.

장정 국가문화공원(궤이저우 구간)
중화 소비에트 인민공화국 쓰촨·윈난·궤이저우 성 혁명위원회 옛터
长征国家文化公园(贵州段)中华苏维埃人民共和国川滇黔省革命委员会旧址

홍군의 포고를 인쇄하는 석판 인쇄기(2급 문화재)
印刷红军布告的石印机(二级文物)

장정 국가문화공원(궤이저우 구간)
저좡빠(哲庄坝) 홍군 전투 유적지
长征国家文化公园(贵州段)哲庄坝红军战斗遗址

꿰이저우의 석막화 지형
贵州石漠化地貌

석막화(石漠化)[5]를 다스리다

홍군이 장정하면서 경과했던 꿰이저우성은 중국에서 가장 가난한 지역 중 하나이며, 빈곤의 주요 원인 중 하나가 바로 이 지역의 석막화(石漠化)다. 석막화는 '생태계의 암'으로 알려져 있으며, 꿰이저우성 빈곤층의 90%가 석막화 산악 지역에 거주하고 있다.

1980년대 초부터 꿰이저우사범대학교의 교수인 슝캉닝(熊康宁)과 그의 팀은 석막화 거버넌스라는 전 세계적인 문제에 도전해왔다. 슝캉닝 자신도 험준한 산길을 몇 번이나 다녔는지 기억하지 못할 정도다.

일 년 내내 깊은 석막화 산악지대를 달리다 보니 성능 좋은 오프로드 차량임에도 불구하고 타이어가 펑크 나는 일이 빈번하게 발생한다.

---

5) 석막화(石漠化) : 토양유실로 인해 지표면 밑 암석이 표면으로 돌출되는 현상

숑캉닝(熊康宁)은 꿰이저우사범 대학교의 교수이다.
熊康宁贵州师范大学教授

숑캉닝: 거의 1년에 한 번씩 타이어를 교체해야 했지만 지금은 조금 나아졌습니다. 홍군이 이곳을 지나갈 때 도로도 없고 차도 없어서 두 발로 걸어 다녔다고 생각해보세요.

학생 여러분, 석막화 방지는 한두 번의 5개년 계획으로 달성할 수 없습니다. 홍군이 걸었던 이 길 연선의 백성들이 부자가 될 수 있도록 여러분이 계속 이 길을 걸어주길 바랍니다.

여기서 볼 수 있듯이 이 나무의 생존은 토양에 전혀 의존하지 않습니다. 오히려 뿌리가 갈라진 틈새로 깊숙이 들어가 그 틈새의 물과 영양분을 빨아들여 생명을 유지합니다.

황량하던 산을 푸르게 변모시켰지만 대신 자신의 머리는 이른 나이에 하얗게 셌다. 40여 년의 고독과 외로움에 시달리며, 자신감이 떨어질 때마다 숑캉닝은 사람

나무뿌리가 갈라진 틈새로 깊숙이 들어가다
树根深入裂隙

꿰이저우 관링(关岭)현 화강진(花江鎮) 빠산촌(坝山村) 석막화 거버넌스 시범기지
贵州关岭花江坝山村石漠化治理示范基地

들에게 장정의 어려움을 상기시키면서 홍군의 인내심을 배우도록 했다.

인내의 대가로 큰 결실을 얻었다. 석막화 지역의 암혈(巖穴, 바위 구멍)에 산초(山草, 산에 나는 풀)를 심는 것은 숑캉닝과 그의 팀이 지역주민들과 함께 만들어낸 석막화 방지의 성공적인 경험이다. 산초의 가뭄 저항성과 뿌리의 수토 보존 역할을 이용하여 토양 개선과 경제효라는 두 마리 토끼를 다 잡은 셈이다.

숑캉닝이 마을 주민들과 교류하고 있다.
熊康宁与村民交流

마을 주민 : 이 정도 큰 나무의 산초 생산량은 대략 25근 정도입니다.

숑캉닝 : 그럼 거의 두 배를 번 셈이군요.

홍군 장정 마을
红军长征村

홍군 장정 마을

오늘날 홍군이 치열하게 싸웠던 전장과 피로 물든 산에 자리했던 홍군 장정 마을은 지역의 새로운 랜드마크가 되고 있다.

앞으로는 장정 국가문화공원을 관통하는 장정 역사 트래킹코스가 이 장정 마을들을 연결하게 될 것이다. 15개 성(자치구 및 직할시)을 잇는 만 리 관광 및 홍색 교육 통로가 만들어질 것이다.

산은 여전히 그대로이고 땅도 여전히 그대로이지만 환경은 아름답게 변모하고 마을 사람들은 부유해졌으며, 백성들의 생활이 갈수록 번창하고 있다.

띠칭(迪庆) 장족자치주 샹그릴라시
迪庆藏族自治州香格里拉市

4. 윈난의 샹그릴라

송짠린사(松赞林寺)의 '흥성번족(兴盛番族)'

중국인민혁명군사박물관에는 '홍성번족(兴盛番族)'이라는 글귀가 적힌 족자가 잘 보존되어 있다.

이 족자에는 지금의 샹그릴라(香格里拉)시인 윈난성 중뎬현(中甸县)에서 일어난 감동적인 이야기가 담겨 있다.

허룽(贺龙)은 네 글자를 썼는데, 라마 사원은 이 네 글자를 줄곧 보존하고 있었습니다. 전국이 승리한 후, 우리 군사박물관이 관련 자료를 수집할 때에야 사람들이 그것을 꺼냈습니다.

— 양슈산(杨秀山)은 홍2군단(红二军团) 제4사 부정치위원이었다.(1996년 취재)

‘흥성번족(兴盛番族)’이라 고 쓴 족자
“兴盛番族”锦幛

자스눠제(扎史诺杰)의 고향 샹그릴라 샤오중뎬진(小中甸镇) 허핑촌(和平村)은 원래 편벽한 산골 마을이었다.

자스눠제(扎史诺杰)는 샤오중뎬진(小中甸镇) 허핑촌(和平村) 주민이다.
扎史诺杰小中甸镇和平村村民

자스눠제 : 최초의 차마고도(茶马古道)도 이곳을 지나갔고, 후에 홍군이 장정할 때에도 이곳을 지나갔습니다. 할아버지 세대의 이야기를 들어보니, 당시 홍군이 지나갈 때 마을 사람들의 여건이 좋지 않았는데, 홍군이 그들에게 앞으로의 생활이 점점 더 좋아질 것이라고 말했다고 합니다.

1936년 4월 홍2、홍6군단이 장정 도중 중뎬현(中甸县)을 지날 때, 이곳은 여전히 땅은 넓은데 인구는 매우 적은 장족들의 집거지였다.

이곳의 행정 중심이었던 가단 송짠린사는 줄곧 이들 군대의 동향을 세밀하게 주시하고 있었다.

허샤오옌(和晓燕)은 띠칭(迪庆) 홍군 장정 박물관의 해설원이다.
和晓燕迪庆红军长征博物馆讲解员

허샤오옌(和晓燕) : 홍군은 군율이 엄격하여 말이 보리를 밟지 않도록 했고, 사람들은 마음대로 경당(经堂, 경전을 안치한 곳)에 들어가지 않았으며, 라마 사원을 보호했습니다. 이러한 전제하에 사원에서는 당시 한어(漢語, 표준 중국어)를 할 줄 아는 샤나꾸와(夏纳古瓦)를 보내 허룽과 협상하도록 했습니다. 군단장 허룽은 샤나꾸와에게 수도원을 책임지고 있는 8명의 노승에게 편지를 전달해 달라고 부탁했는데, 그 내용은 대체로 장족 인민들이 신앙하고 있는 "종교의 자유"를 존중하고, 홍군의 민족 및 종교정책을 선전하는 것이었습니다.

단춴페이추(丹春培楚)는 송짠린사 관리위원회 상무 부주임이다.
丹春培楚噶丹松赞林寺寺管委常务副主任

단춴페이추(丹春培楚) : 당시 송짠린사도 아주 어려웠습니다. 승려들의 의식주도 문제였던 상황에서 식량창고를 개방해 6만여 근의 군량을 조달하고, 승려들을 길잡이로 보내 북상 항일을 지원하기도 했습니다.

승려들은 이례적으로 현지에서는 1년에 한 번, 겨울에야 열리는 굿판인 '캉무춤(羌姆舞)'으로 홍군을 환영했다. 이는 장족 인민들이 풍년을 축하하는 성대한 의식이다.

허룽은 송짠린사에서 '흥성번족(兴盛番族)'이라는 네 글자를 직접 헌정했다.

'캉무춤(羌姆舞)' 굿판
跳神仪式"羌姆舞"

띠칭 홍군 장정 박물관 앞의 조각상
迪庆红军长征博物馆前雕像

샹그릴라의 입체화 교통

2001년 국무원의 비준을 받아 중뎬현(中甸县)은 샹그릴라현(香格里拉县)으로 개칭되었다.

'샹그릴라'는 영국 작가 제임스 힐튼의 장편소설 '사라진 지평선'에서 묘사한 동양의 준령 속 영원하고 평화롭고 고요한 곳이다.

샹그릴라의 진정한 도약은 입체화 교통의 발전에 따른 관광산업의 번영이다.

1999년 4월 띠칭 샹그릴라 공항이 정식으로 개장했는데, 샹그릴라에서 베이징·상하이·광저우·라싸·청두 등으로 이어지는 노선이 잇따라 개설되었다.

옛 도시 두커쫑(独克宗)에서 민박을 운영하는 샤오중뎬진(小中甸镇) 허핑촌(和平村)의 자스눠제(扎史诺杰)는 교통의 발달로 관광업에 종사하게 된 자신의 변화를 되돌아봤다.

자스눠제 : 저는 20 대 때부터 관광업을 시도했습니다. 지프를 사서 쓰촨-티베트 루트, 칭하이-티베트 루트를 달리기 시작했습니다. 하지만 그 당시 도로 사정이 좋지 않았습니다. 조건이 열악했기에 관광객들도 힘들어했고, 우리도 힘만 들고 돈도 얼마 벌지 못했습니다. 그래서 다른 곳으로 품팔이를 하러 나갔었지요. 나중에 교통이 점점 더 편리해지고 고향의 관광산업도 활기를 띠면서 관광객이 점차 늘어났지요. 그래서 다시 돌아와서 이 민박집을 시작했습니다.

샹그릴라 비행장
香格里拉机场

2021년 9월 29일 샹그릴라-리장(丽江) 고속도로의 전 노선이 개통되었다. 같은 시간 샹그릴라-리장 철도 노선도 고산 협곡을 지나 빠르게 추진되고 있다.

입체화 교통망이 점차 구축되면서 새로운 비즈니스 기회를 포착한 자스눠제는 여행 비수기를 틈타 새로운 사업을 계획하고 있다.

자스눠제 : 이곳은 샤오중뎬진에 속합니다. 샤오중뎬에는 고속철도 기차역이 있고, 고속도로의 출입구도 있습니다. 이 두 역은 샤오중뎬의 관광업을 이끌 것이고, 여행하는 사람들이 점점 더 많아질 것입니다. 그래서 저는 이곳에서 순수 장족식 민박을 지으려고 합니다.

철도건설 현장
铁路施工现场

항공편, 고속도로, 철도가 샹그릴라를 외부세계와 더 가깝게 만들었고, 설원의 '시와 먼 곳(诗和远方)'은 한 걸음 한 걸음 세상 밖으로 나아갔다.

이것이 바로 홍군 병사들이 꿈 꾸던 일이었다.

따량산(大凉山)

5. 쓰촨 따량산(大凉山)과 광시(廣西) 바이써봉기(白色蜂起)

홍군이 따뚜하를 강행 도하하다

안순창(安顺场)은 태평천국(太平天国) 익왕(翼王)에게는 비극의 장소였지만, 홍군에게는 승리의 장소였다. 72년이라는 시간 차를 두고 같은 길을 갔던 두 군대의 운명은 전혀 달랐다.

장홍잉(江红英)은 쓰촨성 지방지공작판공실(地方志工作办公室) 부주임이다.
四川省地方志工作办公室副主任

장홍잉(江红英) : 홍군이 따뚜하를 강행 도하한 이 역사적인 사건은 매우 유명한데, 바로 이곳에서 발생했습니다. 이 이야기는 물이 배를 띄울 수 있는 이야기이기도 합니다. 여기서 말하는 물이 바로 백성입니다. 어떤 부분에서 구현이 됐을까요? 홍군은 5월 23일 멘닝(冕宁)을 출발해 안순창에 도착했는데, 이틀

따뚜하 강변에 있는 스따카이(石达开) 동상
大渡河岸边石达开雕像

만에 200여 마일을 이동했으니 매우 빠른 속도였습니다. 홍군이 승리할 수 있었던 것은 전적으로 백성들의 지지가 있었기 때문입니다.

진사강(金沙江) 강변의 류삭(溜索, 류쒀 = 가공삭도)[6]

홍군이 이족 동포들의 도움을 받아 하루에 백 리를 이동했던 따량산은 중국 최대 규모의 이족(彝族) 거주지로, 한때 중국 전역에서 극심한 빈곤을 대표하는 지역이었다. 한때 량산자치주(凉山州)의 17개 현과 시 중 11개 현이 극심한 빈곤에 시달렸다.

장스쉐(蒋世学)는 진사강에서 가공삭도를 운전한 마지막 사람이다. 쓰촨성 량산자치주 부튀현(布拖县) 펑자핑(冯家坪)과 윈난성 차오자현(巧家县)을 잇는 이 가공삭도는 한때 이 지역을 연결하는 유일한 통로였다.

---

6) 류삭(溜索) : 사람과 말들이 좁은 산등성이의 길을 타고 협곡사이에 놓여 진 철선에 매달려 하늘을 날듯 협곡을 건너는 길.

마을 주민들이 장스쉐(蒋世学)가 운전하는 가공삭도를 타고 강을 건너고 있다.
蒋世学开溜索，村民溜索过江

장스쉐(蒋世学)는 진사강에서 가공삭도를 탄 마지막 사람이다.
蒋世学金沙江最后开溜索人

장스쉐 : 가공삭도를 20여 년 운전했는데, 예전에는 양안의 사람들이 이것 없이는 이동할 수가 없었습니다. 사람들은 매일 날이 밝기도 전에 가공삭도를 타겠다고 소리를 질러댔습니다. 예전에는 품팔이꾼, 장사꾼, 양몰이꾼 등 모든 사람들이 이곳을 지나갔습니다.

수백 미터 공중에 매달린 곤돌라를 타고 굉음을 내며 급히 흐르는 진사강을 바라보면 공포감이 몰려온다.

당시 홍1방면군과 홍4방면군이 합류할 때, 쉬샹첸(徐向前)은 펑더화이(彭德怀)와 처음 만났다. 쉬샹첸은 당시 대나무로 만든 곤돌라에 올라 가공삭도로 헤이수이하(黑水河)를 건너왔다. 당시 펑더화이는 "쉬 사령관님이 공중에 매달려 오는 걸 보면서 정말 가슴이 떨렸습니다." 라고 말했다. 이에 쉬샹첸은 "처음 몇 번은 좀 무섭지만 타다 보면 괜찮습니다." 라고 대꾸했다.

가공삭도(류쒀)를 타고 강을 건너는 제작진이 상공에서 바라본 풍경
摄制组乘坐溜索过江时的俯拍图

펑더화이(우)와 쉬샹첸(좌)
彭德怀(右)、徐向前(左)照片

벼랑마을의 철제 사다리

더 공포스러운 것은 아투례얼(阿土列尔) 마을의 철제 사다리였다.

제작진: 지금 얼마나 더 가면 도착합니까?

관광객: 3시간 정도요.

관광객: 이 카메라 장비를 들고 올라가기 어려울 것 같은데요.

관광객: 경사가 90도에 달합니다.

관광객: 너무 가팔라서 손과 발을 다 써야 올라갈 수 있습니다.

오늘날 이곳은 여러 아웃도어 애호가들이 용기를 내어 도전하는 장소가 되었다. 하지만 수년 전까지도 아

량산 이족자치주 벼랑마을의 철제 사다리
凉山彝族自治州悬崖村钢梯

투레얼 마을 사람들은 등나무와 나무 막대기로 만든 등나무 사다리를 타고 오르내렸다.

몇 년 전 가방을 멘 학생들이 가파른 등나무 사다리를 맨손으로 오르는 사진이 공개되면서, 아투례얼 마을은 하루아침에 전국적으로 유명해졌고 '벼랑마을'이라는 별칭까지 생겼다.

"문을 열면 벼랑이고, 뒤를 돌아보면 절벽", 따량산 깊숙이 위치한 아투례얼 마을 조상 대대로 '길'에 대한 인식이었다. 량산자치주에는 벼랑 위에 자리 잡은 마을이 아투례얼 뿐이 아니다. 깊은 계곡과 천 길 낭떠러지로 인한 이동의 어려움은 량산자치주의 빈곤이 중요한 이유 중 하나이다.

마을 주민들이 등나무 사다리를 오르고 있다.
村民爬藤梯

아브로하 마을의 긴 통학로

따량산 깊숙한 곳에 있는 부퉈현(布拖县) 아브로하(阿布洛哈) 마을도 한때는 거의 잊혀진 이족 마을이었다.

올해 27세인 지례쯔르(吉列子日)는 아브로하 마을에서 나온 첫 중등전문학교 학생으로, 마을의 역대 당지부 서기 중 교육 수준이 가장 높다. 산속에서 힘들게 공부하던 시절을 지례쯔르는 지금도 잊을 수 없다.

지례쯔르(吉列子日) 아브로하 마을의 당지부 서기이다.
吉列子日阿布洛哈村村党支部书记

지례쯔르 : 이곳은 너무 깊어서 이렇게 돌을 떨어뜨리면 아래에서 소리가 들리기까지 몇 초가 걸립니다. 낭떠러지가 이렇게 깊답니다.

학교는 두 산의 중간에 있습니다. 지금 보이는 하얀 지점에 있었어요. 그 당시에는 강을 따라 계속 걸어서 학교까지 가는데 편도 5시간, 왕복 10시간이 걸렸어요.

아브로하 마을
阿布洛哈村

맞춤형 빈곤 구제, 면모를 일신한 옛 마을

2018년 음력설을 앞두고, 시진핑 총서기는 빈곤 퇴치 전쟁의 결정적 순간에 가파른 산길을 따라 따량산맥 깊숙한 곳까지 이동해 간부와 대중을 만났다. 해발 2,500미터에 위치한 산허촌(三河村)에서 시진핑 총서기는 간부 및 대중들과 화덕 주위에 둘러앉아 빈곤 퇴치 전략을 주도면밀하게 구상했다.

시진핑 : 사회주의는 한 국가, 한 가족, 한 개인이 아닌 모든 사람이 행복하고 아름다운 삶을 살도록 하는 것입니다.

시진핑 총서기는 "공산당의 인민에 대한 약속은 반드시 지켜져야 한다"고 단호하게 말했습니다.

한마디 약속은 천근처럼 무겁다. 쓰촨성은 5,700명의 빈곤 퇴치 간부와 2,497명의 마을 제1서기(村第一书记)를 파견해, 마을과 가정을 일일이 방문하여 '병의 뿌리'를 찾아내고 '빈곤의 뿌리'를 뽑아내도록 했다. 따량산이라는 이 빈곤 고원을 향해 돌격을 시작한 것이다.

지례쯔르: 당시에는 이 도로를 건설하는 것은 너무나도 어려웠습니다. 특히 당시 작업 중이던 굴삭기 기사 2명이 이곳에서 사망하는 사고가 발생하기도 했습니다.

쓰촨성 옌위안(盐源) 출신의 먀오족(苗族) 청년 왕자타(王扎塔)는 사망 당시 겨우 24세였다. 멀리 푸젠성 핑탄(平潭)에서 온 쉐쉐빈(薛学斌)은 그가 사망 당시 33세였다. 두 젊은 목숨이 영원한 삶의 로드맵으로 바뀌었다.

2019년 11월 30일, M-26 헬리콥터가 굴삭기, 로더 등 장비를 하나씩 깊은 산속으로 옮겼다. 불과 8일 만에 아브로하 마을의 마지막 1km이자, 전국 마지막 1km의 마을 도로가 마침내 개통되었다.

희생된 굴삭기 기사 왕자타(王扎塔, 왼쪽)와 쉐쉐빈(薛学斌, 오른쪽)
牺牲的挖掘机驾驶员王扎塔(左)、薛学斌(右)

헬리콥터 호이스팅
直升机吊装

부퉈(布拖)의 이족 남자 고강(高腔) 가수 사마르하이(沙马日海)
布拖高腔彝族男歌手沙马日海

사마르하이(沙马日海):
오늘 이맘때쯤 내 고향에 오세요
내 고향은 봄바람이 십 리나 따뜻해요

사방으로 통하는 도로는 이족 마을들이 점차 부유해지게 했고, 하루하루 더 행복한 새로운 삶을 가져다주었다. 오늘날의 아브로하 마을 주민들은 차를 타고

10여 분이면 마을을 벗어날 수 있고, 2시간이면 현성에 도착할 수 있으며, 산초, 꿀 등 특산 농산물도 택배로 마을 밖으로 보낼 수 있게 되었다.

2020년 5월 '벼랑마을'의 빈곤층 84가구는 모두 산속 흙집에서 벗어나 정부의 빈곤 퇴치 이주민 건물에 입주하였다.

그해 11월 량산자치주의 마지막 7개 국가급 빈곤 현은 모두 빈곤의 모자를 벗었다.

스자러쭤(石扎惹作)는 쓰촨성의 자오줴중학교(昭觉中学) 학생이다.
石扎惹作四川省昭觉中学学生

등나무 사다리를 오르던 어린 소녀 스자러쭤(石扎惹作)는 자오줴중학교(昭觉中学) 2학년생이다.

> 스자러쭤: 지금은 학교에서 집까지 걸어서 20~30분 정도 걸리고, 버스를 타면 5~6분 정도 걸려요.

천험의 요새가 도로로 변했다. 장스쉐(蒋世学)가 20년 넘게 가공삭도를 운전해오던 곳에서 수백 미터 떨어진 곳에 남북을 가로질러 두 성을 잇는 평자핑(冯家

아브로하 마을에 버스가 통했다.
阿布洛哈村通车

'벼랑마을' 빈곤한 집들이 자오줴현(昭觉县) 이주민 건물로 이주했다.
"悬崖村"贫困户搬家、昭觉县安居点

펑자핑(冯家坪) 대교
冯家坪大桥

坪) 대교가 건설되었다.

오늘날에도 장스쉐는 여전히 가공삭도를 운전하고 있다. 다만 노인이 하는 일은 관광객들에게 가공삭도를 체험시키는 것이다.

"그래도 좋습니다. 다리가 통하는 건 모두에게 좋은 일이니까요. 게다가 집 문전까지 차를 몰고 올 수 있어서 더 좋습니다."

오늘날의 량산자치주
今天的凉山州

빈곤 퇴치를 위한 희생적인 헌신

번성하는 산업, 살기 좋은 생태, 문명화된 농촌, 따량산의 환골탈태와 "천년을 뛰어넘는 한 걸음" 뒤에는 수많은 사람들의 묵묵한 노력과 희생이 있었다. 따량산의 빈곤과의 전쟁에서 90명 이상의 빈곤 퇴치 간부들이 임무 수행 중 부상을 입었고, 38명이 사망했다.

협곡에서 인양된 두 대의 굴삭기 잔해가 량산자치주 빈곤 퇴치 전시관에 전시되어 있다. 굴삭기 잔해는 오늘의 빈곤 퇴치 전쟁의 어려움을 묵묵히 말해주고 있다.

협곡에서 인양된 두 대의 굴삭기 잔해가 량산자치주 빈곤 퇴치 전시관에 전시되어 있다.
从峡谷中打捞上来的两位挖掘机手生前使用过的挖掘机残件, 陈列在凉山州脱贫攻坚展览馆内

광시 바이서봉기(百色起义) 기념관
广西百色起义纪念馆

빈곤 퇴치에서 희생된 간부들의 사진
牺牲扶贫干部照片墙

황원슈(黃文秀)

"빈곤 퇴치의 길은 내 마음의 장정에 가깝다."

한 젊은 제1서기(第一书记)가 마을에 주재한 지 만 1년이 지났을 때 위챗 모멘트에 남긴 말이다. 365일 동안 그녀의 자동차 계기판의 주행 거리는 정확히 2만 5천 킬로미터 증가했다. 그해 그녀가 주재했던 좡족 마을에서는 88가구 418명이 빈곤에서 벗어났다. 폭우가 쏟아지던 날 밤, 그녀는 마을로 돌아가던 중 산사태를 만나 겨우 30세의 나이로 목숨을 바쳤다. 그녀가 바로 광시 바이서시(百色市) 바이니촌(百坭村)의 황원슈(黄文秀) 제1서기이다.

그해 바이서봉기(白色起义) 이후 탄생한 홍7군은 황원슈가 희생된 이 홍색 땅에서 출발해 천신만고 끝에 장시의 소비에트 구역에 다다라 '작은 장정'이라 불렸다.

빈곤 퇴치를 위해 1,800명 이상의 우수한 간부가 최전선에서 순직했으며, 생명과 열정으로 중화민족의 새로운 장정에서 웅장한 기념비를 높이 세웠다.

닝샤 통신의 위왕바오
宁夏同心豫旺堡

6. 닝샤(宁夏) 시하이꾸(西海固)

위왕바오[豫旺堡]

『서행만기』에는 위왕바오가 자주 등장한다.

에드가 스노[7]는 다음과 같이 쓰고 있다. "나는 마침내 위왕바오에 도착했다. 닝샤 남부에 위치한, 성벽이 있는 꽤 큰 도시였다. 당시는 펑더화이가 거느리는 홍1방면군 사령부 소재지였다."

7) 에드거 스노(Edgar Snow, 1905~1972년) : 미국의 저널리스트이다. 그는 특히 서방 기자로는 최초로 중국공산당의 본부가 있던 상시성(保安, 현재의 예안시 즈단현)을 방문 취재하여 저서《중국의 붉은 별》(Red Star Over China)를 출판(1937), 서방에 마오쩌둥이 알려지는 데 큰 역할을 했다.

홍군 서정(西征) 기념비와 기념공원
红军西征纪念碑、纪念园

통신(同心)의 이슬람사원
同心清真大寺

장정 국가문화공원(닝샤 구간) 산간닝성(陕甘宁省) 위하이현(豫海县) 회족자치정부 설립대회 옛터
长征国家文化公园(宁夏段)陕甘宁省豫海县回民自治政府成立大会会址

당시 산베이(陝北)에 먼저 도착한 중앙 홍군은 홍2방면군과 홍4방면군을 맞이하기 위해, 산간(陝甘) 혁명근거지를 산간닝(陝甘宁) 혁명근거지로 확충하고, 오늘날의 닝샤 통신(同心)에 산간닝성(陝甘宁省) 위하이현(豫海县) 회족자치정부를 설립했다.

지난 몇 년 동안 고성 개조작업이 대대적으로 진행되고 있지만 현지인들은 홍군의 이야기를 간직하고 있는 토굴을 줄곧 보호하고 있다.

양정화(杨正华)는 마가오좡향(马高庄乡)의 마을 주민이다.
杨正华马高庄乡村民

양정화(杨正华) : 1936년 홍군이 위왕바오에 도착한 후, 또 양자바오(杨家堡)도 있다는 소식을 들었습니다. 당시 홍군이 들어왔을 때 펑더화이, 쉬하이둥(徐海东), 에드가 스노가 이 방에서 집무를 보았습니다.

한칭룽(韩清龙)은 마가오좡향(马高庄乡)의 마을 주민이다.
韩清龙马高庄乡村民

한칭룽(韩清龙) : 여기가 바로 그 당시 우리 홍군의 지휘부였는데, 지금은 무너져서 우리가 보수하고 있습니다. 우리는 원래의 모습대로 이 토굴을 계속 수리할 것입니다.

스노는 당시 위왕바오에서 홍군이 이곳 회족 인민들의 옹호를 받는 것을 보고 깜짝 놀랐다. 그는『서행만기』

책『서행만기』
《西行漫记》书籍

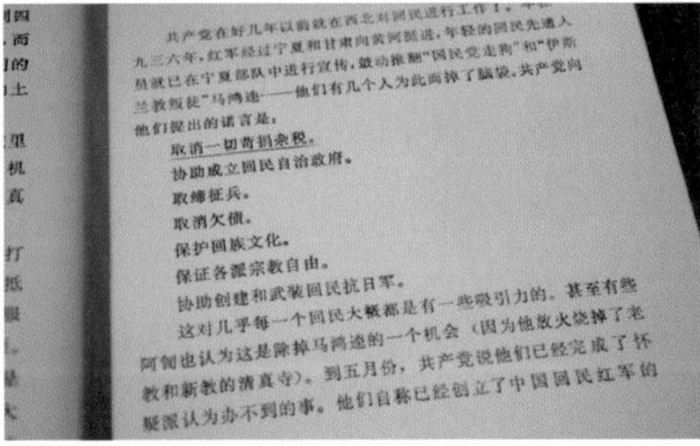

他们提出的诺言是：

取消一切苛捐杂税。

协助成立回民自治政府。

取缔征兵。

取消欠债。

保护回族文化。

保证各派宗教自由。

协助创建和武装回民抗日军。

这对几乎每一个回民大概都是有一些吸引力的。甚至有些

시하이꾸(西海固)의 옛 모습
西海固旧貌

에서 공산당이 회족 인민들에게 엄숙한 약속을 했기 때문이라고 분석했다.

그 약속은 다음과 같았다.

모든 가렴잡세(苛斂雜稅)를 폐지한다.

회족을 위한 자치정부 수립을 지원한다.

회족 문화를 보호한다.

모든 종파의 종교자유를 보장한다.

민닝진(闽宁镇)

'시하이꾸(西海固)'는 1972년 유엔 식량개발기구가 인간이 생존하기 가장 열악한 지역 중 하나로 선정한 닝샤의 시지(西吉), 하이위안(海原), 꾸위안(固原) 등 세 현의 약칭으로, 이곳은 닝샤에서 가장 열악한 지역으로 꼽힌다. 위왕바오는 이 지역의 중심에 위치해 있다.

1997년 봄 당시 푸젠성 당위원회 부서기였던 시진핑이 시하이꾸를 찾았다. 시진핑은 산시성 농촌에서 7년간 근무한 경험이 있었지만 이 지역의 빈곤에 깊은 충격을 받았다. 그는 생존에 적합하지 않은 시하이꾸의 가난한 주민들을 인촨(银川) 허타오 평원(河套平原)의 개발지역으로 따오좡(吊庄)의 방식으로 이주시켜 새 보금자리를 마련하도록 할 것을 제안했다. 그리고 직접 민닝촌(闽宁村)이라는 이름을 지었다.

와이너리에서 일하고 있는 류리(刘莉)
刘莉在酒庄工作

시진핑 : '따오좡(吊庄)'은 닝샤에서 쓰는 말입니다. 푸젠에서는 '이민(移民)'이라고 하지요. 그러니깐 마을 전체를 다른 곳으로 옮기는 것을 말합니다.

시진핑 총서기는 민닝(闽宁)의 빈곤 퇴치 진행 상황에 항상 관심을 가져왔으며, 두 지역의 빈곤 퇴치 협력 사업을 조사하고 이해하기 위해 세 차례나 닝샤의 시하이구 지역을 방문했다.

한때 모래밭이었던 민닝촌(闽宁村) 이제 레드 와인을 주력 산업으로 하는 현대적인 민닝진(闽宁镇)으로 발전했다.

10년 전 이민자 행렬을 따라 민닝에 왔을 때 류리는 레드 와인에 대해 거의 아무것도 몰랐지만 지금은 이미 와이너리(酒庄)의 작업장 책임자가 되었다.

류리와 마찬가지로 2021년 말까지 민닝의 많은 주민들이 현지에서 일자리를 얻었고, 1인당 소득은 1997년에 비해 32배나 증가했다.

빈곤 퇴치의 길
脱贫攻坚路上

(꼬리말) 빈곤 퇴치와 개발이라는 새로운 장정의 승리

류판산(六盘山)은 홍군이 장정에서 마지막으로 넘은 산이다.

시진핑 총서기는 빈곤과의 싸움은 류판산 정복과 같으며, 이 마지막 높은 산을 정복해야만 빈곤 퇴치와 개발이라는 장정이 최종 승리를 거둘 수 있다고 말했다.

중국의 빈곤 지역을 표시한 지도를 보면, 마지막 14개의 극빈 지역 중 10개가 '장정' 연선에 있다.

2020년 말까지 이 14개의 극빈 지역은 모두 빈곤에서 벗어날 수 있게 되었다.

1949년 중국공산당이 집권했을 때 당시 미국 국무장관 애치슨은 "역대 정부는 중국 국민을 먹여 살리는 문제를 해결하지 못했고, 공산당 정권도 이 문제를 해결할 수 없을 것이다"라고 단언했었다.

그러나 중국은 2015년 유엔이 설정한 2030년 극빈 퇴치 목표를 정확히 10년 앞당겨 달성했을 뿐만 아니라 전면적 샤오캉(小康) 사회를 구축했다.

애치슨은 장정과 같은 위대한 기적을 이뤄낸 정당이 국민에게 좋은 삶을 살게 하겠다는 엄숙한 약속도 이행할 수 있다는 사실을 간과한 것이 분명하다.

빈곤 퇴치의 길
脱贫攻坚路上

제3장 녹색 생태 회랑

장정 국가문화공원(광시 구간) 봉황 주둥이 나루터
长征国家文化公园(广西段)凤凰嘴渡口

80여 년 전 중국 남부의 구릉에서 기괴한 봉우리가 즐비한 윈난과 구어지어의 첩첩산중까지, 얼음이 천 길이나 덮인 칭장고원(青藏高原)부터 계곡이 종횡으로 뻗은 황토고원까지, 홍군의 장정 루트는 중국에서 가장 외지고 지리적으로 가장 험난한 길이었다. 적의 포화 속에서도 모든 홍군 병사들은 고난과 위험을 무릅쓰고 용감하게 희생했다. 그들의 마음속에는 항상 신앙의 깃발이 높이 휘날렸다.

적은 강하고 우리는 약했습니다. 그들은 우리보다 몇 배는 더 잘 무장하고 있었지요.
— 천유더(陈有德)는 홍6군단(红六军团) 통신반장이었는데 인터뷰 당시에는 97세의 고령이었다. (2016년 인터뷰)

머리에 구멍이 났는데 약이 없었습니다. 그냥 약초를 입으로 씹어서 머리에 바르고 천으로 대충 싸매고 걸었습니다.
— 쒀신종(索心忠)은 홍4방면군 통신원이었는데 인터뷰 당시에는 95세의 고령이었다. (2016년 인터뷰)

꿰이저우도 걷기가 어려웠습니다. 특히 비가 많이 내렸는데 짚신도 없이 맨발로 걸었습니다.
— 왕따오진(王道金)은 홍1방면군 홍3군단(红三军团) 정찰중대장이었는데 인터뷰 당시 102세 고령이었다. (2016년 인터뷰)

1년 4계절 중 6월 6일만 눈이 오지 않았습니다.
— 쑤즈(苏智)는 홍4방면군 간호반장이었는데, 인터뷰 당시에는 95세의 고령이었다. (2016년 인터뷰)

아래로 내려갈 때 바람이 많이 불었는데, 정말로 날려갈 것만 같았습니다.
—양광밍(杨光明)은 홍4방면군 전사였는데, 인터뷰 당시에는 94세의 고령이었다. (2016년 인터뷰)

얼마나 많은 동지들이 굶어죽고 얼어 죽었는지 헤아릴 수조차 없습니다.
— 양전(阳震)은 홍4방면군 소대장이었는데, 인터뷰 당시에는 96세의 고령이었다. (2016년 인터뷰)

몇 번이나 죽을 뻔했는데 안 죽었습니다. 왜 일까요? 바로 신념 때문입니다. 신념이 가장 중요합니다.
— 친화리(秦华礼)는 홍4방면군 군부 방송국 책임자였는데, 인터뷰 당시에는 103세의 고령이었다. (2016년 인터뷰)

장정 국가문화공원(궤이저우 구간) 홍군이 네 번 도하했던 츠수이기념관
长征国家文化公园(贵州段)紅軍四渡赤水纪念园

장정 국가문화공원(쓰촨 구간) 자진산
长征国家文化公园(四川段)夹金山

장정 국가문화공원(쓰촨 구간) 홍군이 넘은 초원 기념관
长征国家文化公园(四川段)红军过草地纪念碑

장정의 정신은 결코 멀리 가지 않았다! 그것은 중국인의 정신세계에 깊이 새겨져 있다. 오늘날 중국인들은 '아름다운 중국' 건설을 기조로 삼고 웅장한 산과 강을 배경으로 인간과 자연이 조화롭게 공존하는 새로운 형태의 인류 문명을 건설하고 있다.

강산을 아름답게 건설하는 것은 우리가 선조들에게 경의를 표하는 방식이다.

장정 국가문화공원(푸젠 구간) 닝화현(宁化县) 장정정신 교육기지
长征国家文化公园(福建段)宁化县长征精神教育基地

1. 생태 문명의 홍색 유전자: 닝화현 장정정신 교육 기지

푸젠성 닝화현(宁化县)은 중앙홍군 장정의 4개 출발지 중 하나다. 1934년 10월 6,000여 명의 닝화(宁化) 출신 홍군 병사들이 사랑하는 이들과 작별을 고하고 장정에 합류했다. 이 작별은 사랑하는 사람들과의 영원한 이별이었다. 그들이 산베이에 도착했을 때, 남은 닝화 출신 홍군 병사는 고작 58명이었다. 그들 중 대부분은 영원히 장정의 길에 남은 것이다.

중앙홍군의 긴 여정에는 평균 300미터마다 열사들이 남긴 삶의 이정표가 세워져 있다. 홍군의 장정의 길은 피로 물든 붉은 리본이었다.

홍군의 장정 길은 피로 물든 붉은 리본이었다.
红军的长征路, 是一条由鲜血染就的红飘带

장정 국가문화공원 설명도
长征国家文化公园示意图

홍군의 장정 노선은 남동쪽에서 북서쪽으로 중국의 절반에 걸쳐 있으며, 그 길에는 13개의 세계문화 및 자연유산, 100개가 넘는 지질공원, 400개가 넘는 삼림공원이 있어 장정 국가문화공원의 문화 다양성, 생태 다양성, 경관 다양성을 반영하고 있다.

중국공산당 제18차 전국대표대회 이후 시진핑 동지를 핵심으로 하는 중국공산당 중앙위원회는 '아름다운 중국'을 생태 문명 건설의 원대한 목표로 삼고 수억 명의 중국인이 생태 문명의 길로 나아가도록 이끌고 있다. 장정 국가문화공원은 홍색 유전자의 계승과 생태 문명 건설을 유기적으로 결합하여 역사와 현실이 함께 빛을 발하게 할 것이다.

장정 국가문화공원(광둥 구간) 홍군 장정 웨베이(粤北)기념관
长征国家文化公园(广东段)红军长征粤北纪念馆

2. 에너지 절약과 오염물질 감소의 지혜와 시사점: 홍군 장정 웨베이기념관

홍군은 고단한 원정길 두려워 않고
깊은 강물, 험난한 산도 대수롭지 않다네. ……

홍군 장정 웨베이(粤北)기념관은 광동성 장정 국가문화공원에서 유일하게 홍군의 장정을 테마로 한 기념관이다.

광동에서 장제스(蒋介石)는 천지탕(陈济棠)이 이끄는 광동군에게 세 겹의 봉쇄선을 준비하도록 명령했다. 그러나 홍군은 아주 적은 대가를 치루며 이를 돌파했다.

홍군이 처음 세 번의 봉쇄를 성공적으로 돌파할 수 있었던 것은 용기와 지혜가 있었기 때문이다.

루젠청(吕建成)은 중국과학원 광저우에너지연구소 소장이다. 그는 오늘 동료들과 함께 기념관에 들어가 역사가 오늘에 주는 계시와 힘을 받았다.

탄훼이셴(谭慧娴)은 홍군 장정 웨베이(粤北) 기념관 해설원이다.
谭慧娴红军长征粤北纪念馆讲解员

탄훼이셴(谭慧娴) : (장정을 출발하기 전) 저우언라(周恩来) 등 지도자들은 판한녠(潘汉年)과 허창궁(何长工)을 장시성 쉰우(寻乌)로 보내 천지탕(陈济棠)과 협상하도록 했습니다. 양측은 총 5개의 비밀협정의 내용에 합의했는데, 그 중 제5조는 필요한 경우 서로의 길을 빌릴 수 있다는 것이었습니다. 이는 중앙 홍군의 장정 초기 단계에서 중요한 역할을 했습니다.

2021년 4월 22일 중국 정부는 '리더스 기후 정상회의'에서 2030년까지 탄소 피크를 달성하고 2060년까지 탄소 중립을 달성하겠다고 전 세계에 엄숙히 약속했다.

일반적으로 경제발전은 필연적으로 탄소 배출량 증가로 이어지게 마련이다. 인구가 많은 개발도상국인 중국이 환경 보호와 경제발전의 균형을 떻게 맞출 것인가는 루젠청 팀에게 주어진 시대적 과제이다.

쑨용밍(孙永明)은 중국과학원 광저우 에너지연구소 부소장이다.
孙永明中国科学院广州能源所副所长

쑨용밍(孙永明): 슬래그[8]로 새로운 건축 자재를 만듭니다. 전통적으로 이런 패널을 만드는 데는 화석 에너지 중의 천연가스를 사용했습니다. 현재는 짚과 같은 농업 폐기물에서 나오는 바이오가스를 사용합니다. 우리의 많은 기술은 외국의 봉쇄를 받고 있습니다.

---

8) 슬래그 : 대개 규소·황·인·알루미늄과 같은 원소의 혼합 산화물과 소다회, 그리고 이러한 물질들이 노내장과 석회석과 같은 용융합제로 구성되어 있다. 슬래그는 녹아있는 금속 표면 위에 떠서 금속 표면이 공기에 의해 산화되는 것을 방지하고, 그 표면을 보존하는 역할을 한다.

뤼젠청(吕建成)은 중국과학원 광저우 에너지연구소 소장이다.
吕建成中国科学院广州能源所所长

루젠청(吕建成) : 우리가 봉쇄를 뚫으려면 반드시 기술혁신의 길을 가야 합니다.

루젠청과 그의 팀은 두 가지 기술 루트를 뚫는 데 십여 년이 걸렸다. 이들은 고체의 산업·건설 폐기물을 새로운 건축자재로 활용하고, 농업폐기물로 바이오가스를 생산해 건축자재 생산에 에너지를 공급하며, 옥상 태양광 발전으로 공장 가동 동력을 제공하겠다는 청사진을 제시했다.

이렇게 탄소 배출이 거의 없는 새로운 유형의 공장은 홍군 장정 웨베이기념관에서 멀지 않은 광동성 사오관(韶关)에 위치할 것이다.

새로운 장정의 길에서 맞닥뜨린 온갖 도전들을 지혜와 용기로 풀어내는 것은 루젠청과 그의 팀이 장정의 정신에서 얻은 풍부한 자양분이며, 이는 결국 어려운 국면을 타개하는 예리한 검이 되었다.

탄소 배출이 거의 없는 신형 공장 모형도
几乎没有排碳的新型工厂模型图

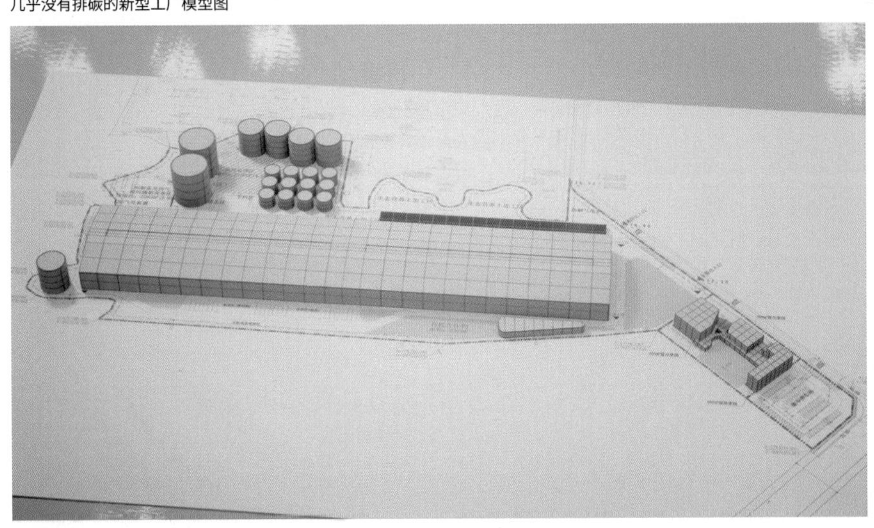

장정 국가문화공원(광시 구간) 홍군 장정 샹장 전역(湘江战役) 기념공원
长征国家文化公园(广西段)红军长征湘江战役纪念园

3. 청산은 운이 좋아 '충신의 뼈'를 묻었네: 광시 샹장 전역 기념공원

샹장 전역(湘江战役)은 중앙 홍군의 장정에서 가장 처참한 전투였다. 출발 당시 중앙홍군의 병력은 총 8만 6천 명이었지만 전투가 끝난 뒤에는 3만여 명밖에 남지 않았다.

샹장 전투에서 총수비를 맡았던 홍34사(红34师)는 전멸했고, 당시 29세였던 사단장 천수샹(陈树湘)은 복부가 찢어져 창자가 흘러나오는 부상을 입고 혼수상태에 빠진 채 포로로 잡혔다. 그는 깨어났을 때 온 힘을 다해 자신의 창자를 끊어버렸다. "소비에트를 위해 마지막 피 한 방울까지 흘리겠다"고 했던 맹세를 목숨으로 이행한 것이다.

2019년 이 비극적인 전투를 기념하기 위해 중앙정부는 샹장 전역의 자오산푸(脚山铺) 방어전 자리에 기념공원 건설을 승인했다.

저우윈량(周运良)은 홍군 장정 샹장 전투(湘江战役) 기념관 관장이다.
周运良红军长征湘江战役纪念馆馆长

저우윈량(周运良) : 우리는 지금 홍군 장정 샹장 전역 기념공원에 와 있습니다. 이 거대하고 웅장한 부조벽(浮雕墙)은 바로 수많은 홍군 전사들이 용감하게 샹장을 건너는 장면을 보여줍니다.
기념공원 조성 과정은 정말이지 주말이 따로 없었고, 밤낮이 따로 없었으며 궂은날도 가리지 않았습니다. 한밤중에도 수백 명의 사람들이 현장에서 서치라이트를 켜고 공사를 했습니다. 그들은 이런 식으로 우리의 혁명적 선배들에게 경의를 표할 기회를 갖게 된 것을 매우 자랑스러워했습니다.

홍군 장정 샹장 전역 기념공원은 기념관과 기념림(纪念林) 두 부분으로 나뉘는데 6개월이라는 짧은 시간에 완공했다.

거대한 부조벽
巨幅浮雕墙

샹장 전역 기념비원
湘江战役纪念碑园

저우원량 : 기념공원 전체에 토목공사를 크게 하지 않아 자연적인 생태환경을 유지하고 있습니다. 이 돌들도 우리 지역의 석회암을 그대로 쓴 것입니다. 정말 많이 절약했습니다. 당시 홍군은 이런 돌을 방어막으로 삼아 적들과 교전을 벌였지요. 그래서 일부 돌에는 홍군의 선혈이 묻어있을 것입니다. 이는 "풀 한 포기 나무 한 그루마다 열사의 영혼이 깃들어있고, 개개의 산과 돌은 모두 기념비(一草一木一忠魂, 一山一石一丰碑)"라는 우리 기념공원의 주제를 잘 체현하고 있습니다.

청산은 운이 좋아 충신의 뼈를 묻었다! 후손들은 산과 돌과 나무로 조국을 위해 피땀 흘려 싸운 선열들을 기리고 있다.

경례!

2015년 중국 인민 항일전쟁 및 세계 반파시스트 전쟁 승리 70주년 기념 열병식
2015年纪念中国人民抗日战争暨世界反法西斯战争胜利70周年阅兵式

80여 년이 지난 지금, 우리의 선열들이 웅장한 축포 소리와 간간한 바람소리를 들을 수 있기를 바라며, 태양이 밝게 빛나고 붉은 깃발이 휘날리는 장면을 볼 수 있기를 바라마지 않는다!

장정 국가문화공원(충칭 구간) 총칭 치장(綦江) 스하오(石壕)의 홍군열사 무덤
长征国家文化公园(重庆段)重庆綦江石壕红军烈士墓

4. 건축의 지혜로 생물 종을 보호하다: 총칭 치장(綦江) 스하오(石壕)의 홍군열사 묘지

양쯔강이 도시를 가로지르는 총칭은 산의 도시로 불린다.

교량설계사 천샤오후(陈晓虎)는 교량설계사이다. 청명절 날 천샤오후 다시 한 번 스하오의 홍군열사 묘지를 찾았다.

천샤오후(陈晓虎)는 총칭 장진(江津) 바이사(白沙)에 위치한 양쯔강대교의 총설계사이다.
陈晓虎重庆江津白沙长江大桥总设计师

천샤오후 : 비석은 기록용으로 쓰일 뿐만 아니라 시대정신의 영속성을 대표하기도 합니다. 이제 우리는 어떤 건축형태로 시대정신을 표현해야 할까요?

총칭 치장(綦江) 스하오(石壕)의 홍군열사 묘지는 장정 국가문화공원의 핵심 전시 공원이다.

당시 사무장의 이야기들은 자오푸첸(赵福乾)의 아버지는 결연히 참군해서 한국전쟁에 참가했다. 자오푸첸은 퇴직 후 자원봉사 해설원이 되어 이곳에서 홍군이 치장으로 출정한 이야기를 들려주고 있다.

자오푸첸(赵福乾)은 스하오(石壕) 홍군열사 묘지의 자원봉사 해설원이다.
赵福乾石壕红军烈士墓义务讲解员

자오푸첸: 쭌이 회의의 순조로운 개최를 보장하기 위해 중앙홍군 홍일군단(红一军团)은 충칭 치장으로 옮겼습니다. 1935년 1월 21일 한 홍군 사무장이 병사들이 물품을 살 때 군중에게 지불한 소비에트 지폐를 은화와 교환하다가 꿰이저우 염방군(盐防军)에게 붙잡혔습니다. 염방군은 사무장에게 인두로 지지는 등 여러 가지 잔혹한 형벌을 가했습니다. 하지만 사무장은 굴복하지 않았고 결국 적들에 의해 처형되었는데, 희생될 때에는 “중국 노농홍군 만세”, “군벌 타도” 등 혁명 구호를 외쳤습니다.

총칭 장진(江津) 바이사(白沙)에 위치한 양쯔강대교
重庆江津白沙长江大桥

장진 바이사 양쯔강대교 설계 방안은 결국 산란장 수역에 있던 두 개의 교각을 없애고, 교탑을 제방 경사면과 노출된 암초 위에 위치하도록 수정되었다.
江津白沙长江大桥设计方案最终取消了位于产卵场水域的两个桥墩，将桥塔设计在岸坡及露出的礁石上

장정의 정신은 이렇게 가장 일반적이고 생생하게 이야기되고 이해되고 계승되고 있다.

총칭 장진(江津) 바이사(白沙) 양쯔강대교는 양쯔강을 가로질러 강 양쪽의 밀집된 철도망을 연결하는 중요한 다리다. 이 다리의 교량 설계는 이 유역의 어장 생태를 보호하기 위해 여러 가지 수정을 거쳤다.

> 천샤오후(陈晓虎): 처음 입찰을 받은 후 우리는 기본적으로 이 강을 가로지르는 메인 스팬을 만들었습니다. 하나의 교탑(橋塔)[9]은 완전히 강변에 있고 다른 교탑은 강 한가운데의 바위 위에 안착하는 것이었지요. 두 개의 교각은 당시 첫 번째 버전에서는 물속에 위치하도록 설계되었습니다. 당시에는 그런 계획이 완벽하다고 생각했었습니다.

---

9) 교탑(橋塔) : 다리의 입구나 다리를 받치는 기둥 위에 탑이나 문과 같이 높이 세워 만든 구조물

장진 바이사 양쯔강대교는 공교롭게도 앵추이[10]의 산란지에 위치한다.

"천근 되는 납자(腊子)와 만근 되는 코끼리, 황패(黄排)는 또 왜 이리 크노", 이는 한때 양쯔강 유역 어부들의 노래였다. 여기서 '납자'는 중화 철갑상어(中华鲟)를, '코끼리'는 주걱철갑상어를, '황패'은 앵추이를 뜻하는 말이다. 앵추이의 조상은 공룡이 지배하던 중생대까지 거슬러 올라간다. 2021년, 양쯔강 유역의 앵추이는 이미 멸종 위기에 처해 있다.

서남대학교 수산대학 부교수인 류젠후는 수년간 양쯔강 생태 모니터링에 참여해 왔다. 그는 장진 바이사 양쯔강 대교의 생태 보호에 대한 자문을 맡은 전문가 중 한 명으로, 다른 전문가들과 함께 앵추이의 산란지를 피해 다리를 건설할 것을 권고한 장본인이기도 하다.

류젠후(刘建虎)는 서남대학교 수산대학 부교수이다.
刘建虎西南大学水产学院副教授

류젠후(刘建虎): 이 다리의 위치는 조금 애매했습니다. 여러 개의 교각이 산란장을 차지하도록 설계되었었지요. 이 산란장은 또한 앵추이와 암원리(岩原鲤)를 비롯한 일부 국가 보호 동물의 중요한 서식지이기 때문에 당시 우리는 이 산란장을 피해서 설계해달라고 제기했습니다.

앵추이의 산란지를 보호하기 위해 설계자들은 여러 차례 설계 계획을 최적화하여, 최종적으로 교탑을 제방 경사면과 노출된 암초 위에 위치하도록 설계했다.

---

10) 앵추이 : 양자강에서만 서식하는 5~7㎝의 작고 순진한 어종이나 성장하면서 상당히 커지는 어종.

솔개가 날고 물고기가 뛰어오르니, 생기가 넘쳐흐른다.
鸢飞鱼跃，生机盎然

천샤오후: 교량 설계를 변경하는 것은 생태적 가치를 추구하기 위한 것이었습니다. 처음에는 두 개의 교각을 하나로 수정했고, 더 나아가 두 교각을 모두 없애는 등 설계와 시공에 많은 변화를 줬습니다.
우리는 치장 스하오에 있는 홍군 기념비를 관찰하러 가서 기념비 상단에 있는 계단의 양식을 참고했습니다. 이 디자인을 다리 탑 상단에 적용하여 다리와 기념비가 서로 매치되게 했습을 알게 되었습니다.

오늘날, 다리 위로는 차량 행렬이 끊이지 않고, 다리 아래로는 양쯔강은 도도히 동쪽으로 흐르고, 솔개가 날고 물고기가 뛰어올라 생기가 넘친다.

장정 국가문화공원(꿰이저우 구간) 츠수이강(赤水河)
长征国家文化公园(贵州段)赤水河

5. 대를 이은 관리와 보호: 꿰이저우 츠수이강

2억 년 전만 해도 중국 꿰이저우는 바다 밑에 숨어 있었다. 쥐라기와 백악기에는 지각이 상승하고 육지가 드러나기 시작했다. 그 후 4천만 년 동안 빗물이 토양의 다른 물질을 씻어내고 물에 녹지 않는 철과 알루미늄이 토양과 암석에 남게 되었다. 그래서 진한 붉은색을 띠게 된 것이다. 오늘날 꿰이저우의 이 풍경은 '츠수이 단샤(赤水丹霞)'로 알려져 있다.

매년 5월 홍수철이 되면 빗물이 단샤(丹霞) 지형의 붉은 사암을 싣고 흘러내려서, 강물은 푸른색에서 붉은색으로 변한다. 츠수이강(赤水河)은 그래서 붙여진 이름이다.

강물이 붉은색으로 변하면 현지들은 술 누룩을 빚느라 바빠진다.
河水一变红，当地人忙碌的酿制酒曲的日子，就来了

쭌이 회의 후 마오쩌동은 3만 명이 안 되는 홍군을 이끌고 츠수이 강을 누볐다. 그는 고도의 기동력 있는 운동전을 구사하여, 마침내 국민당 40만 대군의 포위망을 돌파했다. 이로써 홍군은 전략적 이동에서 결정적인 승리를 거두게 되었다.

츠수이강은 이 역사를 기록하고 있다. 동시에 수천만 년 동안 이동하며 술 누룩의 발효에 관여하는 미네랄을 운반한다. 이것이 바로 마오타이진(茅台镇)에서 좋은 술을 생산해낼 수 있는 비결이다. 강물이 붉은색으로 변하면 현지인들은 술 누룩을 빚느라 바빠지게 되는 것이다.

이때가 되면 런화이시(仁怀市) 생태환경 보호 종합행정법 집행팀 직원들도 양조업자들처럼 바빠 진다.

헝돤산	横断山
길은 험한데	路难行
하늘은 불타고	天如火
물은 은빛이네……	水似银……

런화이시(仁怀市) 생태환경 보호 종합행정법 집행팀 직원들이 숨겨진 지역들을 찾아다니면서 물 샘플을 채취하고 있다.
仁怀市生态环境保护综合行政执法大队的工作人员们去最隐蔽的地区采集水样

과거에는 양조 시즌이 돌아오면, 양조장들이 치수이강 상류의 개울에 몰래 폐수를 방류하는 일이 많았다. 이를 방지하기 위해 쏭만위안(宋满园)은 팀을 이끌고 숨겨진 지역들을 돌아다니면서 물 샘플을 채취했다.

2010년 무렵 치수이강 양쪽에는 약 3,000개의 크고 작은 양조장이 있었다. 당시 급격한 확장에 비해 오염 관리 능력이 이를 따라가지 못하면서 매일 수만 톤의 폐수가 치수이강으로 직접 방류되었다.

쏭만위안(宋满园)은 런화이시(仁怀市) 생태환경 보호 종합행정법 집행팀 부팀장이다.
宋满园仁怀市生态环境保护综合行政执法大队副大队长

쏭만위안: 산업 폐수, 생활 폐수, 농업 폐수 등이 모두 치수이강으로 직접 방류되고 있었습니다. 치수이강은 5급수로 분류될 정도로 물이 오염되어 산소가 부족해지는 바람에 치수이강 상류에서만 헤엄치는 물고기들을 볼 수 있을 정도였습니다.
전에는 수백만 위안에서 천만 위안이 넘는 하수처리 시설 건설비용과 후속 운영 비용 때문에 양조장들은

이 문제에 대한 저항이 컸습니다. 당시 우리는 할 수 없이 별도의 팀을 구성하고 여러 차례에 걸쳐 홍보하고 반복적으로 환경보호 지식을 습득시켰습니다.

츠수이강 관리 초기에 쑹만위안의 선배들은 홍군의 선전팀에 가까웠고, 환경 보호의식을 기업인들의 마음 속에 심어주는 데 어려움을 겪었다. 쑹만위안이 이곳에 온 뒤에는 수질 샘플링 외에도 와이너리 방문 서비스, 하수 처리 솔루션 제공도 업무의 일부가 되었다.

쑹만위안: 우리 츠수이강은 장기적으로 지표수의 2급수 기준을 유지해 왔습니다. 쉽게 말하면 이 물을 직접 마실 수 있다는 것입니다. 그래서 오랫동안 이 일을 해오면서 말도 안 되게 힘든 일도 많았지만 행복했습니다.

한 세대 한 세대 대를 이어가며 영광스러운 어제를 지켜냈고, 밝은 오늘과 미래도 지켜내고 있다.

장정 국가문화공원(윈난 구간) 윈난 샹그릴라(香格里拉) 바이마 설산(白马雪山) 삼림공원
长征国家文化公园(云南段)云南香格里拉白马雪山森林公园

6. 희귀 동식물의 서식지 보호: 윈난 바이마 설산 삼림공원

윈난에 진입한 후 장정 국가문화공원의 루트는 국가 자연보호구역과 밀접하게 통합된다. 홍색 역사와 푸른 생태가 한데 어우러진 것이다.

2022년 3월 28일 윈난성 샹그릴라 바이마 설산 삼림공원의 기온은 영하 1°C이다. 새벽 4시에 산림 관리인 위젠화(余建华) 씨가 출발 준비를 하고 있다. 최근 몇 년 동안 산속의 늑대, 곰 등 야생동물이 갈수록 많아져서 그는 호신용으로 사냥용 칼을 휴대하고 있다.

1936년 4월 25일, 홍2군단과 홍6군단은 중뎬(中甸) 등지를 통과했다. 이곳에서 홍군 전사는 여러 개의 큰 설산을 넘었다. 『런비스전(任弼时传)』에는 다음과 같

바이마 설산 자연보호구 산림 관리인 위젠화(余建华)가 원숭이를 부르기 위해 호루라기를 불고 있다.
余建华白马雪山自然保护区护林员吹哨叫猴子

은 내용이 나온다. "설산을 지날 때 병사들은 옷이 얇았는데, 발밑에 힘이 빠져 설산에 쓰러지면 다시는 일어나지 못했다."

당시의 설산은 오늘날 희귀 동식물의 보금자리가 되었다.

70세가 된 위젠화는 새벽 6시에 이미 집에서 10여 리 떨어진 깊은 산속에 이르렀다. 그는 서둘러 황금원숭이(金丝猴)가 가장 좋아하는 음식인 송라(松萝)를 채집하기 시작했다. 채집하고 나면 다시 10여 리를 더 걸어가서 '아이들'에게 먹이를 주어야 한다.

중타이(钟泰) : 우리는 위젠화를 라오위(老余)라고 부릅니다. 우리에겐 든든한 큰형님이지요. 이 원숭이 무리는 매일 구경할 수 있습니다. 바로 옆에서 구경할 수 있으니 다들 좋아합니다. 위젠화가 있기에 가능하지요. 원숭이들은 위젠화가 있으면 안전하다고 느끼거든요.

종타이(钟泰)는 바이마 설산 국가자연보호구역 관리국 전임 부국장이다.
钟泰原白马雪山国家级自然保护区管护局副局长

윈난의 황금원숭이
滇金丝猴

위젠화는 바이마설산 자연보호구 산림 관리인이다.
余建华白马雪山自然保护区护林员

위중화(余中华)는 바이마 설산 자연 보호구 산림 관리인 위젠화(余建华)의 아들이다.
余中华白马雪山自然保护区护林员余建华儿子

위젠화 : 국가 임업 및 초원 관리국의 일일 보조금은 6위안입니다. 12년 동안 일했는데 제가 하고 싶어서 하는 일입니다.
해발 3,400미터 고지에서 우리 세 사람이 불을 조금 피워 몸을 녹였습니다. 빵은 조심하지 않아 벼랑에서 떨어뜨리는 바람에 먹을 게 전혀 없었지요. 하루 종일 걸어서 겨우 집에 도착했습니다. 하마터면 집에 못 갈 뻔했어요.

위중화(余中华) : 매일 새벽 4시 30분에 일어나면 오전 10시나 11시에 윈난 황금원숭이를 볼 수 있게 됩니다. 하루에 최소 대여섯 시간은 등반을 하고 있습니다.

거의 반세기에 걸친 보호 활동 끝에 바이마 설산에 사는 윈난 황금원숭이의 개체 수는 1,000여 마리에서 현재 3,000여 마리로 늘어났다.

하지만 위젠화는 기뻐할 수 없었다. 이미 일흔 살이나 되었는데, 자신이 떠난 후에 원숭이들은 어떻게 한단 말인가? 그래서 그는 외지에서 일하고 있던 아들을 불렀다.

> 위중화(余中华) : 저는 리장(丽江)에서 일했는데 못 벌어도 한 달에 3,000위안은 벌었습니다. 그러던 와중에 엄마가 아프니 빨리 돌아오라고 아버지가 저를 속였습니다. 요즘은 과학기술이 점점 더 발전하고 있는데, 아버지는 이런 적외선 카메라를 사용할 줄 모르니 제가 있어야 한다고 하더군요. 저에게 돌아와서 같이 생태계를 보호하는 일을 함께 하자고 했지요.

위젠화의 아들 위중화는 그의 가장 유능한 조수가 되었다. 위젠화도 자신의 경험 전부를 젊은 산림 관리인들에게 전수해준다. 점점 더 많은 사람들이 위젠화의 뒤를 따라 바이마 설산 국가급 자연보호구역의 산림 관리인이 되고 있다.

점점 더 많은 사람들이 위젠화의 뒤를 따라 바이마 설산 국가급 자연보호구역의 산림 관리인이 되고 있다.
越来越多的人跟在老余身后，成为白马雪山国家级自然保护区的守护人

장정 국가문화공원(쓰촨 구간) 중국 노농홍군 자진산 돌파 기념비
长征国家文化公园(四川段)中国工农红军翻越夹金山纪念碑

7. 생태 조사: 쓰촨성 자진산(夹金山) 기슭의 판다 국가공원 펑퉁자이 보호구

1935년 6월 8일, 중앙 홍군은 천신만고 끝에 가장 험난한 곳인 자진산에 도착했다.

어떤 사람들은 밑으로 떨어졌는데, 끌어올렸을 때에는 이미 발가락이 얼어 떨어지고 없었습니다.
— 쑤즈스(苏智时)는 홍4방면군 간호반장이었는데 인터뷰 당시에는 95세의 고령이었다. (2016년 인터뷰)

날씨가 추워지자 위에 쌓인 눈이 앞에서 올라가는 사람들에게 밟혀서 반들반들하게 되었습니다. 우리는 뒤에서 올라갔는데 너무 미끄러워서 마치 얼음판을 걷는 것 같았습니다.
— 뤄용샹(罗永祥)은 홍4방면군 나팔수였는데 인터뷰 당시에는 96세의 고령이었다. (2016년 인터뷰)

떨어진 사람들이 많았습니다. 얼음 밑에 굳어버린 사람들이 보였는데 마치 수정으로 만든 관 같았습니다. 그런 정경을 보는 게 너무 괴로웠습니다.
—옌지롄(颜吉连)은 홍4방면군 방송국 지국장이었는데 인터뷰 당시에는 91세의 고령이었다. (2007년 인터뷰)

쓰촨성 바오싱현(宝兴县)에 있는 자진산 돌파 기념관(翻越夹金山纪念馆)은 장정 국가문화공원의 중요한 지점이다.

판다 국가공원(大熊猫国家公园) 펑통자이(蜂桶寨) 구역이 바로 자진산 산자락에 위치하고 있다.

5월이 되면 판다는 점차 활동시기에 접어든다. 판다의 야외 생활 데이터를 수집하기에 좋은 시기이다.

홍군 장정의 자진산 돌파 기념관
红军长征翻越夹金山纪念馆

판다 국가공원 펑통자이(蜂桶寨)의 일각
大熊猫国家公园蜂桶寨片区

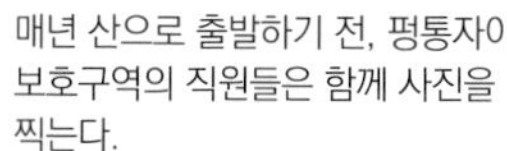

매년 산으로 출발하기 전, 펑통자이 보호구역의 직원들은 함께 사진을 찍는다.
每年出发进山前，蜂桶寨保护区的工作人员们都会在一起拍张照片

펑통자이 보호구역의 직원들은 매년 데이터 수집을 위해 산으로 들어가기 전 함께 사진을 찍는다. 그 후에는 조를 짜서 2주 동안 산에 머물게 된다. 왕년에는 종종 부상을 당하거나 심지어 희생된 동료도 있었다.

리궤이런: 우리는 흑곰과 영양을 자주 만나는데, 특히 좁은 길에서 서로 마주치면 적극적으로 공격해 오기도 합니다. 한번은 펑쉐웨이(彭学伟)와 양즈푸(杨

志福) 등이 함께 생태 모니터링을 하다가 발이 미끄러져 10미터가 넘는 높은 언덕에서 떨어졌는데 어떤 사람은 허리를 다쳤습니다.
지질 재해로 인해 아예 통과할 수 없게 된 곳도 많습니다. 우리는 자진산 산기슭에 살고 있는데, 그런 어려운 환경에서도 홍군 병사들은 극복 할 수 있었으니, 우리도 극복 할 수 있습니다.

리궤이런(李贵仁)은 펑통자이 보호구역 내 따수이구(大水沟) 구간의 책임자이다.
李贵仁蜂桶寨保护区大水沟片区负责人

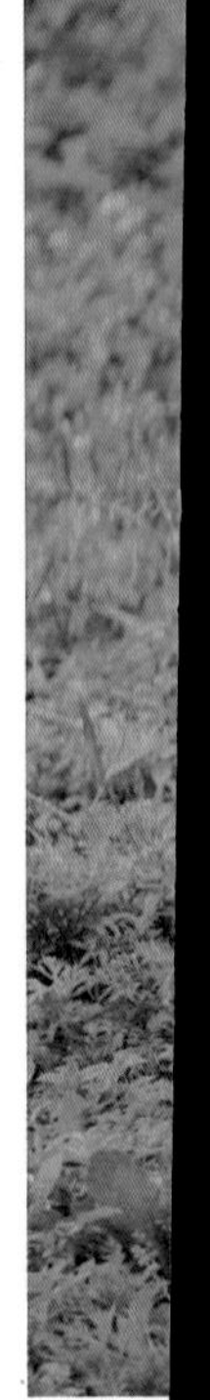

리궤이런은 펑통자이 보호구역 내 따수이구(大水沟) 구간의 책임자이다. 그는 매년 이 계절이면 팀을 이끌고 산으로 들어가 야생 판다의 배설물과 흔적을 관찰하고 수집하여 개체 수 변화를 파악한다.

리궤이런: 배설물이 꽤 되는군요. DNA 검사를 할 수 있을 것 같습니다. 여기 조금 더 있습니다. 길이 110mm, 너비 70mm입니다.
저는 28년 동안 보호구역에 있었어요. 28년 동안 20마리 이상의 판다를 구조했습니다. 다이리(戴丽)를 구조할 당시는 겨울이었는데, 그 당일날에는 따이리를 찾지 못했습니다. 하지만 다음 날 20명 정도의 인원을 더 모아 수색을 계속했습니다. 결국 솔송나무 위에서 발견했는데, 귀와 몸에 여러 군데 물린 상처가 있었고, 피가 뚝뚝 떨어졌는데 떨어진 핏방울은 곧바로 붉은색 얼음이 되어버렸습니다.
온통 얼음으로 덮여 있었으며, 보이는 얼음은 붉은색이었습니다. 우리는 현(县) 병원 원장을 직접 이곳으로 초청해 수술했는데, 이는 인공적으로 판다의 다리 절단 수술을 한 첫 번째 사례입니다.

판다
大熊猫

1980년대에는 야생 판다의 개체 수가 1,100마리에 불과했지만, 2021년 현재 야생 판다의 개체 수는 1,864마리에 이르렀다. 판다의 개체 수 변화 이면에는 수많은 보호자들의 묵묵한 헌신과 영웅적인 희생이 있었다. 1985년 21세의 나이에 청저우(曾周)는 판다를 추적하던 중 절벽에서 추락해서 희생되었고, 2000년에는 자오쥔쥔(赵俊军)이 제3차 전국 판다 조사(第三次全国大熊猫调查)를 진행하던 중 불행하게 희생되었다.

장정처럼 생태 보호의 긴 여정에는 불굴의 의지가 새겨져 있으며, 대를 이어서 나간다는 정신이 새겨져 있다.

고원 버드나무
高原柳

8. 고원 버드나무로 사막을 다스리다: 촨시베이(川西北) 고원 야커샤(雅克夏) 홍군 열사 묘지

고원 버드나무(高原柳)는 촨시베이고원(川西北高原)에 있는 전형적인 식물이다. 빛을 좋아하고 추위에 강하며 아주 척박한 땅에서도 번성할 수 있다.

촨시베이 고원은 간쯔(甘孜) 티베트족 자치주와 아바(阿坝) 티베트족·창족 자치주에 걸쳐 있으며 장정 국가문화공원에서 유일하게 고원 소택지(沼澤地, 늪과 못으로 둘러싸인 습한 당)의 특성을 반영한다.

장정에서 3대 주력 홍군은 모두 이 소택지를 건넜다. 이후 중국인의 정신세계에서 소택지를 넘는다는 것은 설산을 오르기만큼이나 어떤 어려움도 두려워하지 않고 어떤 희생도 마다하지 않는 인간 정신의 대명사가 되었다.

찬시베이고원의 소택지
川西北高原沼泽

우리 몸의 옷은 젖으면 그대로 말렸는데, 말리면 또 바로 젖었습니다.

— 뤄용샹(罗永祥)은 홍4방면군 나팔수였는데, 인터뷰 당시에는 96세의 고령이었다. (2016년 인터뷰)

때때로 우박이 쏟아졌는데 머리에 쓰고 있던 삿갓마저 뚫을 기세였습니다. 머리는 우박을 맞아 계란만한 혹이 생겼습니다.

가장 어려운 노선은 소택지였습니다. 텔레비전에 나오는 수렁 같았는데 빠지면 나올 수가 없었지요.

— 양광밍(杨光明)은 홍4방면군 전사였는데 인터뷰 당시에는 94세였다. (2016년 인터뷰)

가운데에는 다 타서 재만 남은 모닥불이 있고 주변에는 시체가 빙 둘러 있었습니다. 날씨가 추워서 사람들이 모닥불을 쬐다가 전부 얼어 죽은 것입니다. 직접 눈으로 본 것이지요. 정말로 끔찍했습니다.
우리는 그저 눈물을 흘리며 전우들과 헤어질 수밖에 없었습니다. 보는 것만으로도 너무 힘들었습니다. 그렇게 많은 사람이 죽었는데, 그들이야말로 진정한 혁명가이지요.
— 캉리쩌(康利泽)는 홍4방면군 전사였는데 인터뷰 당시에는 85세였다. (2006년 인터뷰)

모든 민족에게는 영웅이 필요하다. 진정한 영웅은 씨를 뿌리지만 수확에는 참여하지 않는다는 심오하고 비극적인 의미를 지니고 있다. 그들이 바로 민족의 중추이다. 그들은 고난을 견뎌냈고 우리는 영광을 거두었다.

이 땅을 지키는 것은 우리 후손들의 또 다른 장정이다.

1950년대 이후 기후가 온난해 졌고, 강우량이 감소했으며, 인구가 증가하고, 과도한 방목이 이루어졌다. 자연은 그 나름대로 지구를 변화시키고 있다. 1995년

쓰촨 아빠자치주의 뤄얼까이(若尔盖)
四川阿坝州若尔盖

16,000헥타르였던 뤄얼까이(若尔盖)의 사막화 면적은 2004년 61,000헥타르로 확장되었다. 불과 9년 만에 사막화 면적이 3배 이상 확장된 것이다.

사막 전문가인 멍자원(蒙嘉文)은 20여 년 동안 수많은 실패 끝에 고원의 모래땅에서 자라기에 가장 적합한 수종인 고원 버드나무를 찾았다. 그는 현지 조건에 따른 완전한 사막화 제어 방법을 고안해냈다.

멍자원(蒙嘉文)은 쓰촨성 아빠자치주 뤄얼까이현 임업 및 초원국 임업 선임 엔지니어
蒙嘉文四川省阿坝州若尔盖县林业和草原局林业高级工程师

멍자원 : 솔직히 말해서 사막을 다스리는 작업을 시작한 지 20년이 넘었습니다. 지금 생각해봐도 여전히 힘듭니다. 종종 그만두고 새 직장을 구하고 싶다는 생각도 듭니다. 하지만 그만두면 누가 하겠습니까? 특히 이곳은 홍군의 장정이 지나간 곳입니다. 우리가 사막을 다스리고 생태 건설을 하는 것도 일종의 장정이기 때문에 우리는 계속 그것을 완성해야 합니다. 사막을 다스리기에 앞서, 아침에 일어나서 가장 먼저 하는 일은 자신의 마당에 있는 모래를 밖으로 옮기는

고원 버드나무를 심는 장면
栽种高原柳

것입니다. 우선 이렇게 흙을 덮어줘야 합니다. 이것은 주로 고원의 사막 제어에 사용되는 수종(고원 버드나무)입니다. 수년간 실험을 해봤는데 이 수종이 최고입니다. 우리는 비타민나무(沙棘)도 해봤지만 효과가 없었습니다. 기후와 여러 가지 이유로 인해 이곳에는 다른 수종이 적합하지 않습니다.

일단 나오면 두세 달을 밖에서, 모래 위에서 살아야 합니다. 집에는 거의 들르지 않습니다. 제 아내 같은 경우는 남자처럼 집안의 모든 일을 도맡아서 하고 있습니다. 그래서 저는 가족들에게 너무 많은 빚을 졌다고 생각합니다. 저 같은 경우는 부모님도 다 돌아가셨는데, 생전에 제대로 효도를 하지 못했습니다.

황막한 사막에서 멍자원은 자신의 발걸음으로 새로운 장정의 길을 나섰다. 그와 그의 동료들은 강인한 고원 버드나무처럼 홍군이 걸었던 이 고원에 삶의 뿌리를 깊숙이 내렸다.

2022년 청명절임에도 폭풍설이 곧 닥쳐올 예정이다. 아빠자치주 주둔 장병들은 예년처럼 가장 경건한 마음으로 가장 높은 고지에 위치한 홍군열사묘지를 찾아 선배들을 추모했다. 열사들은 산꼭대기 위에서 독수리처럼 대지를 내려다보고 있다.

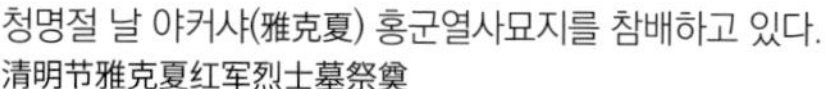
청명절 날 야커샤(雅克夏) 홍군열사묘지를 참배하고 있다.
清明节雅克夏红军烈士墓祭奠

아빠자치주 주둔 장병들이 선열을 기리고 있다.
阿坝州驻地官兵祭奠先辈

홍군 병사들은 목숨을 걸고 장정의 정신을 만들어냈다.
인민은 이들을 잊지 않았고, 국가도 이들을 잊지 않았다!

모자 벗어, 경례, 경례, 경례……

봄이 찾아왔다. 이맘때 산 아래에는 백화가 만발하고 물고기가 헤엄치고 학이 날아서 빙 에돌며 난다.
이 산천이 당신들이 소망했던 바 대로 되기를 바란다!

산베이 마을 주민들이 묘목을 다시 심고 있다.
陕北村民补种树苗

9. 식수조림의 생태 관광: 산베이 황토고원

1935년 10월, 당 중앙은 중앙 홍군을 이끌고 산베이의 우치진(吴起镇)에 도착했다. 이듬해 같은 계절에 홍군의 3대 주력이 서북에서 합류했다. 이때부터 중국 혁명의 본거지는 장시성의 홍색 땅에서 산시성 북부의 황색 땅으로 옮겨졌다. 중국공산당은 전쟁이 치열했던 시기든 사회주의 건설 시기든 항상 산베이의 생태 건설에 관심을 기울였다.

난꺼우촌(南沟村)은 현지에서 유명한 생태 관광 마을이다. 지난 2년 동안 코로나로 인해 관광객 수가 감소했지만, 전임 당지부 서기인 옌즈숑(闫志雄)은 한가한 시기를 이용해, 마을 주민들을 조직해 묘목을 심었다.

옌즈숑은 산시성 우치현(吴起县) 난꺼우촌(南沟村)의 전임 당지부 서기다.
闫志雄陕西省吴起县南沟村党支部原书记

옌즈숑: 우리의 기준대로 하면 됩니다. 얼마나 좋습니까. 산베이는 건조하고 비가 적은 지역입니다. 비가 내릴 때마다 빗물이 모두 우리 구덩이로 들어옵니다. 우리가 개발한 비늘구덩이(鱼鳞坑)는 물을 보존하는 역할을 합니다. 지금은 얼마나 좋습니까. 예전에 이곳은 너무 황폐해서 나무 한 그루도 없었습니다. 햇볕이 쨍쨍 내리쬐는데 쉴만한 그늘도 없었지요.

지금은 녹음이 우거진 언덕에 20년 전만 해도 나무 한 그루 없었다. 바람이 부는 날이면 황사가 바람에 날리고 비가 오는 날이면 흙탕물이 도랑을 이루며 흘러내렸다.

지난 20년 동안 난꺼우촌은 총 12만 그루의 나무를 심었다. 그래서 봄에는 꽃을 보고, 가을에는 열매를 수확한다.

생태 환경이 좋아지자 마을 사람들은 담력도 커져서 마을에 관광 개발 회사를 설립했다.

옌즈숑 : 헛되이 일하지 않았습니다. 지금의 성과는 열심히 노력해서 이룬 것입니다. 우리는 청산에게 돈을 요구했고, 녹수에게 돈을 요구했습니다. 우리는 팜스테이를 차리고 생태 관광을 시작했습니다. 과거에는 우리가 여기서 생태 관광을 할 수 있다고 감히 생각조차 하지 못했습니다. 지금은 마을 전체가 관광 명소로 변했습니다.

80여 년 전의 장정처럼, 진정으로 고통을 겪고 어려움을 극복해야만 진정으로 자신감을 가지고 내일을 기대할 수 있다!

녹음이 우거진 산베이의 산비탈
满目青翠的陕北山坡

시진핑 주석의 2022년 신년사:
최근 몇 년 동안 저는 황허(黄河)의 상중하류 9개 성을 두루 돌아다녔습니다. '어머니 강'인 황허나 양쯔강(长江)이든, 푸른 파도가 출렁이는 칭하이호(青海湖)든, 끝없이 웅장한 야루장부강(雅鲁藏布江)이든, 남수북조(南水北调)의 세기적인 공사든, 싸이한빠(塞罕坝) 임장(林场)의 '녹색 지도'든, 윈난(雲南)의 코끼리가 북상했다가 남하하든, 티베트 영양이 번식을 위해 이동하든…… 이 모든 것은 사람이 청산을 저버리지 않으면, 청산도 사람을 저버리지 않는다는 것을 분명히 보여줍니다.

(꼬리말) 아름다운 중국을 건설하는 새로운 장정

시진핑 국가주석은 2022년 새해를 앞두고 중앙방송총국과 인터넷을 통해 신년사를 발표했다.

사람이 청산을 저버리지 않으면, 청산도 절대 사람을 저버리지 않는다. 만수천산을 걸으며 장정 국가문화공원을 찾다 보면 푸른 물과 푸른 산 사이로 새로운 시대 새로운 장정의 힘찬 발걸음이 느껴진다. 세대마다 자기 세대의 장정이 있다. 우리의 오늘의 장정은 아름다운 중국, 행복한 중국, 강대한 중국을 건설하고, 중국식 현대화의 새로운 길을 창조하고, 인류 문명의 새로운 형태를 창조하는 것이다!

제4장
여정의 길에서 기적이 빛나다

간쑤 중국 주취안위성발사센터
甘肃 中国酒泉卫星发射中心

2022년 5월 29일 간쑤성 주취안(酒泉)에서 장정 2호F요 14호(长征二号F遥) 우주로켓과 선저우 14호(神舟十四号) 유인우주선 조립체가 천천히 조립 공장을 떠났다.

주취안위성발사센터는 중국에서 가장 일찍 건설했고 규모가 가장 큰 종합 위성발사센터이다.

초대 사령관은 당시 천험의 대도하(大渡河)에 맞서 17명의 용사를 거느리고 의연하게 홍군의 활로를 개척한 홍군 대대장 쑨지셴(孙继先)이었다.

녜룽전(聂荣臻) 원수는 직접 중국의 우주발사체 이름을 '창정(长征)'으로 정했다.

1970년 주취안에서는 장정 1호(长征一号) 로켓이 중국 최초의 인공지구위성 동팡홍 1호(东方红一号)를 싣고 우주로 날아올랐는데, 당시 우주에 울려 퍼졌던 '동

장정 1호(长征一号)가 발사에 성공하다.

장정 2호 F요 14호(长征二号F遥) 우주로켓이 주취안에서 발사되다.

팡홍(东方红)'의 선율은 세계를 놀라게 했다.

오늘날 새로운 시대의 새로운 여정에 있어서, 대를 이어서 장정의 정신으로 장정의 새로운 장을 써내려 가고 있다.

'장정'이라는 이름을 붙인 운반로켓 시리즈는 '중국 제조'라고 표기돼 있으며, 이곳에서 광활한 창공으로 수없이 날아올라갔다.

2022년 6월 5일 장정 2호 F요 14호(长征二号F遥) 발사체가 성공적으로 발사되었다.

장정 2호 F 운반로켓을 제작한 과학 기술 인원들

장정 2호 F 운반로켓을 제작한 과학기술 인원: 우리의 꿈, 우주를 향한 꿈을 가지고 우주로 날아오를 것입니다. 다시 한 번 영광이 재현될 것입니다. 파이팅.

이는 장정 시리즈 로켓의 432번 째 발사이다. 중국은 우주 탐사를 향한 새로운 발걸음을 내디뎠다.

장정 국가문화공원(장시 구간) 홍색 도시 뤄이진(瑞金)
长征国家文化公园(江西段)红都瑞金

1. 장시 뤄이진(瑞金)에서 관텐병기공장까지, 군수 산업의 불씨를 이어가다

최초의 인민 군수사업

홍색도시 뤄이진(瑞金)은 중앙 홍군이 장정을 결정한 지역이고 첫 출발지이다.

1931년 11월 7일, 제1차 중앙소비에트 대표대회가 뤄이진에서 개최되어 중화소비에트공화국의 성립을 알렸다.

이곳에는 중앙 혁명근거지의 기념유적지가 분포되어 있는데, 이것은 신중국의 모태였다.

홍군의 거듭되는 반 '토벌' 투쟁에서 최초의 인민 군수사업이 탄생했다.

윈스산
云石山

뤄이진의 예핑(叶坪)
瑞金叶坪

관톈(官田) 중앙 병기공장의 변천

장시 싱궈(兴国)는 일찍이 중앙소비에트의 모범 현으로 유명했다. 그해 인구 23만 명의 싱궈에서 8만여 명이 홍군에 입대했다. 이 중 12,038명의 싱궈 출신 홍군이 장정의 길에서 희생되었다.

싱궈현 현성에서 동쪽으로 45km 떨어진 관톈 중앙 병기공장은 장정 국가문화공원 장시 구간의 핵심 전시 공원이다.

최초의 인민 군수사업
最初的人民兵工事业

장정 국가문화공원(장시 구간) 싱궈현(兴国县) 장군공원
长征国家文化公园(江西段)兴国县将军园

싱궈현 관톈 중앙 병기공장 자리
兴国县官田中央兵工厂旧址

홍군의 후손인 루팅(卢婷)은 이곳에서 해설자로 일한 지 이미 십여 년이 되었다.

루팅(卢婷)은 관톈 중앙 병기공장 기념관 해설자이다.

루팅: 이런 환경에서 어떻게 총알이 만들어질 수 있는지 볼 수 있습니다. 이곳에는 탄피를 생산하는 기계가 없습니다. 어떻게 했을까요? 당시에는 전쟁이 끝날 때마다 아이들과 여성들을 산으로 불러 탄피를 모으게 했습니다.

인민 군수사업의 발원지인 관톈 병기공장은 1931년 설립 당시 단조로(打铁炉, 소형의 재료를 가열하는 단조용의 개방형 가열로) 4기와 줄칼·바이스 300여 자루가 전부였다. 홍군 총사령관 주더(朱德)는 "공장의 모든 가산을 통털어도 왕얼마쯔(王二麻子)의 가위 가게 수준에도 미치지 못한다."고 한탄한 적이 있다. 루팅의 외할아버지 리쭤청(李佐程)은 홍군 병기공장의 1세대 노동자였다.

루팅 : 외할아버지는 공산당과 소비에트를 믿었기 때문에 국민당 군인이 되려고 하지 않았습니다. 어떻게 할지를 고민하던 외할아버지는 단호하게 식칼로 자신의 엄지손가락을 잘랐습니다. 방아쇠를 당길 수 없는 장애가 있으면 국민당의 징병을 면할 수 있었기 때문입니다.

관톈 중앙 병기공장에서 생산한 무기
官田中央兵工厂的兵器

말꼬리수류탄
马尾弹

이것은 병기공장에서 개발한 말꼬리수류탄(马尾弹)이다. 완전히 노동자가 수작업으로 한 줄씩 갈아서 만들어낸 것이다. 이처럼 조잡한 수류탄이지만 홍군의 손에서는 더 없는 보배로 간주되었다.

총알은 한 명당 5발로 턱없이 부족했고 수류탄은 거의 없었습니다.
— 97세의 천유더(陈有德)는 당시 홍군 6군단 통신반장이었다.(2016년 인터뷰)

손에 쥔 무기라고 해봐야 총알 몇 개와 큰 칼, 붉은 술이 달린 창이 전부였습니다.
— 98세 나는 뤄광리(罗光里)는 당시 홍사방면군(红四方面军) 위생원이었다.(2016년 인터뷰)

홍군의 병기공장 노동자 대오

항공기와 대포를 앞세운 국민당군의 추격과 차단에 맞서 병기공장 노동자들은 늘 최전선에서 홍군 장병들과 어깨 겯고 싸웠습니다. 500명 이상의 관톈 병기공장 노동자들이 장정에 참여했지만 그중 소수만이 산베이(陕北)에 도착했고, 이들은 새로운 중국 군수사업의 불씨가 되었습니다.

장정 기간 동안 홍군은 600회 이상의 전투를 치렀고, 수많은 적의 무기와 장비를 노획했으며, 아군의 무기와 장비도 많이 잃었습니다. 홍군의 병기공장 노동자들이 바로 이러한 무기와 장비를 정비하여 작전 수행을 하는데서 중대한 역할을 한 것입니다.

관텐 병기공장은 홍군 최초의 정식번호가 있는 병기공장으로, 노획한 적의 무기를 정비하는 것 외에도 일부 무기와 탄약을 자체 제작하여 전시생산에 적합한 생산 공정과 관리시스템을 형성하였다.

중국인민혁명군사박물관에 보관 중인 75㎜ 587산포(山炮)는 홍군을 따라 장정을 완주한 유일한 산포다. 이 산포는 허룽(贺龙)과 런비스(任弼时)가 이끄는 홍군 제2군단과 제6군단이 적들로부터 노획한 것이다. 전투와 무기 정비를 반복하는 어려운 여정이었지만, 장병들은 기어이 이 산포를 부품으로 분해해 눈 덮인 산을 오르고 초원을 가로지르며 온갖 고생 끝에 마침내 산베이(陕北)로 가져갔다.

산포 한 문 뒤에는 인민병기공장의 힘겨운 발전과정이 반영되어 있으며, 선진 무기와 장비에 대한 홍군 장병들의 강한 열망이 담겨져 있다.

소비에트 구역에서 소규모 작업장으로 시작한 관텐 병기공장은 전쟁에서 담금질하고 신중국의 설립과 함께 점차 발전하여 중국 군수산업의 성장을 견인했다. 장정의 정신은 대대로 전해져 충성스럽고 책임감 있는 홍군 노동자를 배출했다.

인민 군수산업이 비약적으로 발전하면서 점차 완전한 국방과학연구와 산업체계가 형성되었고 중국의 무기장비는 기본적으로 국산화되었다.

새 시대에 중국의 국방과 군수는 역사적인 성과를 거두었다. 신형 전투기에서 신형 드론, 탱크에서 미사일에 이르기까지 수많은 무기와 장비가 장정 연선의 병기공장에서 탄생했다.

587산포(山炮) (중국인민혁명군사박물관 소장)

현대 중국 군수 제조

신형 전투기

신형 드론

탱크

미사일

허난(河南)성 허자총(何家冲)의 은행나무
河南何家冲的银杏树

2. 허난 두수진(独树镇)에서 남수북조 (南水北调) 프로젝트까지, 끊임없이 대지를 윤택하게 하다

두수진의 악전고투

1934년 10월 중앙홍군이 중부 소비에트 지역에서 철수한 지 한 달 후, 어위완(鄂豫皖) 소비에트 지역의 홍25군은 11월 16일 뤄산(罗山) 허자총(何家冲)에서 출발해 장정을 시작했다.

1934년 11월 오래된 은행나무 아래에서 막 기사를 작성한 왕촨웨이(王传伟)는 홍25군(红二十五军)이 장정을 시작하는 장면을 목격했다.

왕촨웨이(王传伟)는 뤄산(罗山)현 허자충(何家冲) 촌민이다

왕촨웨이 : 홍25군이 이곳에 모였습니다. 1,000명이 넘는 사람들이 한자리에 모였지요. 백성들은 그들을 응원했습니다. 어른과 아이들이 함께 응원했는데 그 자리에는 저도 있었습니다. 그들은 여전히 짚신에 낡은 군복 차림이었습니다. 사실 홍25군은 이곳에서 힘들게 보냈지요.

어위완의 소비에트 지역에서 탄생한 홍25군은 4개 홍군 장정 부대 중 평균 연령이 가장 낮았다. 허난성 뤄산현 허자총에서 출발한 이 젊은 부대는 열흘 만에, 허난성 남서부의 팡청현(方城县)에서 생사를 넘나드는 치열한 전투를 치르게 된다. 이 전투가 바로 장정 중 유명한 '악전고투한 두수진 전투(鏖战独树镇)'이다.

전투가 시작되던 날은 눈이 많이 내리는 날이었다. 홑옷 차림인 홍군 전사의 얼어붙은 손은 격발기도 당기기 힘들었다.

위급한 상황에서 군 정치위원 우환셴(吴焕先)이 먼저 칼을 휘두르며 대열의 선두에 서서 돌진했다.

우환셴이 먼저 외쳤습니다. 동지들, 지금 우리는 생사의 갈림길에 섰습니다. 후퇴할 수 없습니다. 후퇴는 곧 죽음입니다. 그는 큰 칼을 휘두르며 "공산당원들은 모두 나를 따르라."라고 외쳤습니다.
— 홍밍꿰이(洪明贵) 98세, 홍25군 위생원(2016년 인터뷰)

우환셴은 큰 칼로 전사들을 이끌고 한 갈래의 혈로를 뚫었다. 9개월 뒤, 28세의 나이로 전사한 우환셴은 처음으로 장정에서 전사한 홍군 군급 지휘관이었다.

두수진 전투 기념비
独树镇战斗纪念碑

은퇴한 교사인 리푸쥔(李付均)은 현재 장정 국가문화공원 허난 구간의 두수진 전투 유적지에서 자원봉사 해설원으로 활동하고 있다. 리푸쥔은 휴일마다 홍25군의 피가 흘렀던 이곳에서 당시 홍군 군인들과 비슷한 또래의 학생들을 데리고 홍군을 주제로 한 활동을 진행하고 있다.

리푸쥔은 두수진에서 은퇴한 교사이다
李付均独树镇退休教师

리푸쥔 : 보시다시피 이들 중 상당수가 무명 열사입니다. 이들은 모두 젊은 나이에 중국혁명의 대의를 위해 고귀한 목숨을 바쳤고, 심지어 자신의 이름조차 남기지 못했습니다.

홍25군은 2,900명의 병력으로 적의 30여 개 연대의 포위망을 무너뜨리고 가장 먼저 산베이(陝北) 북부에 다다랐는데, 그때의 대오는 이미 3,400명으로 늘어나 장정 역사에 큰 기적을 남겼다.

우환셴 열사 묘비
吴焕先烈士墓

팡청현(方城县) 두수진 은퇴 교사 리푸쥔이 학생들을 데리고 무명열사들의 기념비를 찾아서 닦고 있다
方城县独树镇退休教师李付均带学生们参观、擦拭无名烈士碑

학생들이 두수진 전투 유적지에서 비문을 탁본하고 있다
学生们在独树镇战斗遗址拓写碑文

남수북조 중선 프로젝트의 황허 관통 프로젝트
南水北调中线工程, 穿黄工程

남수북조(南水北调)[11] 중선(中线) 프로젝트

오늘날에도 장정의 기적은 이 땅에서 계속되고 있다. 장정 국가문화공원 두수진 전투유적지에서 멀리 바라본 맑은 물이 북상해 베이징과 톈진으로 흘러가고 있다. 이것이 바로 중국 북부의 대지를 촉촉하게 적시는 남수북조 중선(中线) 프로젝트이다.

황허(黄河)를 횡단하는 것은 전체 남수북조 중선에서 가장 상징적인 프로젝트이다. 황허의 수로 아래로 4,250미터 길이의 터널 두 개를 뚫어야 하는 어려운 작업이었다. 수중 수리(水利) 공사는 세계적으로도 전례가 없는 일이다. 그래서 이 프로젝트는 장정처럼 선례를 만들어내는 일이었다.

---

11) 남수북조: 남부의 수자원을 북쪽으로 보내는 사업

2013년의 마지막 날, 남수북조 주요 프로젝트가 성공적으로 완료되어 중국 엔지니어링 역사상 최초로 대구경 터널을 사용하여 황허를 횡단한 사례, 중국 수리 역사상 최초로 진흙물 가압 균형 차수막(泥水加压平衡盾构)을 사용하여 터널을 시공한 사례, 최초로 복층 라이닝 구조를 적용한 사례 등 여러 가지 신기록을 세웠다. ……

남수북조 동선(东线)과 중선 프로젝트는 40개 이상의 북부 중소 도시와 280개 이상의 현·시·구(县市区)의 1억 4천만 명에게 단물을 가져다주었다. 이 새로운 시대의 장정은 중화민족의 위대한 부흥의 장엄한 여정에 내재되어 있다.

'중국 천안'에서 수많은 별들을 바라보다
从"中国天眼"仰望星空

3. 꿰이저우 우장강에서 중국 천안까지, 우주를 향해 질주하다

우강(乌江)을 강행 도하하다

우강을 따라 3km에 이르는 오솔길은 장정 국가문화공원 꿰이저우 구간에서 중점적으로 계획한 노선이다. 장정 도중에 홍군은 여기서부터 우강까지 행군했다.

고대에는 첸강(黔江)으로 알려진 우강은 급류와 계곡이 많아 천험(天险)의 요새로 불렸다.

1935년 새해 첫날 홍군은 우강을 건너는 전투를 벌였다. 위칭(余庆)의 훼이롱창(回龙场), 웡안(瓮安)의 장제하(江界河)와 쭌이(遵义)의 차산관(茶山关) 등 3개 나루터에서 홍군 부대는 나무 뗏목을 타고 총알이 빗발치는 가운데서도 용감하게 급류를 뚫고 우강을 강행 도하했다. 우강의 돌파는 홍군의 운명을 결정짓는 중대한 전투로 '쭌이 회의(遵义会议)' 개최를 위한 조건을 만들었다.

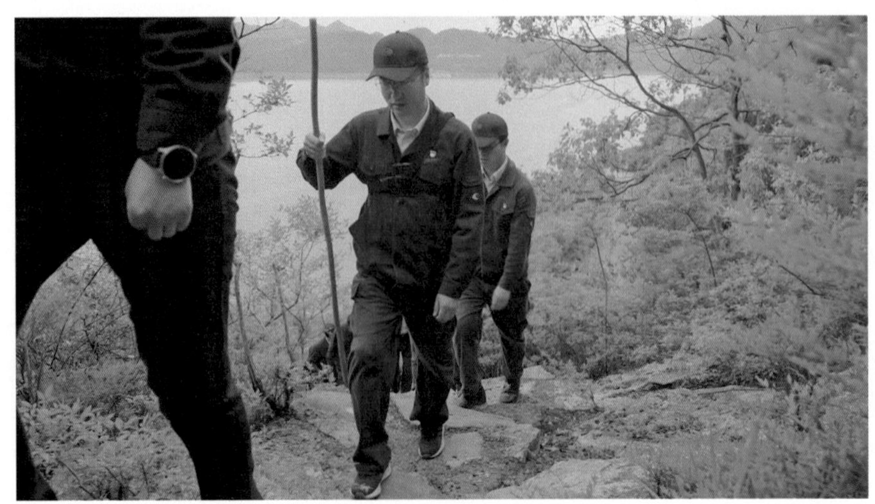
'중국 천안'을 향한 장정의 길을 답사하고 있다.

중국 천안(中国天眼)[12]

뉴샹화(牛向华) '중국 천안' 관계자

레이정(雷政) 중국 천안' 관계자

수십 년 후, 우강 기슭에서 '중국 천안'까지 가는 장정의 길을 다시 답사하면서 더 깊고 새로운 체험을 했다.

뉴샹화 : 처음 이 우강에 왔을 때 정말 위험하고 걷기 힘들다는 생각이 들었어요.

레이정 : 비록 우리는 장정의 일부 구간만 답사했지만, 장정이 얼마나 어려운 일이었는가를 체험할 수 있었습니다.

12) 중국 천안 : 직경 500m의 구면 전파 망원경(Five-hundred-meter Aperture Spherical radio Telescope, FAST)을 말한다. 중국 꿰이저우성 첸난부이족먀오족자치구에 위치하고 있으며, 중국 국가 '11차 5개년 계획'의 중요한 과학기술 기반 시설 건설프로젝트이다. 축구장 30개에 해당하는 크기의 반사면을 가진 전파망원경으로 세계에서 두번째로 큰 망원경보다 2.5배 이상의 감도를 가지고 있다.

난런동(南仁东)

'중국 천안'을 건설하기 위한 부지 선정을 위해 난런동과 그의 팀은 꿰이저우의 산과 강 곳곳을 돌아다녔다.

주원바이(朱文白) '중국 천안' 구조 및 기계공학부 기술이사

주원바이 : 저희 FAST(중국 천안)는 1994년에 출범했습니다. 위성 원격탐지를 시작으로, 30개 이상의 와지(洼地, 움푹하게 들어간 지대)를 난런동 선생님이 팀을 이끌며 하나씩 답사했습니다. 오늘 이렇게 경험하면서, 당시 답사가 얼마나 어려웠는지를 짐작할 수 있을 것 같습니다. FAST는 우리에게 장정의 의미라고 생각합니다.

이 프로젝트의 발기자이자 주춧돌인 난런동은 부지 선정과 논증, 설계, 시공에 이르기까지 마지막 20여 년의 인생을 불태웠다.

장펑(姜鹏) '중국 천안' 수석 엔지니어

장펑 : 제 기억으로는 그 당시 중인방(圈梁)[13] 접합을 마쳤을 때, 난 선생님은 매우 기뻐하셨습니다. 심지어 아이처럼 중인방 위에서 뛰어다녔습니다. 그래서 이

13) 중인방 : 벽의 가운데를 가로질러 뼈대를 이루는 굵은 나무

비바람을 뚫고 '중국 천안'을 향해 장정을 이어가는 난런둥

프로젝트는 그의 모든 심혈을 모은 것이라고 할 수 있습니다.

'중국 천안' 으로 가는 길은 우주 깊숙한 곳까지 가는 것과 같은 국가적 프로젝트이다. 23년 동안 난런둥은 홍군처럼 비바람을 맞으며 '중국 천안'을 향해 긴 장정을 이어갔다.

난런동 생전 인터뷰

난런동 : 오직 군용지도 하나만을 가지고 지도를 한 장 한 장 펼쳐놓으며 와지를 찾았지요. 빠뜨리면 안 되니까요.

'중국 천안'

구경 500미터의 세계 최대 단구경 구면 전파망원경인 '중국 천안'은 중국이 자체적으로 설계하고 건설한 망원경이다. 이 망원경의 성공적인 건설로 인류는 우주 깊은 곳에서 들려오는 희미한 소리를 들을 수 있게 되었다.

2017년 9월 15일 '천안'의 완공 및 개통 1주년을 불과 열흘 앞둔 날, 난런둥의 생명은 카운트다운에 들어갔다.

> 장펑 : 9월 16일 아침에 갑자기 난 선생님이 우리를 떠났다는 문자를 받았습니다. 그 순간 바로 슬픔이 밀려왔습니다. 다시는 연락할 방법이 없다는 생각에 컴퓨터를 켜고 다음과 같은 한마디를 썼습니다. "어르신, 우리 다시 이야기할 기회가 있을까요?"

난런둥은 "감각이 평화롭고 모든 것이 고요합니다. 아름다운 우주공간은 그 신비로움과 화려함으로 우리를 평범함을 넘어 끝없는 광활함으로 불러들입니다."라고 말했다.

영혼은 자연으로 돌아갔다. 인민 과학자 난런둥은 세계적인 혁신 프로젝트인 '중국 천안' 뿐만 아니라 패기 넘치는 젊은 팀도 남겼다.

난런둥이 사망한 지 25일 후인 2017년 10월 10일, '중국 천안'이 처음으로 펄서(pulsar)[14)]를 포착하고 발견했다.

16,000광년 떨어진 곳과 4,100광년 떨어진 곳에서 펄스 신호가 잡혔는데, 이는 난런둥이 먼 곳에서 보낸 인사말인 것만 같았다.

2021년 2월 5일 꿰이저우성을 시찰 중이던 시진핑 총서기는 '중국 천안' 프로젝트 책임자 및 과학 연구자들과 만나 화상으로 '중국 천안' 현장을 시찰했다.

---

14) 펄서(pulsar) : 펄서는 빠르게 자전하는 중성자별로 추정된다. 중성자별은 대부분 중성자로 구성된 밀도가 아주 높은 별로 지름은 20㎞ 이하이다. 중성자별은 초신성이라고 하는 격렬하게 폭발하는 별의 중심핵이 안쪽으로 붕괴하여 압축될 때 만들어진다. 이때 별 표면에 있는 전자는 양성자와 중성자로 붕괴된다. 이런 하전 입자들은 표면으로부터 방출되면서 별을 감싸고 있는 강한 자기장으로 들어가 자기장을 따라 회전한다. 이 입자들이 빛에 가까운 속도로 가속되면 싱크로트론 복사에 의해 전자기파가 방출된다. 이 복사는 펄서의 자극으로부터 강한 빔의 형태로 방출된다.

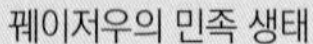

꿰이저우의 민족 생태

위칭(余庆)이 우강을 돌파하다.
余庆突破乌江雕塑

시진핑 총서기는 '중국 천안'은 국가의 중대한 과학기술 인프라로서 중국의 첨단과학 분야에서 중대한 독창적인 돌파구를 실현했다고 하면서, 난런동을 비롯한 많은 과학기술 종사자들이 이를 위해 묵묵히 일하고 사심없이 헌신하여 감동을 주었다고 말했다. 그는 또 많은 과학기술 종사자들이 난런동과 같은 뛰어난 과학자를 본보기로 삼아 과학자의 정신을 대대적으로 고양하고 세계 과학기술의 최고봉에 용감하게 오르며, 과학기술 강국 건설을 가속화 하고 과학기술의 자립과 자강을 실현하기 위해 새롭고 더 큰 공헌을 할 것을 주문했다.

한 달 뒤 '중국 천안'이 공식적으로 전 세계에 공개되었다. 장정이 세계에 속하듯이 '중국 천안'이라는 중국인의 지혜와 창조 역시 세계에 속한다.

장정 국가문화공원 꿰이저우 구간은 주요 과학기술의 발전성과, 홍군 장정의 홍색 문화, 다양한 민족 생태, 아름다운 마을의 건설성과를 결합하여 전방위적이고 다각도로 세상 사람들 앞에 전시되고 있다.

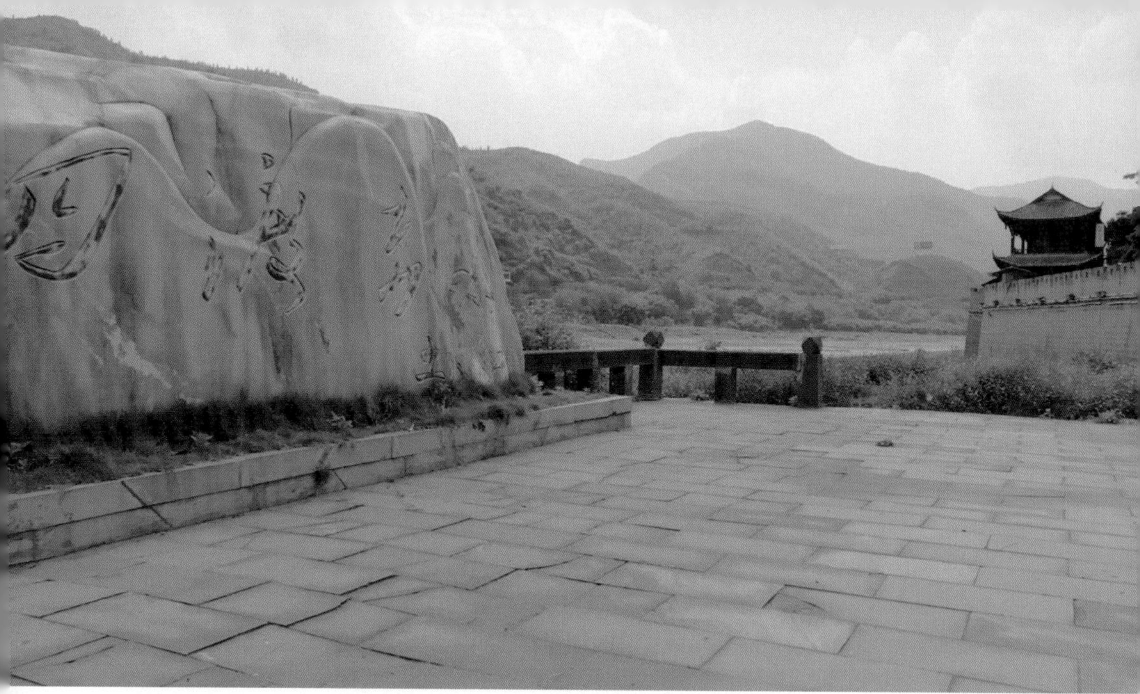

츠수이를 네 번 건너다.
四渡赤水

4. 츠수이(赤水) 도하로부터 홍군대교까지 - 기적이 재차 나타나다

츠수이를 네 번 건너다

타이핑진(太平古镇)에서 후징화(胡敬华)의 가족은 뱃사공의 노래를 불렀습니다. 76세가 된 후징화는 츠수이 도하 전투에서 부상을 당하는 바람에 쓰촨성 구린(古蔺)현에 남게 된 홍군 병사 후따오자이(胡道财)의 장남이다.

이 노래 가사의 의미는 단순하지만 후징화 노인의 특별한 감정을 담고 있다. 이 노래는 후징화가 아버지의 츠수이 도하 전투 이야기와 자신의 치수이에서 뱃사공을 하던 시절의 경험을 바탕으로 만든 자작곡이다. 그는 평생 이 노래를 불러왔고, 이제 이 노래는 홍군 가문의 가보가 되었다.

장정 국가문화공원(쓰촨 구간) 꾸린현 파이핑진
长征国家文化公园(四川段)古蔺县太平古镇

타이핑진에서 후징화의 가족들이 함께 뱃사공의 노래를 부르고 있다.
太平古镇, 胡敬华家人一起唱船工号子

꿰이저우의 투청진
贵州土城古镇

타이핑진의 뱃사공 후징화
胡敬华太平古镇船工

후징화: 제가 왜 이 뱃사공의 노래를 계속 하느냐 하면, 뱃사공의 노래에는 홍군의 정신이 담겨 있기 때문입니다. 제가 올해 76살인데, 앞으로 칠팔 년은 더 할 수 있을 것 같습니다.

뱃사공의 노래는 평생의 정감을 담고 있고, 장정의 정신은 대대로 전해져 내려오고 있다. 후징화는 집에 홍색 강연 극장을 만들어 지나가는 관광객들에게 홍군 이야기를 들려주고, 뱃사공의 노래와 같은 홍색 노래를 불러주기도 한다.

타이핑진과 함께 츠수이에 위치한 투청진(土城古镇)에는 25개의 장정 유적지가 온전히 보존되어 있다. 이곳에 세워진 15개의 기념관에는 1,635점의 홍군 유물이 전시되어 있어 국가급 역사문화 도시의 가장 빛나는 풍경이 되었다.

1935년 1월 쭌이 회의(遵义会议) 이후 장제스(蒋介石)는 40만 명의 군대를 동원해 중앙 홍군을 포위했다. 북쪽으로 창강(长江)을 건너는 중앙 홍군을 '전멸'시키기 위해서였는데, 당시 중앙 홍군의 병력은 3만 명에 불과했다.

110일 동안 마오쩌둥의 지휘 아래 홍군은 츠수이를 네 번 건너고 수천 리를 전전하며 윈난·꿰이저우·쓰촨의 광활한 지역을 종횡무진으로 누볐고, 크고 작은 40여 차례의 전투 끝에 적의 포위망에서 벗어나 전략적 이동의 주도권을 잡았다.

1960년 5월 영국의 몽고메리 장군이 중국을 방문했다. 그는 마오쩌둥에게 "당신이 지휘한 랴오선(辽沈), 핑진(平津), 화이하이(淮海) 등 3대 전투는 세계 어느 전투와 비교해도 손색이 없습니다."라고 말했다. 그러나 마오쩌동은 "그 세 번의 전투는 아무것도 아닙니다. 츠수이를 네 번 건너는 전투가 바로 제 업적이지요."라고 말했다.

츠수이의 홍군대교

츠수이는 전쟁사의 기적과 다리 건설의 기적을 목격했습니다.

서쪽의 쓰촨성 꾸린(古蔺)과 동쪽의 꿰이저우성 시수이(习水)를 잇는 치수이의 홍군대교는 쓰촨성과 꿰이저우성을 연결하는 중요한 수로입니다. 주탑의 높이는 243.5m, 교량 길이는 2,009m이며, 주교는 1,200m의 이중타워 싱글크로스 스틸트러스(双塔单跨钢桁梁) 현수교입니다. 건설하는 중에 가장 큰 어려움은 이 지역이 카르스트 용암 지형의 협곡 위에 우뚝 솟아 있다는 것입니다.

2019년 9월 24일 200톤이 넘는 81개의 강철 트러스로 만들어진 츠수이 홍군대교가 개통되었는데, 연결되는 강철 트러스를 고정하는 데만 80만 세트의 고강도 볼트가 사용되었습니다. 이 협곡 교량은 전 세계 산악지역에 설치된 같은 유형의 강철 트러스 현수교 중 가장 높은 주탑을 가졌고, 두 번째로 큰 협곡 위에 건설된 교량이지만, 건설하는 데는 2년이 채 걸리지 않았습니다.

츠수이의 홍군대교
赤水河红军大桥

진사강
金沙江

5. 진사강 도하에서 우똥더(乌东德) 수력발전소까지, 영광의 전설을 이어가다

진사강을 몰래 건너다

1935년 5월 츠수이 도하 전투를 거쳐 홍군은 꿰이저우에서 윈난으로 진군하여 진사강을 북쪽으로 건너 쓰촨성에서 홍4방면군(红四方面军)과 합류할 준비를 하였다. 홍군은 매일 120리의 강행군으로 빠르게 전진하여 퀀밍(昆明)에 육박했다. 이때 군벌 롱윈(龙云)의 주력은 이미 장제스(蒋介石)에 의해 꿰이양(贵阳)으로 이동한 상태였기 때문에, 퀀밍을 방어하기 위해 각지에서 민병대를 긴급히 배치했다.

진사강은 양쯔강 상류에 위치해 있다. 쓰촨과 윈난의 경계에 있는 깊은 산과 협곡을 가로지르는 진사강은 강폭이 넓고 파도가 심하며 험난한 여울이 밀집해있다.

빨리 강을 건널 수 없다면, 홍군은 깊은 골짜기에 갇혀 오도 가도 못하고 추격해오는 적에게 궤멸될 위험이 있었다. 홍군은 세 개의 나루터에서 진사강을 건너기로 결정했다.

류보청(刘伯承)은 중앙군사위 종대(纵队)와 5군단을 이끌고 자오핑(皎平)나루를 탈취했다. 곧이어 다른 두 나루터의 홍군들도 모두 자오핑에 모여 강을 건넜다.

진사강에는 나룻배가 드나들었고, 류보청은 강가의 큰 바위 위에 서서 강 건너는 작전을 직접 지휘했다. 그 큰 바위는 후에 '장군석'이라는 별명을 얻었다.

류보청(刘伯承)

7척의 작은 배가 밤낮으로 쉬지 않고 달렸고, 7박 7일 동안 2만 명의 홍군이 모두 강을 건너 북안에 도착했다. 전체 작전은 한 발의 총알도 들이지 않았고, 한 사람 한 마리의 말도 잃지 않았다. 이로써 국민당 대군의 추격에서 벗어난 마오쩌동은 "구름을 뚫을 듯 높은 바위를 두드리며 흐르는 진사강의 물은 따뜻하여라(金沙水拍云崖暖)"라는 유명한 시구를 남겼다.

오늘날의 진사강은 과거의 조급함과 소란스러움을 접고 마치 푸른 옥대(玉带)처럼 산기슭에 고요히 누워있다.

국가 중점 프로젝트인 우똥더 수력발전소가 건설됨에 따라 자오핑 나루터 일대는 이미 저수지가 되었지만, 이 홍색 전설은 여전히 이곳에서 전해지고 있다.

진사강의 물은 사방으로 부딪치며 세차게 흐르고	金沙江流水响叮当
용감한 홍군은 강을 건너네	英勇的红军要渡江
깊은 물 사방으로 몰아치는 파도 두렵지 않고	不怕它水深江流急
높은 산과 먼 길도 두렵지 않다네	更不怕山高路又长
우리는 정말로 완강하다네.	我们真顽强

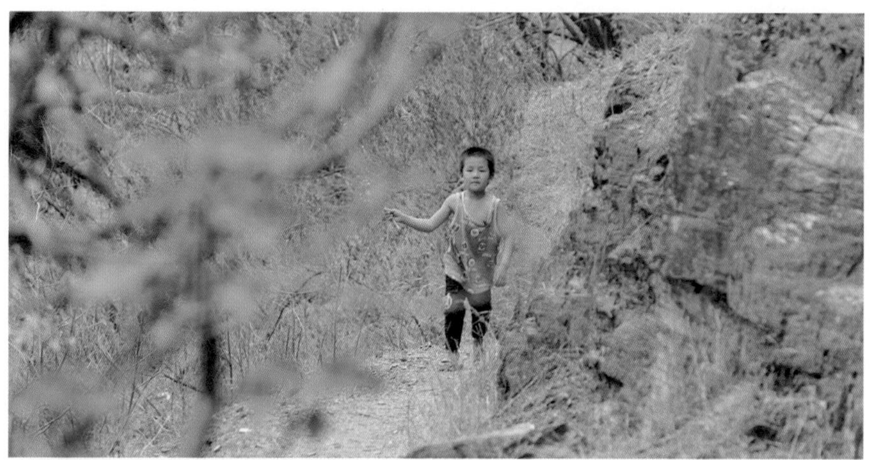
윈난 루촨(禄劝)의 장정 행군로에서 꼬마 자오준천이 「도강동원가」를 부르고 있다
云南禄劝长征步道上孩童赵俊臣唱起《渡江动员歌》

스촨 훼이리(会理)에 복원한 동굴 유적
四川会理复建的岩洞

자오핑 나룻마을에서 사는 5살짜리 꼬마 자오준천(赵俊臣)이 엄마에게서 배운 첫 노래가 바로 당시 홍군이 남겨놓은 「도강동원가(渡江动员歌)」이다.

2019년 많은 논쟁 끝에 장정 국가문화공원 쓰촨성 구간은 원래 유적지와 지형이 비슷한 곳에 동굴 유적지를 복원하였다.

우똥더 수력발전소

장칭성(张庆胜)의 할아버지는 한때 홍군의 도강을 도왔던 37명의 뱃사공 중 한 명이었고, 그의 아버지는 나중에 해방전쟁에 참전했다. 오늘날 장칭성은 국가 건설을 지원하는 실질적인 행동을 통해 이 혁명적인 가족의 영광을 계속 쓰고 있다. 2020년, 우똥더 수력발전소는 수문을 내리고 본격적으로 물을 저장하기 시작했다. 장칭성 집안의 옛 저택도 저수지 범위 내에 있었는데, 장칭성은 앞장서서 40여 년 생활해왔던 집을 떠나 이사했다.

장칭성, 진사강 도하를 도운 뱃사공의 후예
张庆胜巧渡金沙江老船工后代

장칭성: 우똥더 수력발전소에 물을 채워서 옛 흔적은 잠겨버렸지만, 홍색 정신과 의지는 영원히 제 마음 속에 남아있습니다.

우똥더 수력발전소가 수문을 내리고 물을 저장하고 있다
乌东德水电站下闸蓄水

스촨 진사강 뱃사공의 후예 장칭성이 옛 집으로 돌아왔다
四川巧渡金沙江老船工后代张庆胜回到老房子

진사강변에는 장칭성 같은 이민자가 31,000여 명이나 된다. 정든 고향을 떠나기는 힘들었지만, 이들은 그들의 선배들처럼 개인의 이익과 국가의 이익 사이에서 기꺼이 국가의 이익을 택했다.

우똥더 수력발전소는 세계에서 가장 낮은 300미터의 이중 곡선 아치형 댐이고, 댐 전체에 저열 시멘트를 적용한 세계 최초의 초고층 아치형 댐이며, 진정한 '이음매 없는 댐'이기도 하다. 진사강 도강으로부터 세계 최대 규모의 댐을 건설하기까지, 이 위업의 이면에는 모두 장정의 정신이 담겨있다.

서전동송(西电东送)의 중추 프로젝트인 우똥더 수력발전소는 연평균 발전량이 389.1억 kWh(킬로와트시)이며, 진사강 하류의 시뤄두(溪洛渡) 수력발전소, 샹자빠(向家坝) 수력발전소, 바이허탄(白鹤滩) 수력발전소와 함께 거대한 수력발전 기지를 형성하고 있다.

오늘날 장정 국가문화공원 기획자들은 진사강 도하 박물관과 우똥더 수력발전소를 긴밀하게 연결했다. 이 두 개의 전설은 진사강의 영광스러운 어제와 아름다운 오늘과 더욱 아름다운 내일을 이야기하고 있다.

우똥더 수력발전소 건설 현장
建造乌东德水电站

장정 국가문화공원(스촨 구간) 시창시 리저우진
长征国家文化公园(四川段)西昌市礼州古镇

시창 위성발사센터
西昌卫星发射中心

6. 스촨 따량산의 삽혈위맹(歃血为盟)[15] 으로부터 시창(西昌) 위성발사센터까지, 조력은 대대로 이어진다

따량산(大凉山)의 삽혈위맹

시창(西昌)은 달빛이 아름답기로 이름난 도시이다. 리저우진(礼州古镇)과 볜자사합원(边家四合院)은 장정 국가문화공원 스촨 구간의 전시지(展示地)이다. 90세가 다 된 볜시꽝(边仕光) 노인은 홍군과의 인연에 대한 이야기를 들려주었다.

---

15) 삽혈위맹(歃血为盟) : 동물의 피를 입술에 발라 도움을 약속하는 혈맹을 맺는 것

리저우의 벤자사합원(边家四合院)
礼州边家四合院

이해(彝海)

벤시꽝: 여기는 저의 집입니다. 저는 이 큰 뜰에서 자랐지요. 올해 제 나이는 89살입니다. 위대한 지도자 마오쩌동이 장정할 때, 1935년에 이곳에 와서 우리 안뜰에서 지냈지요.

벤시꽝은 리저우진 톈빠(田坝)마을 주민이다
边仕光礼州镇田坝村村民

1935년 홍군이 벤씨 집안의 안뜰에 들어섰을 때, 벤시꽝은 겨우 두 살이 갓 넘은 아이였다. 나중에 할아버지는 그에게 이 이야기를 자주 들려주셨다. 시간이 지나면서 이 홍군의 이야기는 자연스레 그의 마음속에 깊이 각인되었다. 노인이 가장 자랑스러워하는 것은 가족이 소중히 간직하고 있는 은화 하나였다.

벤시꽝: 저는 이 은화를 가보이자 자손들을 교육할 보물이라고 생각합니다. 이 은화는 당시 마오쩌동이 준 것인데, 저는 항상 몸에 지니고 있습니다.

1935년 5월 홍군이 따량산 지역에 진입했을 때 길을

따뚜하(大渡河)

내는 역할을 맡은 공병 중대가 이곳에서 이족(彝族) 사람들의 포위 공격을 받았다. 무기를 빼앗기고 지도원이 타박상을 입었지만 홍군 전사들은 때리거나 욕해도 반격하지 않았다.

류보청과 녜룽전(聂榮珍)은 선봉대를 이끌고 이해(彝海) 부근에 도착했다. 그들은 구지(沽基) 가문의 우두머리인 샤오예단(小叶丹)과 담판하여 당의 민족정책을 설명하였다. 류보청은 또 이족의 풍습에 따라 이족의 우두머리인 샤오예단과 짐승의 피를 입에 바르는 혈맹, 즉 삽혈지맹(歃血为盟)을 맺었다.

민족의 간극이 허물어지고 감동과 진정성이 더해지면서 홍색 씨앗이 뿌리를 내렸다. 류보청은 붉은 깃발을 샤오예단에게 주었고, 샤오예탄을 지부장으로 임명했다.

홍군은 따량산 이족 지역을 무사히 통과했고, 이는 홍군이 북상하여 안순창(安顺场)으로 직행하고, 강을 건너고, 루딩교(泸定桥)를 탈취할 수 있는 귀중한 시간을 벌어주었다.

시창 위성발사센터

1970년 녜룽전 원수는 류보청과 샤오예단이 동맹을 맺은 따량산에 중요한 위성 발사장을 건설하는 것을 직접 승인했는데, 이것이 바로 시창 위성발사센터입니다. 이 프로젝트의 책임자였던 녜룽전 원수와 장아이핑(张爱萍) 장군은 모두 당시 이곳을 거쳐 간 홍군 사령관이었습니다.

시창 위성발사센터는 중국 최초로 해외 발사 서비스를 제공하는 개방형 우주 발사장입니다.

수천 년 동안 횃불만 사용하던 고대 시창은 하룻밤 사이에 현대화되어 '베이떠우(北斗)의 고향', '창어(嫦娥)의 고향'으로 불립니다.

중국의 베이떠우 위성항법시스템은 시창을 사랑합니다. 시창 위성발사센터는 낮은 발사 위도와 높은 발사 효율, 세계 최고 수준의 핵심 기술, 일류 장비 및 시설, 일류 인재라는 장점을 가지고 있습니다.

시창 위성발사센터는 중국의 모든 베이떠우의 발사 임무를 수행했으며, 위성은 모두 예정한 궤도에 진입했습니다.

장정의 이름을 딴 로켓은 조국의 우주 산업의 도약을 위한, '하늘로 가는 사다리'를 마련하며 연이어 우주 비행을 성공시켰습니다.

장정 시리즈 로켓이 위성을 발사하다.
长征系列火箭发射

장정 국가문화공원(칭하이 구간) 반마현
长征国家文化公园(青海段)班玛县

7. 칭하이 반마현(班玛县) 홍군 골짜기에서 태양광 산업단지까지, 아름다운 중국을 지키다

홍군이 반마현(班玛县)을 지나다

반마현은 칭하이성, 쓰촨성, 간쑤성 접경지역에 위치하고 있으며 홍군의 장정이 칭하이를 통과하는 유일한 곳이다. 1936년 6월 하순 홍2방면군과 홍4방면군이 합류한 뒤 북상하여 홍1방면군과 합류했다. 홍군 좌종대(左纵队)는 쓰촨성 써따현(色达县) 르칭구(日清沟) 등지에서 칭하이성 궈뤄(果洛) 티베트족자치주 반마(班玛) 지역에 진입했다.

반마 출신인 야거둬제(雅格多杰) 씨는 어렸을 때부터 아버지를 통해 홍군이 티베트인 거주 지역을 통과한 이야기를 들으면서 장정의 역사를 공부해 왔다. 그는 홍군이 반마를 지나는 여정의 역사에 대해 잘 알고 있었다.

야거둬제는 반마의 지역 주민이다
雅格多杰班玛居民

야거둬제 : 홍군이 왔을 때, 저기 보이시죠. 선봉대는 바로 저곳으로부터 들어왔습니다. 원래 이 골짜기에는 길이 없었는데, 그날 홍군이 갑자기 이곳에 길을 내버렸지요. 우리 티베트인들은 '모허란(摩合兰)'이라고 부릅니다. '군대 도로'라는 뜻입니다.

홍군 골짜기
红军沟

반마의 홍군 골짜기 기념관
班玛红军沟纪念馆

우리는 야거둬제를 따라 홍군 골짜기(红军沟)를 찾았다. 이곳에는 칭하이를 지나던 홍군의 흔적이 남아있다.

기념관에는 당시 홍2방면군(红二方面军) 정치부 주임이었던 장쯔이(张子意)의 일기가 소장되어 있는데, 이 일기에는 칭하이 반마를 통과하는 홍군의 장정 행군이 기록되어 있다.

"이미 룽위(绒玉)에 도착하여 휴식을 취하면서 식량을 조달하고 있다. 모범 사단과 18사단이 룽위에 도착했다. 식량 조달이 성과를 내지 못했다."

장쯔이의 장정 일기는 1936년 7월 10일부터 12월 5일까지의 내용만 남아있는데, 다행이 홍군이 칭하이를 통과하는 내용은 온전히 보존되어 있다.

장정 국가문화공원 내 리즈무따(里子木达) 골짜기 입구의 남쪽 돌담에는 "북상하여 민족의 항일, 반 장제스 투쟁에 호응하자!"라는 홍군 구호가 아직도 선명하게 남아 있다.

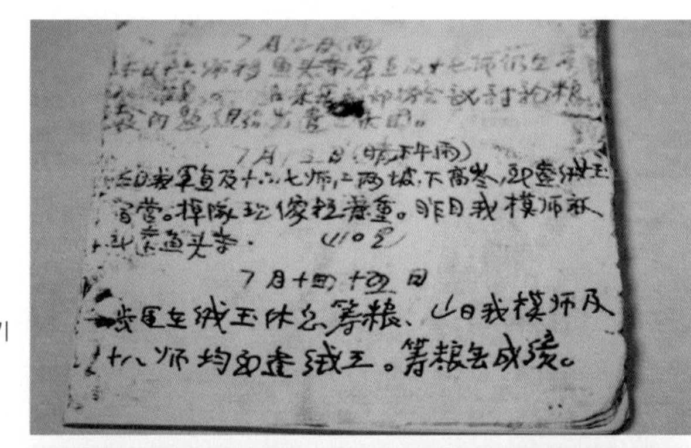

장쯔이의 장정 일기
张子意的长征日记

반마의 홍군 골짜기 표어
班玛红军沟标语

홍군 허스안의 딸 당춰
红军何世安的女儿党措

홍군이 반마현에 머무는 20일 동안 당의 민족 및 종교정책을 엄격하게 집행하고 대중 규율을 엄격히 준수하는 모습은 티베트 동포들에게 깊은 감동을 주었다. 티베트인들은 열성적으로 홍군을 위해 식량을 모금하고 길을 안내했을 뿐만 아니라, 위험을 무릅쓰고 티베트인 거주지역에 흩어져 있는 홍군 부상자를 수용했다.

당춰(党措)의 아버지 허스안(何世安)은 쓰촨성 동부 출신의 홍군 병사였다. 홍군과 함께 반마에 입성한 후 심각한 부상으로 기절한 그는 지역 승려들에게 구출되었고, 승려들은 그를 홍자(红加)라고 불렀다.

해방 후 현지 티베트인들은 홍군이 건너온 즈무따(子木达) 골짜기를 '홍군 골짜기(红军沟)'로, 홍군이 주둔했던 자뤄(扎洛) 마을을 '홍군채(红军寨)'로, 홍군이 마셨던 샘을 '홍군샘'으로, 홍군이 건넌 다리를 '홍군교'로 바꿔서 불렀다.

홍군교
红军桥

타라탄(塔拉滩) 태양광 산업단지

오늘날 칭하이의 땅에서는 장정의 정신이 고양되고 전승되고 있다.

칭하이의 타라탄에는 멋진 태양광발전소가 건설되었다.

거대한 태양 전지판의 보호막 아래 사막화되었던 타라탄의 목초지가 점차 복원되고 있으며, “위에서 전기를 생산하고 아래에서 양을 키울 수 있는” 아름다운 중국 건설의 새로운 모델을 형성했다.

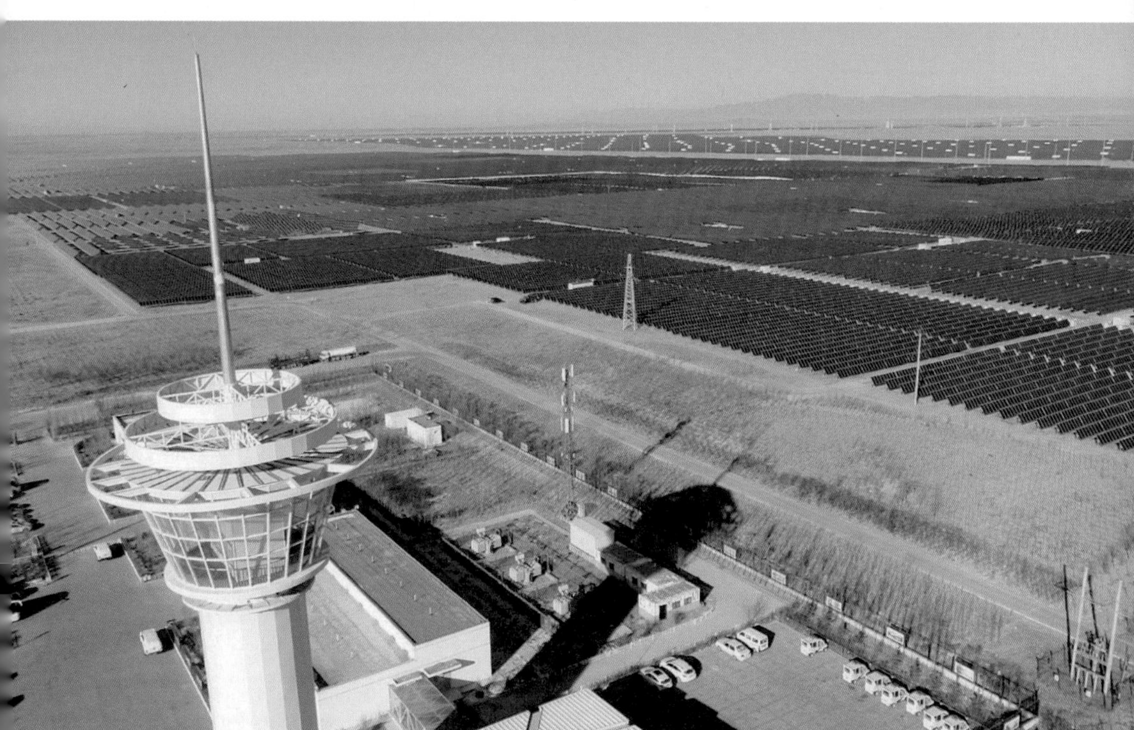

칭하이 타라탄 태양광 산업단지
青海塔拉滩光伏产业园

장정 국가문화공원의 칭하이 구간은 황허 국가문화공원 및 산장위안(三江源) 국가공원의 건설 및 보호와 시너지 효과를 발휘하고 있다. 홍색 교육과 생태 보호를 결합하고, 민족단결 선진구역과 결합하여, 생태 보호, 문화 관광, 민족 문화 통합 및 발전을 촉진하고 있는 것이다.

황허 국가문화공원(칭하이 구간)
黄河国家文化公园(青海段)

장정 국가문화공원(칭하이 구간) 산장위안 국가공원
长征国家文化公园(青海段)三江源国家公园

장정5호B 야오3 운반로켓 발사 현장
长征五号B遥三运载火箭发射

(꼬리말) 과학기술 혁신은 끝이 없다

2022년 7월 24일 원톈(问天) 실험 모듈을 탑재한 장정5호B 야오3(长征五号B遥三) 운반로켓이 점화되어 중국 원창(文昌) 우주 발사장에서 이륙한 후 톈허(天和) 핵심 모듈과 도킹했다.

23톤에 달하는 원톈 실험 모듈과 40톤이 넘는 우주정거장 조립체가 결합된 이번 발사 임무는 중국에서 현재까지 가장 무거운 두 우주 설비 간의 도킹이자, 유인 상태에서 중국의 우주정거장이 도킹된 최초의 사례로 기록되었다.

2022년 10월 31일 멍톈(梦天) 실험 모듈의 발사도 완벽하게 성공했다. 중국의 우주정거장은 'T'자형 기본 구조를 완성하며, 광활한 우주에서 중국 유인 우주비행 프로젝트의 역사적 기념비를 세웠다.

중국 우주정거장은 3개 선실이 있는 'T'자형 기본 구조를 완성하였다.
中国空间站形成三舱"T" 字基本构型

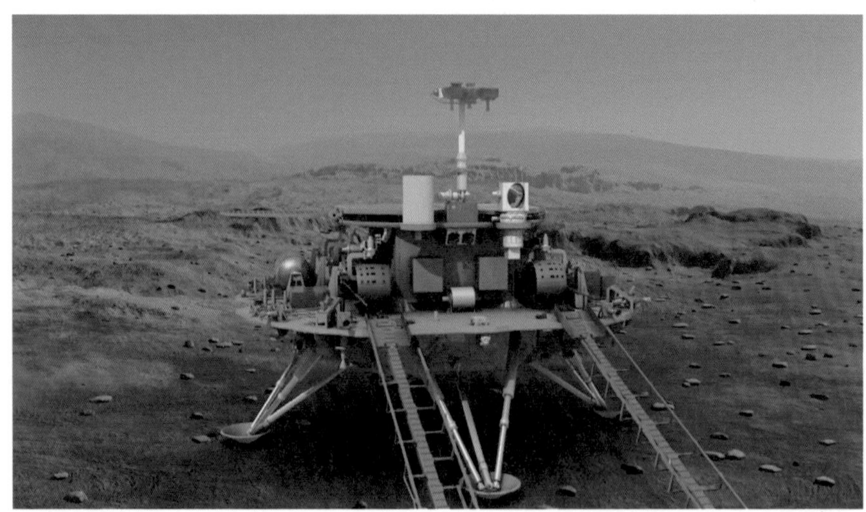

'톈원' 화성탐사선
"天问"火星探测器

이에 앞서 중국은 원창 우주 발사장에서 톈원(天问) 화성 탐사선도 처음으로 발사했다. 이 화성 탐사선의 이름은 과학적 진리를 탐구하는 것은 긴 여정이며 과학기술 혁신의 추구는 끝이 없다는 중국 고대 시인 굴원의 시 '천문(天问)'에서 따온 것이다. 중국인들은 우주를 탐험하기 위해 점점 더 멀리 여행하고 있다.

오늘날 중국의 진보와 발전은 장정에서부터 비롯되었다. 한 걸음 한 걸음의 발자국은 한 나라의 자신감과 능력을 반영하고, 한 걸음 한 걸음의 휘황찬란함은 한 나라의 자부심과 꿈을 키운다.

새 시대의 새로운 장정은 새로운 전설을 쓰고 있으며, 장정과 같은 기적을 만들 수 있는 위대한 나라는 지구상에서 어떤 기적을 만들 수 있다.

제5장
붉은 리본 위의 이상향

2021년 6월 28일 대규모 상황 서사극 '위대한 여정'이 국가경기장에서 성황리에 공연되었다. 중국공산당 창당 100주년을 기념하기 위해 열린 이 성대한 공연에서 인류 역사상 위대한 업적인 장정은 가슴을 울리는 악장이었다.

위두하于都河) 강변의 이별의 노래, 샹강(湘江)의 애도하는 나팔소리, 러우산(娄山) 고개로 지는 핏빛의 태양, 불을 밝히는 쭌이(遵义)의 붉은 건물에 어른거리는 불빛, 츠수이(赤水)를 도하할 때 펄럭이던 붉은 깃발, 설산의 불멸의 조각상, 초원에 우뚝 솟은 기념비, 류판산(六盘山)의 "만리장성에 오르지 못하면 영웅호걸이 아니다"라는 호방함……

오늘날 건설 중인 장정 국가문화공원에 들어서면 활기찬 문화 분위기가 물씬 풍긴다. 공원 구석구석에 장정의 정신이 깃들어 있어, 고된 원정에는 전쟁의 포연뿐만 아니라 홍군의 "시와 이상향(诗与远方)"이 담겨져 있음을 알 수 있다. ……

2021년 6월 28일 대규모 정경 서사극 '위대한 여정'이 국가경기장에서 공연되었다.
2021年6月28日，大型情景史诗《伟大征程》在国家体育场演出

가무극 「홍군을 떠나보내며」
歌舞剧《十送红军》

1. 군민의 정을 노래하다

가무극 「홍군을 떠나보내며」

「홍군을 떠나보내며(十送红军)」는 장정 시기 백성들이 홍군을 떠나보낼 때의 진심어린 마음을 담은 노래로, 인민대중과 중국공산당, 노농홍군 간의 진실한 감정을 노래했고, 전대미문의 장정에서 피로써 맺어진 감정적 유대를 노래했는데, 장정에서의 송별을 반영한 노래 중 가장 영향력 있고 널리 퍼진 노래이다.

하지만 이 노래는 홍군이 중앙 소비에트 지역을 떠나 고난의 행군을 시작한 지 20여 년이 지난 후에 만들어졌다.

1960년 장정에 참가했던 공군 사령관 류야러우 장군은 공정문공단(空政文工团)이 중국혁명 투쟁의 역사를 반영하는 대형 가무극을 만들기를 희망했다.

공군사령관 류야러우(刘亚楼) 상장
(중장보다 높고 대장보다 낮음)
空军司令员刘亚楼上将

명령을 받은 장스셰(张士燮), 주정번(朱正本) 등 작사가와 작곡가들은 재빨리 옛 혁명 지역으로 가서 혁명 역사의 노래를 수집하고 정리했다.

작곡가 장스셰(张士燮)가
「홍군을 떠나보내며」를 작사했다.
词作家张士燮《十送红军》编词

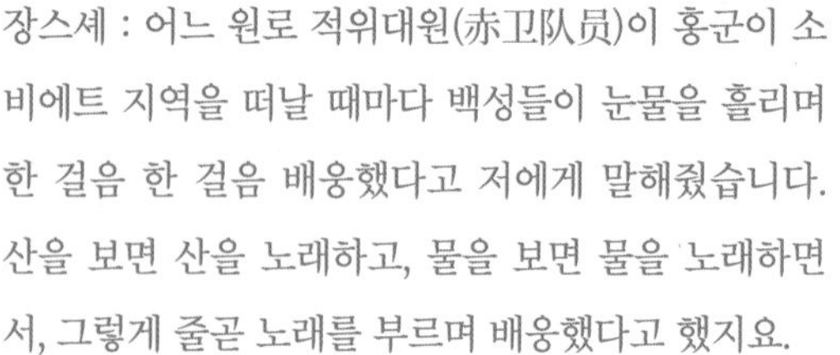

장스셰 : 어느 원로 적위대원(赤卫队员)이 홍군이 소비에트 지역을 떠날 때마다 백성들이 눈물을 흘리며 한 걸음 한 걸음 배웅했다고 저에게 말해줬습니다. 산을 보면 산을 노래하고, 물을 보면 물을 노래하면서, 그렇게 줄곧 노래를 부르며 배웅했다고 했지요.

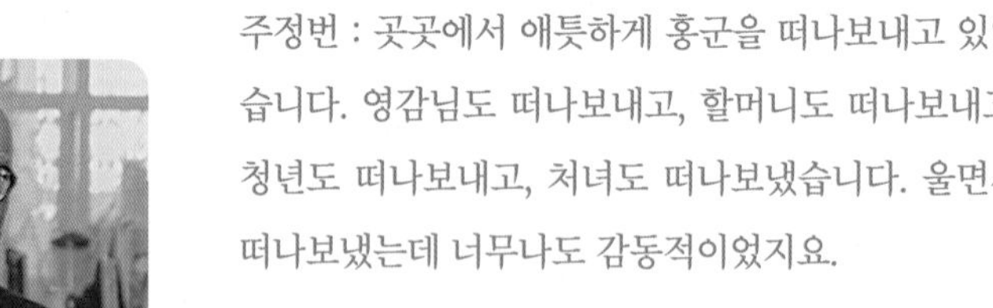

주정번 : 곳곳에서 애틋하게 홍군을 떠나보내고 있었습니다. 영감님도 떠나보내고, 할머니도 떠나보내고, 청년도 떠나보내고, 처녀도 떠나보냈습니다. 울면서 떠나보냈는데 너무나도 감동적이었지요.

작곡가 주정번(朱正本)이
「홍군을 떠나보내며」를 작곡했다.
曲作家朱正本《十送红军》编曲

3개월 후 「혁명역사노래 공연(革命历史歌曲表演唱)」이라는 대규모 가무극이 발표되었다. 류야러우는 특별히 장정에 참여했던 수많은 옛 동지들을 초청했고, 그들은 새로 창작한 「홍군을 떠나보내며」를 극찬했다. 홍군 참전용사들은 "이 노래를 들으니 1934년 이별의 날로 돌아간 것 같다 ......"며 감격스러워했다.

민요 「홍군을 떠나보내며」

폭풍우가 몰아치던 그 시절, 많은 혁명 근거지와 홍군의 장정 출발지에서는 모두 「홍군을 떠나보내며」와 같은 민요를 부르며 홍군을 배웅하였다. 예를 들면, 총칭(重庆) 유양(酉阳) 풍격의 「낭군님을 홍군에 보내며(送郎当红军)」가 그것이다.

낭군님을 우리타이(五里台)까지 배웅하네	送郎送到五里台

푸젠(福建) 닝화(宁化)의 민요 「낭군님을 일곱 번 홍군에 보내며(七送阿郎当红军)」:

처음으로 낭군님을 홍군에 보내네	一送阿郎当红军
혁명의 길을 잘 알아야 한다네	革命道路要认清

후난 쌍즈(桑植) 민요 「홍군을 떠나보내며」:

한 번 보낸 홍군이 되돌아오면	一送红军转回来
우링산(武陵山) 정상에 높은 대를 세우리	武陵山顶搭高台

이와 같은 이별의 노래에는 홍군과의 이별을 아쉬워하는 백성들의 마음 외에도, 백성들에 대한 홍군의 깊은 감정이 담겨져 있다. 예를 들어, 산시 전빠(镇巴) 민요 「홍군을 떠나보내며」가 바로 그것이다.

남산 아래로 홍군을 떠나보내니	一送红军下南山
가을 비바람이 을씨년스럽네	秋风细雨缠绵绵
산에서는 사슴이 슬피 울고	山里野鹿哀嚎叫
나무 위 오동잎도 다 떨어졌네.	树树梧桐叶落完

1930년대 쓰촨성과 산시성의 혁명 거점지역에서 불렸던 산베이(陕北) 민요 '수놓은 염낭'의 곡조에 맞춰 부른 「홍군을 떠나보내며」이다. 한중시(汉中市)에 있는

총칭(重庆) 유양(酉阳) 풍격의 「낭군님을 홍군에 보내며(送郎当红军)」
重庆酉阳拉拉调《送郎当红军》

푸젠(福建) 닝화(宁化)의 민요 「낭군님을 일곱 번 홍군에 보내며」
福建宁化民歌《七送阿郎当红军》

후난 쌍즈 민요 「홍군을 떠나보내며」
湖南桑植民歌《十送红军》

산시 전빠(镇巴) 민요 「홍군을 떠나보내며」
陕西镇巴民歌《十送红军》

장정 국가문화공원(산시 구간) 한중시(汉中市)에 있는 전빠현(镇巴县) 박물관
长征国家文化公园(陕西段)汉中市镇巴县博物馆

전빠현(镇巴县) 박물관에는 「홍군을 떠나보내며」의 가사와 곡이 새겨진 비석이 박물관에서 가장 눈에 띄는 위치에 자리하고 있다. 비석에 새겨진 것은 수십 년 동안 불려온 민요일 뿐만 아니라 홍군에 대한 옛 지역 사람들의 지울 수 없는 깊은 감정이다.

왕방빈(王帮斌)은 전빠현의 문공단(文工团) 단장이다
王帮斌镇巴县文工团团长

왕방빈 : 1935년 초 홍사방면군(红四方面军)이 떠나려 할 때, 우리 진빠의 백성들은 그들을 보내기가 정말 아쉬웠습니다. 어떤 사람은 손을 꼭 부여잡고, 놓아주려 하지 않았습니다. 이 기간에 우리가 남긴 홍색가요가 하나 있는데, 바로 「홍군을 떠나보내며」입니다.

오늘날에도 이 홍군을 보내는 노래는 장정 국가문화공원에서 여전히 울려 퍼지고 있다. 이는 중화민족 혁명문화의 화려한 악장이고, 중화민족의 뛰어난 문화를 풍요롭게 발전시킨 노래이다.

쌍즈(桑植) 민요 「마상나무(뽕나무)에 등잔대를 걸며」

1935년 11월 런비스(任弼时), 허룽(贺龙), 샤오커(萧克)가 이끄는 홍군 제2군단과 제6군단은 쌍즈현 류자핑(刘家坪) 등지에서 출발해 장정을 시작했다. 지역주민들은 쌍즈 민요 「마상나무에 등잔대를 걸며(马桑树树儿搭灯台)」를 부르며 이들을 배웅했다.

마상나무에 등잔대를 거네	马桑树树儿搭灯台
편지 한 통을 써서 아내에게 보내네	写封的书信与姐带
언제 돌아갈지 기약이 없으니	三五两年我不得来
부디 다른 곳으로 개가해주오.	你个儿移花别处栽

허쉐쉰(贺学舜)은 허룽 원수의 5촌 조카이다. 그의 할아버지 허쉰천(贺勋臣)은 허룽의 식칼 두 자루를 차고 혁명을 일으킬 때부터 허룽을 따라 남북으로 전전했다.

허쉐쉰: 1935년 할아버지와 허룽은 여기 뒤에 있는 큰 나무에서 장정을 시작했습니다. 강 양안의 사람들은 허룽과 홍군이 떠나는 모습을 보며 눈물을 흘렸지요. 허룽은 "여러분, 이제 그만 발길을 멈추십시오. 저 허룽은 나중에 다시 돌아올 것이고 혁명은 성공할 것입니다"라고 말했습니다.

허룽 원수의 5촌 조카 허쉐쉰(贺学舜)이 노래하고 있다
贺学舜贺龙元帅堂侄唱歌

중국의 대부분 송별은 비통(悲), 상심(伤), 애절함(哀)을 그 바탕에 깔고 있다. 하지만 장정의 송별은 많이 다르다. 위로에는 자신감과 파워가 넘쳐흘렀고, 석별의 정에는 힘들게 사는 대중을 위해 천하를 바꾸겠다는 호쾌한 승낙이 내재되어 있다. 인민을 위한 깊은 마음이 있었기에 장정의 송별 문화는 옛날과는 전혀 다른 기상을 품고 있으며, 군민들 사이의 애틋한 정이 깃들어 있다.

멘닝(冕宁) 홍군기념관
冕宁红军纪念馆

2. 마음을 끌어당기는 표어

장정 국가문화공원에서는 홍색 포고문, 구호가 적힌 표어, 벽화, 석각 등 장정의 독특한 문화재가 눈에 띈다.

가는 곳마다 포고문을 붙였고, 소비에트 정권을 건립했습니다.
홍2군단(红二军团) 청년 간사였던 류웨성은 인터뷰 당시 78세였다.(1995년 인터뷰)

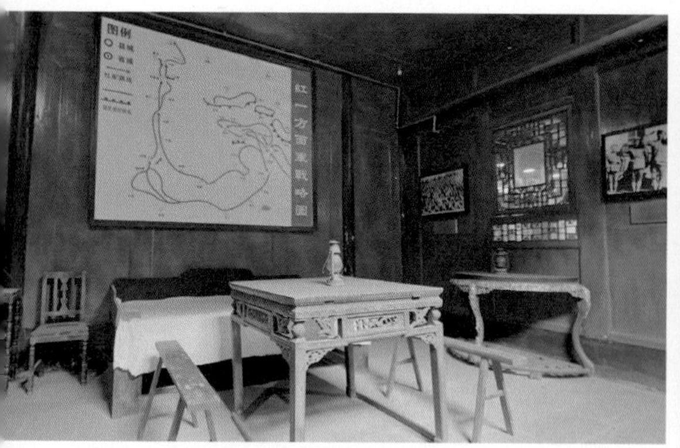

멘닝(冕宁) 홍군기념관
冕宁红军纪念馆

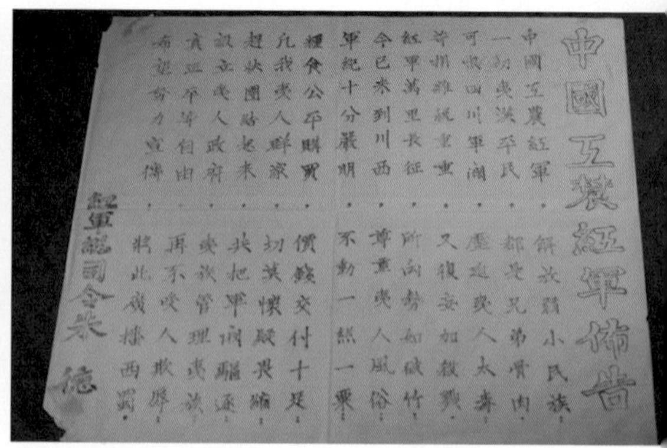

中國工農紅軍佈告

中國工農紅軍，解放弱小民族。
一切夷漢平民，都是兄弟骨肉。
可恨四川軍閥，壓迫夷人太毒。
苛捐雜稅重重，又復加以殺戮。
紅軍萬里長征，所向勢如破竹。
今已來到川西，尊重夷人風俗。
軍紀十分嚴明，不動一絲一粟。
糧食公平買賣，價錢交付十足。
凡我夷人群眾，切莫懷疑畏縮。
趕快團結起來，共把軍閥驅逐。
設立夷人政府，夷族管理夷族。
真正平等自由，再不受人欺辱。
希望努力宣傳，將此廣播西蜀。

紅軍總司令朱德

「중국노농홍군 포고문」
《中国工农红军布告》

가는 곳마다 구호를 붙여서 선전했지요. 홍군은 가난한 사람들을 구제하는 군대이니 두려워하지 말라고요.
홍2군단(红二军团) 군인이었던 류지칭은 인터뷰 당시 98세의 고령이었다.(2016년 인터뷰)

「중국노농홍군 포고」

1935년 중앙홍군이 멘닝(冕宁)에 들어온 뒤 주더(朱德) 총사령관 명의로 「중국노농홍군 포고문(中国工农红军布告)」을 발표했다. 이 포고문에서 “홍군의 만 리 장정”이라는 문구가 처음 등장하면서, “만 리 장정”이라는 말이 멘닝에서 량산(凉山)으로, 다시 전국으로 퍼져나가 2만5천리 장정 중 “가장 우렁찬 표어”'가 되었다.

여러 민족과 대중을 단결시키는 표어

벽에 아무렇게나 쓰인 표어는 홍군의 포고문에 비하면 어설프고 투박하게 보이기는 했지만, 홍군의 주장과

벽에 쓰인 표어
书写在墙壁上的标语

"홍군은 노동자와 농민의 이익을 절대적으로 보호한다."
"红军绝对保护回家工农群众利益。"

인민군대의 취지, 중국공산당의 초심과 방침과 정책을 장정 연선에 새겼다.

사람들의 마음에 깊이 파고드는 구호는 모든 민족의 환영과 보호를 받았다.

1935년 4월 28일 중앙 홍군은 윈난성 쉰뎬(寻甸)에 진주했다. 한 젊은 홍군 병사가 회족(回族) 동포들의 풍습을 이해하지 못해, 민족정책을 위반하는 바람에 회족의 불만을 샀다.

이를 알게 된 주더는 직접 모스크(이슬람 교도의 예배당)를 찾아가 이맘('이끄는 자' 또는 '모범이 되는 자'를 의미하는 아랍어로, 이슬람의 지도자를 일컫는다)에게 사과하고 선전원들에게 모스크 벽에 "홍군은 노동자와 농민의 이익을 절대적으로 보호한다"는 문구를 써넣도록 했다.

표어를 쓰는 홍군의 서예가

홍군이 행군과정에서 남긴 이 표어와 포고문은 장정 기간 동안 홍군의 탁월한 정치 선전사업을 증명해준다. 구호를 쓴 많은 홍군 병사들은 훗날 당과 군대의 훌륭한 정치 일꾼으로 성장했다. '홍군의 서예가'로 알려진 수통(舒同)은 장정 기간 동안 수많은 표어를 썼다. 중화인민공화국 건국 후 수통은 중국서예가협회의 초대 회장을 역임했다. 그가 무수한 노력으로 고안해낸 수체자(舒体字)는 인터넷 글꼴에 수록되었다.

'홍군의 서예가' 수통(舒同)
"红军书法家"舒同

수통의 친서
舒同手书

노래 부를 수 있는 표어 「당홍군가(当红军歌)」

광동성 난숑시(南雄市)는 '중앙 소비에트 현', '국가 지속가능발전 실험구(国家可持续发展实验区)', '황연(黄烟, 노란 담배)의 고향', '은행나무의 고향', '공룡의 고향' 등 일련의 유명세를 타고 있다. 이 가운데서도 난숑 사람들이 가장 자랑스러워하는 것은 장정 국가문화공원이다.

1934년 10월 26일 장시성에서 광동성으로 들어온 홍1방면군 제1군단과 제3군단이 난숑에 도착했다. 비록 이곳에 머무른 기간은 며칠에 불과했지만, 홍군은 곡을 붙이면 노래로 부를 수 있는 표어를 벽에다 적었다.

황훼이이(黄惠怡)는 유산진(油山镇) 따탕중심소학교(大塘中心小学)의 선생님이다.
黄惠怡油山镇大塘中心小学老师

황훼이이(黄惠怡): 「당홍군가(当红军歌)」가 적혀있는, 높이 1.5미터 폭 1.4미터의 이 벽은 소중한 홍색 문화재입니다. 이것은 지금까지 난숑은 물론 전국에서 유일하게 악보와 가사가 모두 있는 완전한 홍군 노래입니다.

「당홍군가(当红军歌)」가 적혀있는 벽
《当红军歌》墙

군인이 된다면 홍군이 되어야지 当兵就要当红军
노동자 농민을 대신해서 적을 물리치리 帮助工农打敌人
장교와 병사는 모두 동등하고 官长士兵都一样
아무도 서로를 억압하지 않는다네. 没有谁来压迫人

— 106세 고령의 류푸스(刘福时)가 노래를 부르고 있다. 그는 홍1방면군 위생원이었다.(2016년 인터뷰)

군인이 된다면 홍군이 되어야지 当兵就要当红军
노동자 농민을 대신해서 적을 물리치리 帮助工农打敌人
매판자본가와 토호열신과 지주들 买办豪绅和地主
인정사정 두지 않고 소멸하리. 杀他一个不留情

80여 년이 지난 지금, 「당홍군가」는 난숑의 많은 학교에서 장정정신을 배우고 홍색 유전자를 계승하는 필수 과목이 되었다.

홍군의 모습은 이미 사라진 지 오래지만, 당시 홍군이 남긴 「당홍군가」는 여전히 현지인들 사이에서 입소문을 타고 오늘날까지 불리면서, 난숑의 대지를 뒤흔들고 있다.

홍군소학교 학생들이 「당홍군가」를 부르고 있다
红军小学同学演唱《当红军歌》

『홍성보(红星报)』 문헌
《红星报》文献

3. 빛나는 『홍성보』

『홍성보(红星报)』는 중앙혁명군사위원회 기관지이자 훗날 중국 3대 신문 중 하나인 『해방군보(解放军报)』의 전신이다.

1934년 『홍성보』는 중앙 홍군과 함께 쭌이(遵义)로 이전했다. 쭌이 회의(遵义会议) 기념관에서 멀지 않은 곳에 있는 작은 건물은 홍군이 주둔하던 당시 『홍성보』의 거점이었고, 당시 『홍성보』의 주필이었던 덩샤오핑(邓小平)이 이곳에서 살았다.

1935년 1월 홍군이 우강(乌江)을 돌파하자 덩샤오핑은 등불 밑에서 "위대한 시작 — 1935년의 첫 전투"라는 글을 써서 1935년 『홍성보』 창간호에 실었다. 이 기사는 홍군의 사기를 크게 진작시켰고, 병사들에게 승리할 수 있다는 자신감을 심어주었다.

쭌이 회의(遵义会议) 기념관에서 멀지 않은 곳에 있는 작은 건물은 당시 『홍성보』의 거점이었다.
遵义会议纪念馆不远处的一栋小楼是当年《红星报》的驻地

위대한 역사적 의의를 지닌 쭌이 회의 직후 『홍성보』는 당 중앙과 중국혁명군사위원회의 "전체 홍색 관병들에게 고하는 글"을 게재해 쭌이 회의의 중요한 정신을 전달했다.

1934년 10월부터 1935년 8월까지 『홍성보』는 총 28호의 장정 특별호를 발행했다. 그것은 적시에 홍군의 장정에 관한 당 중앙과 중국혁명군사위원회의 전략적 배치와 전투지령을 전달하고 당의 노선, 방침, 정책을 선전하였으며, 홍군이 각종 험난한 난관을 돌파하고 적군의 포위망을 분쇄하는 용감한 사적을 전파하여 장정의 역사를 기록하고 대장정문화의 발전을 촉진하는 중요한 매개체가 되었다.

4번의 츠수이 도하(四渡赤水), 루딩교 탈취(飞夺泸定桥) 등 중요한 사건들에 대해서 『홍성보』는 모두 특

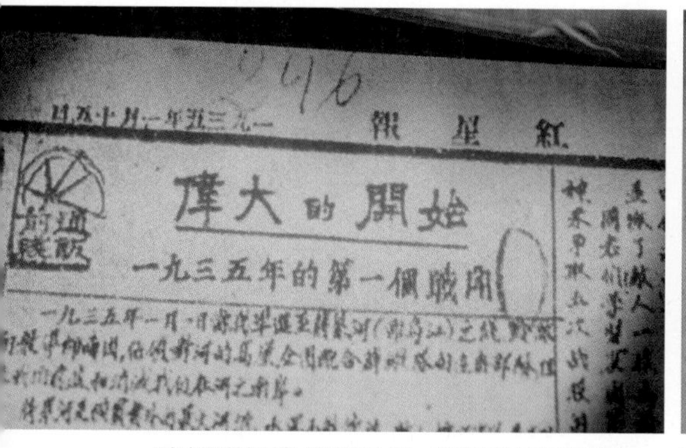

紅星報

偉大的開始

一九三五年的第一個戰鬥

덩샤오핑이 지은 "위대한 시작—1935년의 첫 전투"라는 글은 1935년 『홍성보』 창간호에 실렸다.
邓小平撰文《伟大的开始——一九三五年的第一个战斗》，刊登在1935年第一期的《红星》报上

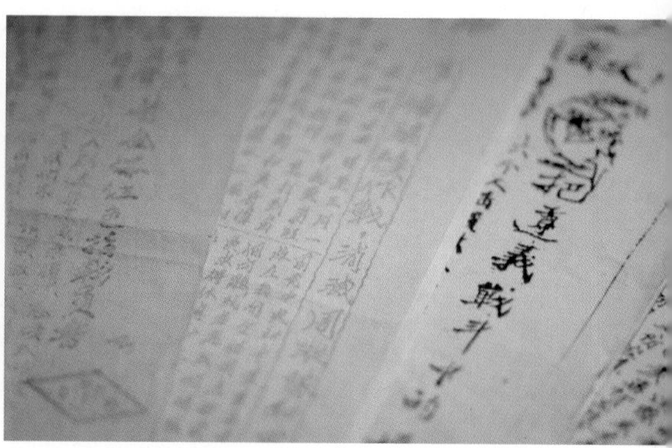

당 중앙과 중국혁명군사위원회의 "전 홍색 관병들에게 고하는 글"'
党中央与中革军委《告全体红色指战员书》

별보도를 했다. 홍군의 몇 차례 중요한 회군에 대해서도 『홍성보』는 보도를 했다. 『홍성보』는 장정의 길에 빛나는 붉은 별이 되어, 장정의 힘든 세월을 기록하고 홍군의 풍모를 보여주었으며, 미래 세대가 홍군과 장정을 이해하는 데 없어서는 안 될 역할을 했다.

쏭판(松潘)초원의 눈 속에서 옛 분대장과 꼬마홍군의 동상이 유난히 엄숙하고 위엄 있어 보인다.
松潘草原的大雪中, 老班长和小红军的雕像显得格外庄严肃穆

4. 감동적인 조각품

옛 분대장과 꼬마홍군의 동상

뤄얼가이(若尔盖)현 민족 기숙학교 초등학생들이 '금빛 낚싯바늘'을 낭독하고 있다
若尔盖县民族寄宿小学学生们朗读《金色的鱼钩》老师讲课

학생 : 에나멜 그릇을 들어보니 무게가 천근이나 되는 것 같아서 입에 넣을 수가 없었어요. 두 어린 동지는 왜 그릇을 들고 입에 가져가지 않는지 모르겠어요.

교사: 오늘은 '금빛 낚싯바늘'이라는 과목을 배워보겠습니다. 이 이야기는 홍군의 장정에서 가장 어려운 곳이기도 한 뤄얼가이(若尔盖) 초원에서 벌어진 일입니다.

초등학교 국어 교과서에 수록된 이 글은 많은 사람들의 머릿속에 장정에 대한 첫 번째 인상을 심어주었다. 이 글은 당시 홍군이 초원을 지날 때의 정경을 진실하게 반영하였다.

강을 건널 때면 물 위에 떠다니는 시체들이 보였습니다.
— 뤄광리(罗光里)는 홍4방면군(红四方面军) 위생원이었는데, 인터뷰 당시에는 이미 98세의 고령이었다.
(2016년 인터뷰)

떼를 지어서 죽었지요. 두셋이나 네댓씩 무리를 이루어 죽었는데 묻을 방법이 없었습니다. 땅을 팔 수가 없었으니까요.
— 쒀신종(索心忠)은 홍4방면군(红四方面军) 통신원이었는데 인터뷰 당시에는 이미 95세의 고령이었다.
(2016년 인터뷰)

우리는 얼마나 많은 동지들이 굶어죽고 얼어죽었는지 모릅니다.
— 양전(阳震)은 홍4방면군(红四方面军) 소대장이었는데 인터뷰 당시에는 이미 96세의 고령이었다.(2016년 인터뷰)

세월은 흐르지만 영혼은 영원하다. 예술가들은 생생한 조각상으로 그 시절을 충실히 되살려냄으로써 장정국가문화공원의 가장 특색 있는 조각문화를 형성했다.

쑹판(松潘) 초원의 큰 눈 속에서 옛 분대장과 꼬마홍군의 동상은 유난히 엄숙해 보였다. 학생들은 선생님의 안내로 다시 한 번 '금빛 낚싯바늘'을 낭독했고, 이번 현장수업은 장정의 정신을 더욱 깊이 체득하게 했다.

승리의 여명 조각상

반유(班佑) 강변의 옛 분대장 동상에서 멀지 않은 곳에 800여 명의 홍군 열사를 기념하기 위해 세워진 황토색 대리석 기념비가 서 있다.

기념비 앞면의 비문은 홍군의 초원 횡단 당시 홍군 제11연대 정치위원이었던 왕핑(王平) 장군이 회고한 실화에서 따온 것이다.

"홍3군(红三军)은 7일 동안 초원을 걸어서 마침내 반유에 입성했습니다. 펑더화이(彭德怀) 사령관은 반유 강 건너편에 아직 수백 명이 남아있다며 대대를 이끌고 강을 건너 그들을 구출하라고 명령했습니다. 저는 강둑으로 걸어가서 망원경으로 강 건너편을 관찰했습

장정 국가문화공원(쓰촨 구간) 승리의 여명 조각상
长征国家文化公园(四川段)胜利曙光雕塑

니다. 강둑에는 적어도 7~800명의 병사들이 앉아 있었습니다. 저는 먼저 통신원과 정찰병을 데리고 강을 건너 무슨 일이 벌어지고 있는지를 확인했습니다. 가서 보니, 아아! 그들은 조용히 등을 기대고 앉아 꼼짝도 하지 않았습니다. 한 명씩 확인해보니 모두 숨이 끊겨져 있었습니다."

배고픔과 추위로 인해 승리의 순간에 죽어간 병사들, 이 비극적인 장면을 바라보며 왕핑은 눈물을 흘렸다.

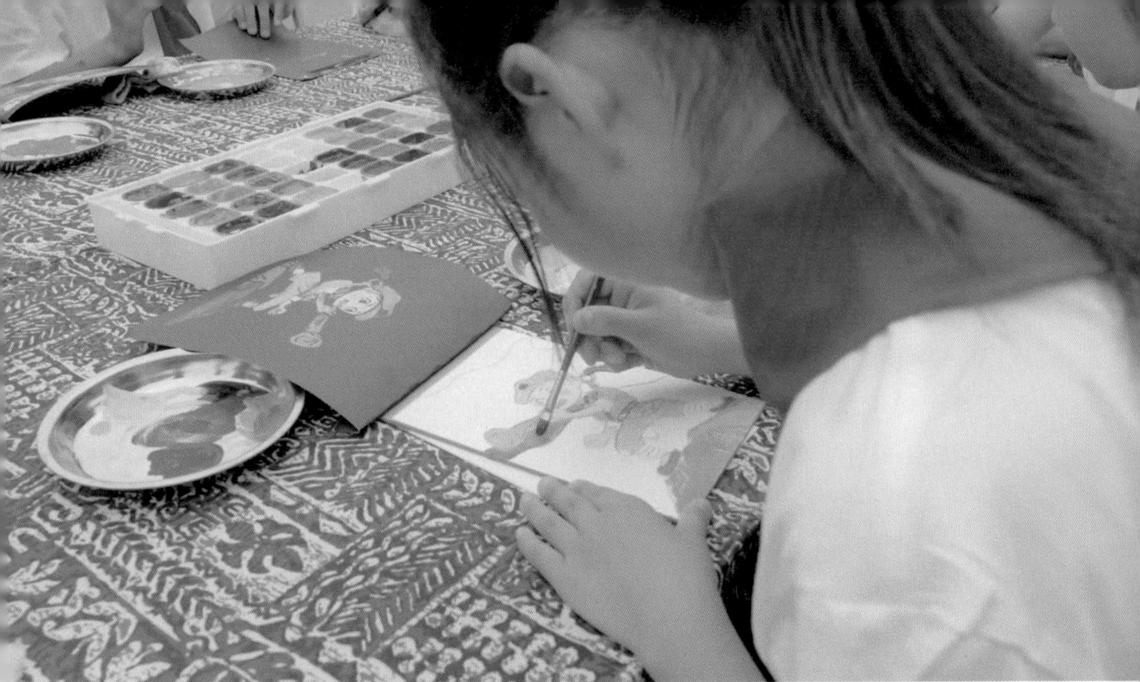

총칭 치장(綦江)의 초등학생이 장정에 관한 그림을 그리고 있다.
重庆綦江小学生画长征

5. 심금을 울리는 장정을 그리다

장정은 한 편의 응고된 시이자 마음을 움직이는 그림이다.

총칭 치장(綦江) 왕량(王良)홍군초등학교의 미술 수업 주제는 그림 그리기였다. 판화 속의 홍군은 장정에 대한 아이들의 가장 직관적인 표현이다. 아이들은 손에 든 붓으로 자신의 마음속 홍군의 이미지를 자세히 묘사하고 있다. 한 획 한 획 생동감 넘치는 홍군 전사들이 종이에 생생하게 새겨져 있다.

아이들은 홍군 장정의 대열에 그들보다 불과 몇 살밖에 많지 않은 홍군전사가 붓을 들고 만화와 스케치를 그리며 장정을 기록하는 모습을 상상하기 어려웠을 것이다.

「서행만화(西行漫画)」

당시 홍1방면군(红一方面军) 선전 간부였던 황전(黄镇)은 장정 도중 「서행만화(西行漫画)」를 창작했다. 이 만화는 비록 24점밖에 남지 않았지만 장정을 가장 사실적으로 표현한 역사자료이며, 이 시기 장정을 가장 잘 보여주는 대표적인 미술작품이다.

황전(黄镇)이 장정 도중 창작한 「서행만화(西行漫画)」
黄镇在长征途中创作的《西行漫画》

유명 아티스트들의 장정 관련 작품

신중국 건국 이후. 장정의 문화가 널리 알려지면서 예술가들은 장정의 삶을 반영한 수많은 그림을 창작하여 큰 영향을 미쳤다.

리커란(李可染)의 「장정」
李可染《长征》

류궈수(刘国枢)의 「루딩교(泸定桥)를 탈취하다」
刘国枢《飞夺泸定桥》

쑨쯔시(孙滋溪)의 「초지에서 야숙하다」
孙滋溪《草地夜宿》

쑨리신(孙立新)의 「우리는 꼭 돌아옵니다」
孙立新《我们一定会回来》

차이량(蔡亮)의 「세 갈래 주력부대가 합류하다」
蔡亮《三大主力会师》

만화 시리즈 「지구의 붉은 리본」

1980년대에 화가 선야오이(沈尧伊)는 「지구의 붉은 리본」이라는 만화 시리즈를 만들었다.

선야오이는 장정을 주제로 한 화가로 1975년부터 장정 루트만 다섯 차례나 답사했으며, 대형 만화 시리즈 「지구의 붉은 리본」과 대형 유화 「쭌이 회의」와 같은 대표작을 창작했다. 선야오이의 작업실에 들어서면 장정을 배경으로 한 작품들로 가득하다. 그가 처음 장정 답사에 나섰을 때부터, 장정이라는 주제는 그의 예술 경력에서 늘 핵심적인 위치를 차지해 왔다.

만화시리즈 「지구의 붉은 리본」
《地球的红飘带》 连环画

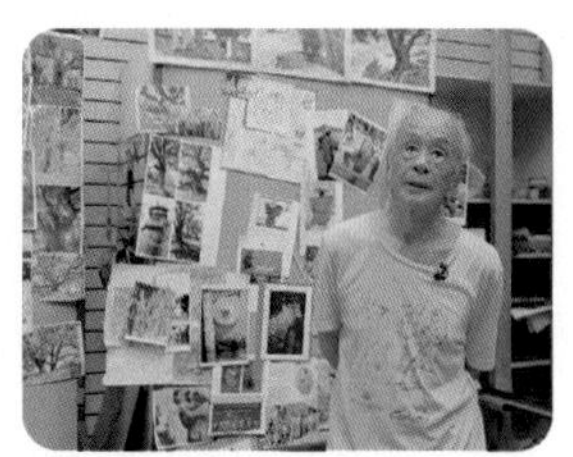
화가 선야오이(沈尧伊)
沈尧伊画家

선야오이 : 이것은 우리 중국인의 영혼이며, 장정은 우리 민족 전체의 부흥을 위한 서막이라고 할 수 있습니다. 당시에는 정말 신념과 계급, 조직을 갖춘 철의 군대였습니다. 이는 '불씨를 살려낸' 장거였고, 세계 역사상 가장 영광스러운 원정이었습니다.

「지구의 붉은 리본」이 출간된 후 "흑백 예술의 절정", "사실주의 예술 창작의 붉은 리본"'으로 불렸다. 이 작품은 제7회 전국미술작품전 금상, 제1회 중국 우수미술도서상 금상 등 10개의 상을 수상했다. 하지만 선야오이가 가장 자랑스럽게 생각하는 것은 이런 영예가 아니었다. 당시 장정에 참여했던 옛 홍군과 옛 장군들이 작품을 보고 "그래, 그때는 정말 이랬었지!"라고 감격해했다는 말을 듣고, 그 어떤 상보다 이 말이 더 중요하게 여겼다.

위뚜(于都)에서 홍군의 출정을 반영한 작품

선야오이 : 세대마다 자기들의 장정이 있습니다. 우리 세대 역시 우리에게 주어진 장정이라는 여정을 이어나가야 합니다.

팔순을 바라보는 선야오이는 아직도 자기만의 장정을 이어가고 있다. 이것은 홍군이 우뚜에서 출발할 때를 반영한 작품으로, 선야오이는 장정의 중요한 과정을 모두 그렸지만, 출발은 한 번도 그리지 않았다며, 이를 보완해야 비로소 온전한 장정이 이루어질 수 있다고 말했다.

선야오이가 위뚜(于都)에서 홍군의 출정을 반영한 작품을 창작하고 있다.
沈尧伊创作反映红军从于都出发时的作品

선야오이: 장정의 우선적인 주제는 백성들입니다. 그들은 홍군이 어디로 갈지를 몰라 정서적으로 혼란스러운 상태에 있었지요. 홍군이 떠나가면 그들은 어려워지니까요.

사실 일반 전사로서 이것은 큰 이동입니다. 이동하기 전에 장비와 모든 측면을 다 보완했습니다. 그런 다음 몇 개의 병력이 위뚜(于都)에 집중되어 부교(浮桥)를 건넜습니다. 그럼 이제 어디로 가야 할지, 미래는 어떨지? 당시는 흐리멍덩하기만 했지요. 이것이 바로 주제입니다.

장정 국가문화공원을 건설하는 과정에서 당시의 영상과 사진자료가 턱없이 부족했던 탓에, 미술작품은 여러 전시관에서 장정의 이야기를 반영하는 주요 수단이 되었다. 아티스트들은 유화, 벽화 및 기타 형식을 사용하여 장정의 멋진 순간을 하나하나 생생하게 재현함으로써 장정 국가문화공원의 문화유산을 위한 견고한 토대를 마련했다.

오늘날 장정 국가문화공원의 많은 전시 구역은 아티스트들의 창작생활 터전이 되었다. 그들의 필치 아래 더욱 훌륭한 장정 그림들이 나올 것이다.

열병장의 해군, 육군, 공군, 로켓군, 전략지원군 모습
阅兵场上, 海军、陆军、空军、火箭军、战略支援部队

6. 마음에 스며드는 엄격한 군대 규율

노래 : 「3대 규율 8가지 주의」

혁명 군인들은 모두 3대 규율과 8가지 주의사항을 준수해야 한다.

첫째로 모든 행동은 지휘에 복종하고 보조가 일치해야만 승리할 수 있다.

둘째로 대중의 바늘 하나 건드리지 않아야 대중은 우리를 옹호하고 좋아한다.

셋째로 모든 노획물은 공공에 귀속되어야 하며 인민의 부담을 줄이기 위해 노력해야 한다.

우리는 3대 규율을 달성해야 하며 8가지 주의사항을 절대 잊지 말아야 한다.

첫째는 말하는 태도가 온화해야 하며, 대중을 존중하고 교만해서는 안 된다.
둘째는 공정한 가격으로 사고팔고, 공개적으로 사고팔며, 위압적이지 말아야 한다.
셋째는 남의 물건을 빌려 쓰면 직접 반납하며 절대로 잃어버려서는 안 된다.
넷째는 물건을 파손하였으면 가격대로 반 푼의 오차도 없이 배상하여야 한다.
다섯째는 사람을 때리거나 욕하지 말고 군벌 스타일을 단호히 극복해야 한다.
여섯째는 군중의 농작물을 아끼고 행군과 작전에서 주의를 기울여야 한다.
일곱째는 부녀자들을 희롱하지 않으며, 건달의 습성은 단호히 없애야 한다.
여덟째로 포로들을 때리거나 욕하지 말며 주머니를 수색하지 말아야 한다.
다들 자각적으로 규율을 준수하고, 서로 감독하여 절대 위반하지 말아야 한다.
혁명의 규율은 조목조목 기억하고, 인민의 전사는 인민을 사랑해야 한다.
조국을 보위하며, 영원히 전진하면 국민들이 옹호하고 환영한다.

歌曲《三大纪律八项注意》

革命军人个个要牢记, 三大纪律八项注意：
第一一切行动听指挥, 步调一致才能得胜利；
第二不拿群众一针线, 群众对我拥护又喜欢；
第三一切缴获要归公, 努力减轻人民的负担。
三大纪律我们要做到, 八项注意切莫忘记了：
第一说话态度要和好, 尊重群众不要耍骄傲；
第二买卖价钱要公平, 公买公卖不许逞霸道；
第三借人东西用过了, 当面归还切莫遗失掉；
第四若把东西损坏了, 照价赔偿不差半分毫；
第五不许打人和骂人, 军阀作风坚决克服掉；
第六爱护群众的庄稼, 行军作战处处注意到；
第七不许调戏妇女们, 流氓习气坚决要除掉；
第八不许虐待俘虏兵, 不许打骂不许搜腰包。
遵守纪律人人要自觉, 互相监督切莫违犯了。
革命纪律条条要记清, 人民战士处处爱人民。
保卫祖国永远向前进, 全国人民拥护又欢迎。

이 노래는 80년 동안 불려왔다.

장정에 참가했던 전사들은 우리에게 「3대 규율 8가지 주의」가 장정 중의 '강철 같은 규율'이라고 알려주었다. 매우 어렵고 힘든 상황에서 '강철 같은 규율'은 이 부대를 싸울수록 더욱 강하게 만들었다.

1928년 마오쩌동은 후난성 꿰이동현(桂东县) 사텐진(沙田镇)의 제1군법광장(第一军规广场)에서 「3대 규율 6가지 주의」를 공포했는데, 이것은 나중에 「3대 규율 8가지 주의」로 발전했다. 그러나 「3대 규율 8가지 주의」가 노래로 알려지게 된 것은 홍25군(红二十五军)과 산간(陕甘) 홍군이 합류하여 홍15군단(红十五军团)으로 재편성된 뒤였다.

중앙군사위원회 전 부주석
류화칭(刘华清)
中央军委原副主席刘华清

류화칭(刘华清) 중앙군사위원회 전 부주석은 다음과 같이 회상했다. "당시 홍군은 확장 중이었고 많은 신병들이 들어왔습니다. 신병교육을 하던 중 청탄(程坦) 비서장이 나를 찾아와 「3대 규율 8가지 주의」를 노래로 만들어 매일 부르게 하는 게 어떠냐고 제안했습니다. 우리는 어위완(鄂豫皖) 소비에트 지역에서 유행하던 「토지 혁명이 완성되었다」라는 노래의 곡을 가져다가 붙였지요. 그러자 이 노래는 빠르게 퍼졌습니다……"

매일 부르면서 기억했습니다. 잊어버리면 안 되었으니까요. 잊어버리면 혁명의 근본을 잃는 거나 마찬가지니까요.
– 쒀신종(索心忠)은 홍4방면군(红四方面军) 통신원이었는데, 인터뷰 당시에는 95세의 고령이었다. (2016년 인터뷰)

장정 국가문화공원(후난 구간) 꿰이동현(桂东县) 사톈진(沙田镇)의 제1군법광장(第一军规广场)
长征国家文化公园(湖南段)桂东县沙田第一军规广场

혁명 군인은 누구나 「3대 규율 8가지 주의」를 명기해야 했습니다.
– 장빈(张斌)은 홍2방면군(红二方面军) 간호 반장이었는데, 인터뷰 당시에는 98세의 고령이었다. (2016년 인터뷰)

「홍군 규율의 노래(红军纪律歌)」는 널리 불린 작품으로, 여러 대에 걸친 군인들의 마음에 영양을 공급하며, 장정의 길에서 군대문화의 정신적 자산이 되었다. 이 노래는 군인들의 기질과 군사규칙을 단순하고 자연스럽게 표현하고 있으며, 도약하는 음표는 인민군의 진정한 색채를 보여준다.

궤이동(桂东)의 무장경찰 중대가 「3대 규율 8가지 주의」를 열창하고 있다.
武警桂东中队唱《三大纪律八项注意》

혁명 군인들은 모두 명심해야 한다네
3대 규율과 8가지 주의사항을.
첫째로 모든 행동은 지휘에 복종하고
보조가 일치해야만 승리할 수 있다네.
둘째로 대중의 바늘 하나 건드리지 않아야
대중은 우리를 옹호하고 좋아한다네……

장정의 정신이 깃든 이 노래는 오늘날 전군 장병들의 마음속에 깊이 뿌리내리고 있다.

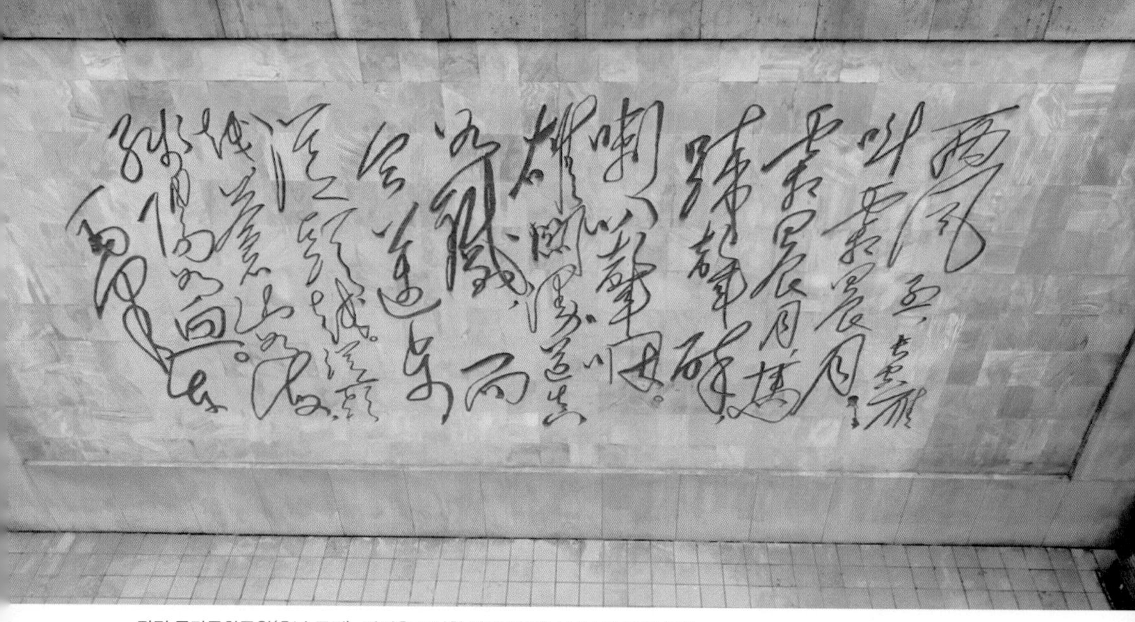

장정 국가문화공원(후난 구간), 장정을 묘사한 마오쩌둥의 시 6수를 새긴 석각
长征国家文化公园(湖南段), 毛主席六首长征诗词碑林石刻

7. 실화 작품이 쏟아져 나오다

심금을 울리는 장정 시작품들

장정의 파란만장한 세월은 죽음도 두려워하지 않는 대오를 만들어냈고 혁명가의 마음속에 시적 감흥을 불러일으켰다. 장정에 대해 쓴 마오쩌둥의 시는 붉은 리본 위의 눈부신 보석으로 여겨졌다.

"바다를 넘고 강을 건넌 거대한 파도(倒海翻江卷巨澜)"와 같은 높은 산, "웅장한 관문이 강철 같아 넘기 어렵다(雄关漫道真如铁)"는 험난함, "지금 다시 처음부터 정복한다(而今迈步从头越)"는 대전환, "만리장성에 오르지 못하면 대장부가 아니다(不到长城非好汉)"라는 호쾌함, "지금 내 손에 긴 끈이 쥐어져 있는데 이 끈으로 창룡(푸른 용)을 묶을 일이 언제 오려나(今日长缨在手, 何时缚住苍龙)"라는 웅대한 포부…… 이러한 것들이 그의 마음이 솟구치고 그의 필획에 나타나 장정문화의 대표적인 상징으로 되었고, 중화민족의 우수한 문화의 보물이 되었다.

오늘날 장정 국가문화공원에서 가장 많이 볼 수 있는 것은 마오쩌둥의 호쾌한

장정 국가문화공원(후난 구간), 장정을 묘사한 마오쩌둥의 시 6수를 새긴 석각
长征国家文化公园(湖南段), 毛主席六首长征诗词碑林石刻

작품인 「칠률·장정(七律·长征)」이다.

홍군은 고단한 원정길 두려워 않고	红军不怕远征难,
깊은 강물, 험난한 산도 대수롭지 않게 여긴다네.	万水千山只等闲。
끝없이 이어진 다섯 봉우리는 잔잔한 물결 같고	五岭逶迤腾细浪,
웅대한 오몽산도 발아래 진흙 덩이일세.	乌蒙磅礴走泥丸。
진사강 물 출렁대는 깎아지른 절벽은 따스하고	金沙水拍云崖暖,
대도하에 가로걸린 쇠사슬 다리는 차갑기만 한데.	大渡桥横铁索寒。
반갑구나 민산 천 리 길 뒤덮는 눈발이여	更喜岷山千里雪,
삼군은 무사히 당도해 병사들 얼굴에는 웃음꽃 피네.	三军过后尽开颜。

분방한 감정과 웅혼(雄渾, 웅장하고 막힘이 없다)한 의경(意景, 뜻으로 이루는 조경)을 담아낸 이 시는 홍군의 영웅적 기개와, 낙관적 자신감을 한껏 보여주고 있는바, 장정을 묘사한 시 가운데 대표적인 작품으로 여겨지고 있다.

마오쩌동 주석을 따라 장정에 나선 홍군 병사들도 장정을 시, 산문, 일기 등의 형식으로 기록하여 자신의 감정을 표현했는데, 이러한 감동적이고 진솔한 글은 장정 문화사적으로 매우 귀중한 콘텐츠가 되었다.

장정 국가문화공원
(후난 구간), 장정을
묘사한 마오쩌둥의
시 6수를 새긴 석각
长征国家文化公园(湖南段),
毛主席六首长征诗词碑林
石刻

장장정 일기
长征日记

설원에서의 연설로 장정문화를 설명하다

중국인의 피 속에 흐르고 중화민족의 기억 속에 응축되어 있는 장정문화는 오늘날 장정 국가문화공원을 매개로 그 독특한 매력을 뽐내고 있다.

산시성 간취안현(甘泉县)에 위치한 샹비쯔만(象鼻子湾)은 눈에 잘 띄지 않는 마을이었지만 마오쩌동의 연설로 유명해졌다.

왕징(王晶)은 샹비쯔만(象鼻子湾) 합류 유적지의 해설원이다.
王晶象鼻子湾会师旧址讲解员

> 왕징(王晶) : 1935년 11월 5일 뤄허(洛河) 강변 샹비쯔만(象鼻子湾) 마을에는 눈이 내리고 있었습니다. 남루한 옷차림에도 씩씩한 홍군 전사 300여 명이 지금 여러분이 있는 곳에 서 있었습니다. 바로 이곳에서 마오쩌동 동지가 그 유명한 설원에서의 연설을 했습니다.

해설원이 학생들에게 역사를 강의하고 있다. "샹비쯔만에서 마오쩌동 동지가 유명한 설원에서의 연설을 발표했답니다."
讲解员为学生们讲述历史：
"在象鼻子湾，毛泽东同志发表了著名的雪地讲话。"

폭설이 온 하늘을 뒤덮은 가운데 마오쩌동의 목소리는 높고 힘차게 울려 퍼졌다. "장시성 뤠이진(瑞金)부

터 계산하면 우리는 1년이 넘는 시간을 여행했습니다. 우리 각자가 두 발로 걸어서 2만 5천 리를 이동했는데, 이는 전례가 없는 진정한 장정입니다."

그는 또 다음과 같이 말했다. "장정은 역사상 처음 있는 일입니다. 장정은 선언문이고, 장정은 선전대이며, 장정은 파종기입니다. ……"

마오쩌둥의 이 말은 홍군의 장정에 대한 개괄이며, 장정의 정신과 문화에 대한 심오한 설명이다.

장정 작품 공모는 홍색 경전(红色经典)을 만들었다

중앙홍군이 산시성 북부에 도착한 후 마오쩌둥은 장정정신을 진지하게 요약하고 정리하고 다듬어 홍군전사들의 이상과 신념을 확고히 하고, 중국 인민과 세계에 장정을 알림으로써, 중국공산당이 수행하는 신성한 사업을 이해하도록 해야 한다는 것을 분명히 깨달았다. 마오쩌둥은 1936년 8월 5일 초안을 작성해 총 정치부 책임자 양상퀀(杨尚昆)과 공동 명의로 장정에 참가했던 동지들에게 전하는 장정 작품 공모를 발표했다.

> "『장정 수기(长征记)』를 출판할 필요성에 의해 집단 창작의 모집을 발기합니다."
> "장정 기간 동안 경험한 전투, 민속 풍습, 일화 등을 단편적으로 많이 쓰는 게 좋습니다."
> "글은 심오하게 파고들지 말고 이해하기 쉽게 쓰는 게 좋습니다."

홍군 장병들은 이같은 호소에 호응해 단 두 달 만에 200여 편의 기사를 완성했는데, 하나같이 매우 귀중한 자료였다. 이렇게 완성된 『홍군 장정 수기』는 장정에 대해 쓴 가장 포괄적이고 권위 있고 사실적으로 쓴 최초의 책이 되었다.

이 책은 이후 장정에 관한 작품을 창작하고 출판하는 데 신뢰할 수 있는 텍스트를 제공했다. 오늘날의 초중등학교 교과서에는 총 11개의 장정에 관한 글이 수록되었다.

인민군 창건 30주년을 기념해 해방군 총 정치부 등이 장정에 참여했던 전사들을 대상으로 공모전을 벌였다. 대형 회고록 『성화요원(星火燎原)』과 『붉은 기 휘날리며(红旗飘飘)』 등의 시리즈 물이 쏟아져 나왔다. 주더(朱德)와 류버청(刘伯承) 등

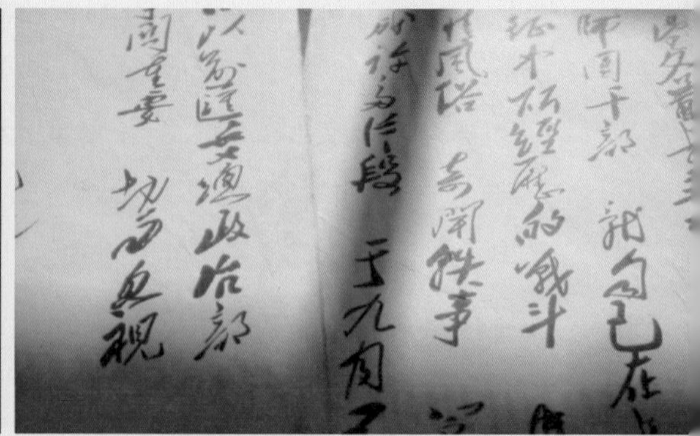

1936년 8월 5일 마오쩌동은 직접 초안을 작성해 총 정치부 책임자 양상퀀(杨尚昆)과 공동 명의로 장정에 참가했던 동지들에게 장정작품 공모를 발표했다.
1936年8月5日, 毛泽东起草并以他与总政治部负责人杨尚昆的名义, 给参加过长征的同志发了一封征稿信

『홍군 장정수기』 2017년 영인교정판
《红军长征记》2017年影印校订版

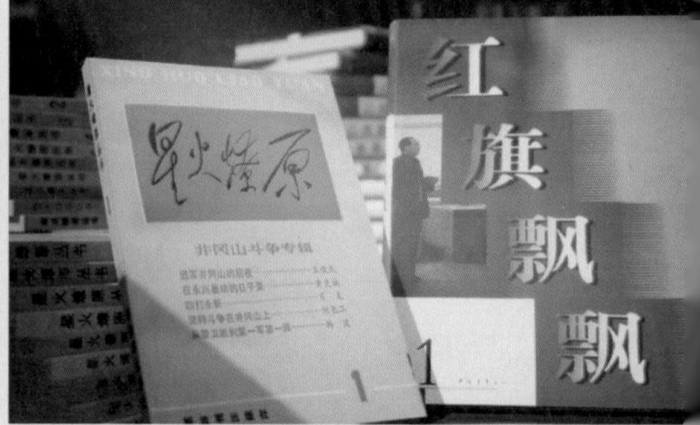

대형 회고록『성화요원(星火燎原)』과『붉은 기 휘날리며(红旗飘飘)』
大型回忆录《星火燎原》《红旗飘飘》

개국 공신(元勳)들이『장정을 회고하여』등 대작을 다수 썼고, 마오쩌동은 흔쾌히 붓을 들어『성화요원(星火燎原)』이란 제목을 달았다. 이 책에 담긴 장정의 정신은 밝게 빛나는 홍색 경전(红色经典)이 되었다.

장정 테마 도서 : 왕위안젠(王愿坚)의 『성냥 일곱 개비』와 웨이웨이(魏巍)의 『지구의 붉은 리본』
长征题材书籍：王愿坚的《七根火柴》, 魏巍的《地球的红飘带》

8. 예술창작이 넘쳐나다

장정을 소재로 한 소설, 시, 연극, 영화 등 작품이 끊임없이 쏟아져 나왔다. 창작자들은 자신의 시각으로 장정을 읽고, 이해하고, 글을 쓰고, 재현했다. 왕위안젠(王愿坚)의 『성냥 일곱 개비』부터 웨이웨이(魏巍)의 『지구의 붉은 리본』까지 소설·실화 문학만 2,500편이 넘는다.

1951년 건군절(建军节) 전날 저녁에는 장정에서 홍군 선전 간부였던 리보자오(李伯钊)가 극본을 쓰고 베이징 인민예술극원(北京人民艺术剧院)이 공연한 대형 오페라 '장정'이 수도에서 공연되었다. 이 작품은 중국 노농홍군의 25000천리 장정의 위업을 장엄하고 웅장한 역사 그림으로 무대 위에 재현했다. 마오쩌동의 모습이 예술무대에 처음으로 등장했는데, 유명한 배우 위스즈(于是之)가 마오쩌동 역을 맡았다.

대형 오페라 '장정'
大型歌剧《长征》

영화 '만수천산'
电影《万水千山》

1959년 81영화제작소(八一电影制片厂)는 장정을 소재로 한 첫 번째 영화 '만수천산(万水千山)'을 제작해 중국인들에게 잊을 수 없는 추억을 남겼다. 영화는 홍4방면군 전사 천치통(陈其通)이 창작한 동명의 연극 '만수천산(万水千山)'을 원작으로 했다.

1965년 '8·1' 건군절에는 '장정조가(长征组歌)'가 베이징에서 상영되었다. 가사는 장정을 직접 경험한 샤오화(萧华) 장군이 작사했다. '장정조가'는 이미지가 뚜렷하고 감정이 진실하여 여러 세대의 성장과 함께 했다. '작별', '봉쇄선 돌파', '쭌이 회의가 빛을 발하다',

'장정조가(长征组歌)'를 처음으로 공연하다.
《长征组歌》首次演出

시대별 장정을 소재로 한 영화와 드라마의 포스터
不同年代的长征题材影视剧的海报

'따뚜하를 탈취하다', '설산과 초지를 넘다' 등 10곡을 조합해 큰 예술적 힘을 만들어내며 국내외에 이름을 알렸다.

영화·다큐멘터리 '장정'에서 드라마 '장정'까지, '우강(乌江) 돌파'에서 '츠수이(赤水) 도하'까지, 백여 편의 영화와 TV 작품이 나왔다. 이 문예 작품들은 영웅 서사시의 갤러리를 풍부하게 하고 장정정신을 해석하고 홍보하였으며, 장정문화의 형성과 발전에 매우 중요한 역할을 하였다.

장정 국가문화공원(닝샤 구간) 류판산(六盘山) 기념관
长征国家文化公园(宁夏段)六盘山纪念馆

(꼬리말) 장정문화가 빛을 발하다

우닝웨(吴宁越)는 록그룹 포의밴드(布衣乐队) 보컬로서 닝샤 출신이다. 록음악 가수로서는 처음으로 장정 국가문화공원에서 서북민속예술 '화얼(花儿)'의 전승인과 함께, 록음악에 '화얼'을 더한 형태로 마오쩌동의 '청평악 육판산(清平乐·六盘山)'을 노래로 만들어 불렀다. 이는 우닝웨에게 있어서 완전히 새로운 창작 경험이었다. 그는 이번 창작이 장정 국가문화공원의 독특한 문화 상징이 되기를 바랐다.

우닝웨(吴宁越)는 포의밴드(布衣乐队)의 보컬이다.
吴宁越布衣乐队主唱

우닝웨 : 예전에는 포크송 느낌으로 불렀을 때 섬세한 느낌이 있었는데, 거친 록 스타일로 바꿨습니다. 저는 거칠고 멍(孟) 선생님은 섬세한데, 둘이 합쳐서 가사의 웅장한 분위기를 조금 더 끌어올릴 수 있었습니다. 그래서 특히 좋은 경험이었습니다.

'청평악 육판산'

하늘은 높고 구름 성긴데
남쪽으로 날아가는 기러기는 하늘에 닿았구나
만리장성에 오르지 못하면 대장부가 아니거늘
장정의 험한 헤아려 보니 어언 2만 리
육반산의 높은 봉우리 꼭대기에
붉은 깃발이 서풍을 맞으며 휘날리네
지금 내 손에 긴 끈이 쥐어져 있는데
이 끈으로 창룡을 묶을 일이 언제 오려나.

우닝웨(吴宁越)와 '화얼(花儿)'의 전승인 멍판메이(孟繁梅)가 록음악에 '화얼'을 더한 형태로 마오쩌동의 '청평악 육판산(清平乐·六盘山)'을 부르고 있다.
吴宁越和"花儿"传承人孟繁梅一起, 用摇滚加"花儿"的形式演唱毛主席的《清平乐·六盘山》

天高云淡
望断南飞雁
不到长城非好汉
屈指行程二万
六盘山上高峰
红旗漫卷西风
今日长缨在手
何时缚住苍龙

장정은 중화민족의 힘을 결집하고 위대한 장정정신을 형성하고 발전시켰으며 민족 문화의 기념비를 창조했다. 또한 장정의 문화는 독특한 형태로 인류 문화의 강에 합류했다.

80여 년의 세월이 흐른 지금, 장정이 남긴 흔적은 장정 국가문화공원의 붉은 대지에 영원히 새겨져 있다. 장정의 정신은 이미 우리의 뼛속에 스며들었고 장정의 문화는 이미 중화민족의 홍색 유전자가 되었다. 그것은 우리가 앞으로 나아가는 길에 새로운 '러우산관(娄山关)'과 '라즈커우(腊子口)'를 뛰어넘을 수 있도록 영원히 격려할 것이며, 중국의 우수한 전통 문화, 혁명 문화 및 사회주의 선진 문화를 내부적으로 관통하고 통합함으로써, 중화민족의 위대한 부흥이라는 중국의 꿈(中国梦)을 실현하기 위해 강력한 정신적 지원을 제공할 것이다.

제6장 장정으로 세계가 중국을 읽다

2021년 12월 1일 제6회 '중국 읽기(读懂中国)' 국제회의가 광저우(广州)에서 개최되었다.

이 회의의 주제는 "어디서 왔고, 어디로 가는가 — 세기의 대 변화와 중국·중국공산당"이었다.

시진핑 국가주석이 베이징에서 2021년 '중국 읽기' 국제회의(광저우) 개막식에 영상 메시지를 보냈다.

회의에 참석한 귀빈들은 각자의 견해를 발표하였다.

비크람은 디스커버리 채널 동아시아 콘텐츠 편집장이다.
魏克然探索频道东亚内容总编辑

비크람: 중국공산당이 어디에서 왔는지, 어떤 특별한 기원을 가지고 있는지, 중국 역사와 어떤 깊은 연관이 있는지를 이해하지 못한다면 중국이 어디로 가고 있는지, 어디에서 시작되었으며 어떻게 발전할 것인지를 제대로 이해하기 어려울 것입니다.

말콤 클라크는 영국의 다큐멘터리 감독이다.
柯文思英国纪录片导演

말콤 클라크 : 많은 사람들이 중국의 부흥은 서방에 대한 생존 위협이라고 생각하고 있습니다. 저는 아니라고 생각합니다. 시진핑 주석이 말했듯이 중국이 기존과 같은 방식으로 국제사회에 동참하고 계속 그렇게 하는 것이 더 낫다고 생각합니다.

존 밀러 화이트는 중미 협력재단의 집행위원장이다.
约翰·米勒·怀特中美合作基金会执行主席

존 밀러 화이트 : 저는 중국공산당이 인류 역사상 가장 성공한 정당이라고 생각하며, 전 세계가 이를 인정하고 있다고 생각합니다.

세계가 한 세기 동안 경험하지 못한 거대한 변화에 직면한 지금, 중국과 중국공산당을 읽을 수 있는 열쇠 중 하나는 바로 80여 년 전의 고난의 25000리 장정에서 찾을 수 있다.

『신령의 손(神灵之手)』의 표지와 책장의 관련 글
《神灵之手》一书封面及书页中的有关文字

1. 『신령의 손』 : 영국 선교사 버차트와 중국 홍군의 전설적인 만남

반세기에 걸친 만남과 감사의 편지

1936년 11월 영국 런던에서 『신령의 손』이라는 책이 출간되었다. 이 책의 저자는 영국인 선교사 버차트(勃沙特)였는데, 그는 이 책에서 우연히 중국 홍군과 마주친 이야기를 들려주었습니다.

1934년 10월 1일 꿰이저우 황핑현(黄平县) 외곽의 한 야산에서 버차트와 부인이 이곳으로 옮겨온 홍6군단(红六军团) 병사들에게 억류되었다. 이후 버차트는 홍6군단을 따라다니며 홍군 장정의 특별한 참가자가 되었다.

영국 선교사 버차트와 그의 부인
英国传教士勃沙特和夫人

그로부터 50년 뒤인 1987년 5월 홍6군단의 사령관 샤오커(萧克) 장군이 주영 중국대사 지차오주(冀朝铸)에게 의뢰해 아흔이 넘은 버차트를 찾아 친서를 전달했다. 편지는 "우리가 헤어진 지 반세기가 지났지만 50년 전 당신이 지도 번역을 도와준 일은 잊을 수 없습니다. ……" 라고 적혀져 있었다.

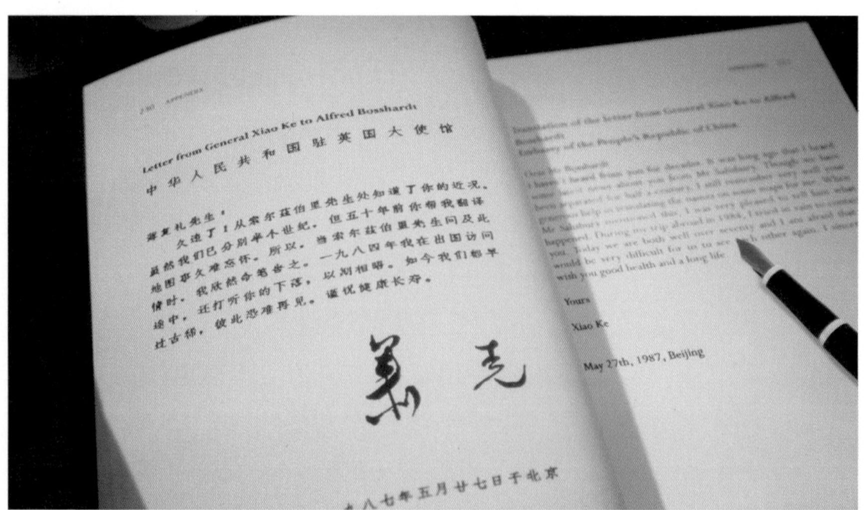

Letter from General Xiao Ke to Alfred Bosshardt

中华人民共和国驻英国大使馆

薄复礼先生：

久违了！从索尔兹伯里先生处知道了你的近况。虽然我们已分别半个世纪，但五十年前你帮我翻译地图事久难忘怀。所以，当索尔兹伯里先生问及此情时，我欣然命笔告之。一九八四年我在出国访问途中，还打听你的下落，以期相晤。如今我们都年过古稀，彼此恐难再见。谨祝健康长寿。

萧克

八七年五月廿七日于北京

Yours

Xiao Ke

May 27th, 1987, Beijing

홍6군단의 사령관 샤오커(萧克) 장군이 주영 중국대사 지차오주(冀朝铸)에게 의뢰해, 어렵사리 아흔이 넘은 버차트를 찾아 친서를 전달했다.
红六军团的军团长萧克老将军委托中国驻英大使冀朝铸，几经辗转找到年逾九旬的勃沙特，转交了一封他写的亲笔信

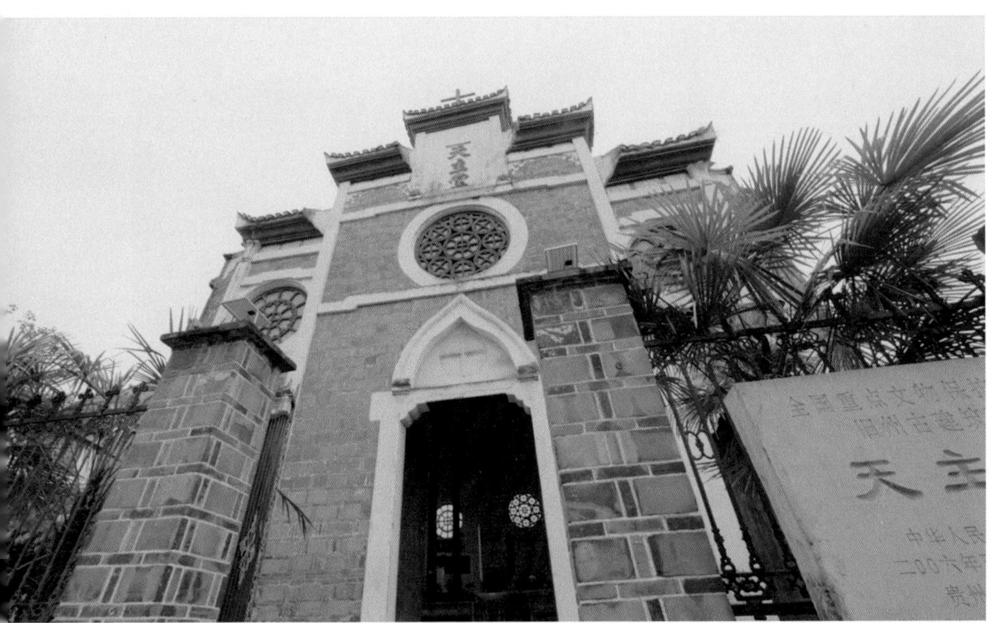

장정 국가문화공원(꿰이저우 구간) 황핑현(黄平县) 주저우진(旧州镇) 홍6군단 사령부 옛터
长征国家文化公园(贵州段)黄平县旧州镇红六军团司令部旧址

지도 번역에 큰 도움이 되다

1934년 10월 제6홍군단(红六军团)은 한 교회에서 약 1㎡ 크기의 프랑스어 꿰이저우성 지도를 입수했다. 매우 기뻐한 샤오커 장군은 버차트를 서둘러 본부로 불러 홍군이 프랑스어에서 중국어로 지도를 번역할 수 있도록 도와달라고 요청했다. 버차트가 번역한 지도는 낯선 환경 속에서 홍군에게 매우 중요한 역할을 했다.

마을 주민의 구술사(口述史)

총칭 유양(酉阳) 투자족먀오족자치현(土家族苗族自治县)은 총칭시 남동부에 위치하고 있다. 여기에서 난야오제(南腰界)까지 70km 이상의 장정 연선은 모두 장정 국가문화공원 총칭 구간의 중요한 전시 구역에 속한다.

유양현의 옛 성문
酉阳县老城门

유양현 융합미디어센터에서 우리는 몇 년 전의 동영상을 보았다. 동영상 속 노인의 이름은 리원즈(李文植)인데 그는 버차트가 홍군을 따라 다니는 것을 직접 목격했다.

리원즈(李文植)는 유양 투자족먀오족 자치현 리시진(李溪镇) 쓰촨촌(思泉村) 간지핑(甘基坪) 주민이다.
李文植酉阳土家族苗族自治县李溪镇思泉村甘基坪村村民

리원즈 : 홍군은 숫자가 꽤 많았는데 저쪽 맞은편 길로 지나갔습니다. 우리는 모두 보았지요. 그들은 구호를 외치면서 걸었습니다.

리시진(李溪镇) 쓰촨촌(思泉村) 간지핑(甘基坪)에서 올해 106세인 리원즈 할아버지를 만났다. 할아버지는 고령으로 인해 더 이상 정상적인 언어 소통이 불가능했다. 하지만 당시 인터뷰 영상을 본 그는 여전히 자랑스럽게 엄지손가락을 치켜세웠다.

헤어질 때 할아버지는 기어이 일어서서 배웅했다. 리원즈 할아버지와 작별 인사를 하고 남서쪽 방향으로 난야오제에 도착했다. 오래된 거리는 여전히 그대로이고 오래된 집은 여전히 여기에 있었다. 이곳은 잊을 수 없는 역사를 기록하고 있다.

합류를 목격하다

바이밍웨(白明跃)는 총칭 유양의 투자족먀오족자치현 당 역사 연구실 실장이다.
白明跃重庆酉阳土家族苗族自治县党史研究室主任

바이밍웨(白明跃) : 1934년 6월 허룽(贺龙)이 이끄는 홍3군(红三军)이 난야오제에 온 후 난야오제를 중심으로 첸동특구(黔东特区)를 설치했습니다. 1934년 10월에는 런비스(任弼时), 샤오커, 왕전(王震)이 이끄는 홍6군단(红六军团)이 난야오제에 왔습니다. 당시 버차트도 홍6군단과 함께 난야오제에 와서 난야오제 거리의 한 집에서 살았습니다.

1934년 10월 26일 8,000여 명의 홍군 병사들이 총칭 유양현 난야오제에서 합류를 경축하는 성대한 집회를 열었다. 버차트는 두 군대의 합류와 경축행사를 직접 목격했다. 그는 다음과 같이 생생한 기록을 남겼다. "수만 명의 군중과 붉은 깃발이 휘날리는 가운데 홍군이 합류하는 멋진 날이었다. 우리는 얼마 전에 도착한 허룽의 홍2군단(홍3군)과 합류했다. 허룽의 군대는 훨씬 더 남루한 복장이었지만 모자와 붉은 기호가 눈에 잘 띄었다. 홍군의 목적은 더 강력한 군대를 만들기 위해 합병하는 것이었다."

석방되다

18개월 동안 홍군부대에서 생활한 버차트는 1936년 4월 꿰이저우 판현(盘县)에서 홍군에 의해 석방되었다.

영국 선교사 버차트
勃沙特英国传教士

버차트와 쇼오커는 당시를 회상했다.

버차트 : 그(샤오커)가 나를 보자마자 다가와서 몸은 어떠냐고 물었습니다. 나는 사실 감기에 걸렸고 콧물도 심해서 별로 좋지 않다고 대답했지요. 그는 걱정하지 말라고, 내일 석방할 테니 걱정하지 말라고 했습니다.

샤오커는 전 홍6군단 사령관이다.
萧克原红六军团军团长

샤오커 : 그를 석방할 때 식사를 한 끼 대접했습니다. 퀀밍(昆明)까지는 이틀 여정이었지요. 퀀밍까지 갈 수 있겠느냐고 그에게 물었지요. 그는 동행인을 찾아서 함께 가면 괜찮다고 대답했습니다.

중국 인민의 진정한 친구

죠앤 왓슨은 '버차트 전기'를 쓴 작가이다.
琼·沃森勃沙特(薄复礼)传记作者

죠앤 왓슨 : 그는 중국인의 친구가 되었습니다. 이는 무엇보다도 그를 기쁘게 했다고 생각합니다. 그는 자신이 중국인의 진정한 친구라고 믿었기 때문에 사람들이 자신을 그렇게 봐주기를 원했습니다.

버차트는 그의 저서 『신령의 손』에서 "홍군의 지도자들은 공산주의와 마르크스 레닌주의의 확고한 신봉자였으며, 또 다른 형태의 '소비에트'였다. …… 그들의 계급은 가난한 사람들의 계급이었으며, 가난한 사람들의 환영을 받았다."

버차트의 이 전설적인 경험은 그의 저서를 통해 홍군의 장정을 서방에 최초로 전한 외국인이 되게 했다.

장정 국가문화공원(총칭 구간)
长征国家文化公园(重庆段)

2. 『종군서행견문록』: 천원(陈云)이 공산국제에 장정 정황을 보고하다

홍군의 장정을 최초로 서방에 전한 중국인은 누구일까?

당시 쓰촨성 간쯔시 루딩현(泸定县)에서 중국공산당 중앙위원회 주요 지도자들은 중국공산당이 공산국제(共产国际)와 몇 달 동안 통신 연락이 두절된 상황에서 중요한 회의를 열었다. 이 회의에서 천원을 상하이로 보내 중국공산당 지하조직을 복원하고 공산국제와 접촉하기로 하는 중요한 결정이 내려졌다. 상하이에 머무는 동안 천원은 홍군의 장정을 회고하며 『종군서행견문록(随军西行见闻录)』이라는 책을 썼고, 이 책은 이후 프랑스와 소련에서 출판되었다.

천원이 백색공포로 가득 찬 상하이를 떠날 때, 쑹칭링(宋庆龄)은 상하이에서 개인병원을 운영하던 미국인

의사 조지 헤덤에게 부탁해 직접 자신의 승용차로 천윈을 모스크바행 크루즈선에 태웠다.

러시아 과학아카데미 극동연구소의 정치 연구 및 예측 센터 센터장인 안드레이 비너그라도르프는 수년 동안 중국역사 문제에 대한 연구에 전념해 왔다. 모스크바에서 그는 천윈이 공산국제에 보고하던 상황을 우리에게 들려주었다.

따라서 우리는 천윈이 홍군의 장정을 공산국제에 소개하고 홍보한 최초의 중국인이라고 말한다.

안드레이 비너그라도르프는 러시아 과학아카데미 극동연구소 정치 연구 및 예측 센터 센터장이다.
安德烈·维纳格拉多夫俄罗斯科学院远东研究所政治研究与预测中心主任

안드레이 비너그라도르프 : 그는 1935년 10월 공산국제 제7차 대회 마지막 날에 맞춰 도착했습니다. 천윈은 공산국제 지도부에 중국공산당의 최신 소식을 보고했습니다. 대회는 중국의 최신 소식을 듣기 위해 특별 사무국을 설치했습니다. 이 회의에서 천윈은 다음과 같이 보고했습니다.

제가 가지고 있는 것이 바로 이번에 우리가 찾은 자료입니다. 제가 미리 말씀드리고 싶은 것은 많은 공산당원들이 이름뿐만 아니라 필명, 당내 암호명까지 가지고 있다는 것입니다.

우리가 가지고 있는 이 문서에서 천윈의 말은 모두 '스핑(世平)'이 말한 것으로 되어 있습니다. 즉, '스핑'은 천윈이 사용한 필명입니다. 이 공산국제 대표대회 특별 사무국의 기밀문서는 '스핑'의 말을 그대로 인용했습니다. 그는 "우리는 정치국 확대회의를 열어 제5차 반토벌과 서정(西征)에서 얻은 교훈을 총결산했습니다. 1935년 1월에 열린 쭌이 회의에서 이러한 실수를 바로잡았습니다. 이 회의에서는 이후 중국공산당의 노선, 방침과 정책도 결정되었습니다." 라고 말했습니다.

산간볜(陕甘边) 혁명근거지
陕甘边革命根据地

3. 『중국을 비추는 붉은 별』: 미국 기자 에드가 스노는 중국에 창문을 하나 열어주었다

산간볜[陕甘边] 혁명근거지를 건립하다

자오진(照金)은 산시성(陕西省) 통촨시(铜川市) 서북부에 위치해 있다. 1933년 이곳에서 서북의 첫 산간(陕甘)지대 혁명근거지인 산간볜(陕甘边) 혁명근거지가 설립되었다.

85세(2022년)인 나는 류위란(刘玉兰)인데 류즈단(刘志丹)의 여동생이다.
刘玉兰85岁(2022年)刘志丹妹妹

류위란(刘玉兰) : 자오진 혁명근거지의 주요 임무는 토호를 타도하고, 토지를 분할하며, 홍군에 참가하도록 대중을 동원하는 것이었습니다. 1934년 11월 7일 화츠현(华池县) 리위안빠오(荔园堡)에 소비에트 정

류즈단과 시종쉰
刘志丹、习仲勋

부가 수립되자 혁명군사위원회 주석으로 류즈단(刘志丹)을, 소비에트 정부 주석으로 시종쉰(习仲勋)을 선출했습니다. 당시 시종쉰은 21세에 불과한 어린 나이였기 때문에 사람들은 그를 '아기 주석'이라고 부르며 반가워했습니다. 그들이 두 개의 혁명기지를 세울 수 있었던 것은 혁명의 이상이 하늘보다 위대하다는 신념과 고난 받는 대중의 해방을 위해 자신을 희생하는 것을 두려워하지 않았기 때문에 가능했습니다.

마오쩌동은 산베이(陕北)에 도착한 후, 산간벤의 혁명가들이 두 곳을 전전하며 혁명근거지를 설립했는데 이는 창조적인 행위라고 말했다.

후지타 다카게는 일본 '무라야마 담화 계승발전 협회' 이사장이다.
藤田高景日本"继承和发展村山谈话会"理事长

후지타 다카게 : 혁명 근거지를 건설하는 이러한 불요불굴의 정신은 중국 혁명의 정수라고 할 수 있습니다. 장정 과정의 치열한 전투를 통해 중국공산당이 당의 단결을 강화하고, 항일전쟁 이전의 정치·군사적 주도권을 장악하며, 마오쩌동 선생의 지도적 지위를 확립한 것은 인류역사상 위대한 기적입니다.

오늘날 난량(南梁)은 장정 국가문화공원 간쑤 구간의 중요한 일부가 되어 이 지역이 영원히 젊음을 유지할 수 있도록 해준다.

홍군의 합류

시안(西安)은 미국 기자 에드거 스노와 미국 국적의 의학박사 조지 헤덤이 산시(陕西)에 들어온 첫 번째 여행지였다.

산시 고대음악문화연구원의 악단은 다음날 용핑(永平)진에 가서 공연을 할 예정이었다. 시안에서 용핑진(永坪镇)으로 가려면 옌안(延安)을 거쳐야 하는데, 이 길은 스노가 시안에서 산베이로 들어가기 위해서 필히 통과해야 하는 길이었다.

7시간여의 장거리 여정 끝에 오후에 산시 고대음악문화연구원 리카이(李铠) 원장과 그의 팀은 용핑진에 도착했다.

리카이(李铠)는 산시 고대음악문화연구원 원장이다.
李铠陕西古代音乐文化研究院院长

리카이 : 오늘 우리는 산간(陕甘) 소비에트 구역의 창시자인 류즈단 장군의 조카를 초대했습니다. 노인장께서는 우리와 함께 참관하고 우리에게 당시 홍군의 합류하던 이야기를 들려줄 것입니다.

산시 시안에서 옌안에 이르는 도로
陕西西安至延安的公路

용핑진은 산베이 소비에트정부와 중국공산당 산간진(陝甘晋) 성위원회 소재지였다.
永坪镇曾是陕北苏维埃政府和中共陕甘晋省委驻地

용핑진은 옌촨현(延川县) 북서부에 위치한다. 홍25군이 오기 전에는 산베이 소비에트 정부와 중국공산당 산간진(陝甘晋) 성위원회 소재지였다.

1935년 9월 15일 홍25군은 천 리를 전전하며 가장 먼저 장정을 마치고 용핑진에 도착했다.

홍군초등학교의 운동장은 원래 사원의 공터로, 이곳은 당시 산간 혁명근거지 지도자 시종쉰과 류징판(刘景范)이 현지 대중과 함께 산베이에 가장 먼저 도착한 홍군 대오를 맞이했던 곳이다.

류전훼이(刘振辉)는 류즈단의 조카이다.
刘振辉刘志丹侄子

류전훼이(刘振辉) : 1935년 9월 15일 홍25군이 용핑진에 도착했습니다. 다음날 류즈단도 26군과 27군을 이끌고 용핑진에도 도착했습니다. 9월 18일 3군 합류를 경축하는 친목회가 열렸고, 홍15군단(红十五军团)의 창설을 공식적으로 발표했습니다.

무형문화재 전승자 펑샤오훙(冯晓红)이 산베이 설서(说书)를 공연하고 있다.
冯晓红非物质文化遗产传承人陕北说书演唱

펑샤오훙(冯晓红):
정월에 새 해가 밝더니
산베이에서 류즈단이 나왔네
류즈단은 청렴한 관리로
대오를 이끌고 헝산(横山)에 올랐다네.

산간(陕甘) 혁명근거지를 공고히 하고 확대하는 것은 당 중앙과 홍군의 주력군을 북상시키고, 항일구국전선에 진출할 수 있는 견고한 토대를 마련해주었다.

공연은 정시에 시작했다. 모두에게 익숙한 이 멜로디와 이 노래는 영원토록 불릴 것이다. 장정의 연선 일대에서, 장정 국가문화공원 건설에서 오랫동안 울려 퍼질 것이다.

1935년 10월 중앙홍군은 산베이 우치진(吴起镇)에 도착하여 산베이 홍군과 합류했다.

악단이 용핑진에서 공연하고 있다.
乐队在永坪镇演出

1935년 10월 중앙홍군은 산베이 우치진(吴起镇)에 도착하여 산베이 홍군과 합류했다.
1935年10月, 中央红军长征到达陕北吴起镇, 与陕北红军会师

에드가 스노가 산베이 소비에트 구역에 들어오다

1936년 봄 미국인 기자 에드거 스노는 쑹칭링(宋庆龄)의 도움으로 산간 소비에트 구역에 진입할 계획을 세웠다.

선교사 버차트가 서방세계에 중국 홍군의 장정 소식을 먼저 전했다면, 홍군의 장정 소식을 전 세계에 널리 알린 사람은 미국인 기자 에드거 스노이다.

1936년 6월 에드거 스노는 의사 조지 헤덤과 함께 동북군(东北军)이 옌안에 보급품을 운반하는 차를 타고 몰래 산베이로 들어감으로써, 처음으로 서북 소비에트 지역을 답사한 최초의 외국인이 되었다.

에드거 스노
埃德加·斯诺

마오쩌둥은 1936년 7월 산베이의 허름한 토굴에서 스노와 환담을 나눴다. 스노는 장정 때 마오쩌둥이 자신의 외투를 벗어 동상에 걸린 어린 병사에게 입혀줬다는 사실을 알게 되었다. 누군가의 신발이 닳아서 망가지면 마오쩌동은 자신의 신발을 벗어서 신겨주곤 했다.

어느 한 번 인터뷰가 끝난 뒤 스노는 마오쩌동에게

스노가 마오쩌동에게 찍어준 초상화
斯诺为毛泽东拍摄的肖像照

사진을 찍어주겠다고 제안하면서, 홍군이 자신에게 발급한 새 군모를 마오쩌동의 머리에 씌워주었다. 이렇게 토굴 앞의 따스한 햇살 아래 마오쩌동이 중국공산당 최고지도부에 진입한 후 첫 초상화가 탄생한 것이다.

마오쩌동과 중국 홍군의 이미지가 세계에 첫선을 보였다.

『중국을 비추는 붉은 별』이 출간되다

1937년 10월, 『중국을 비추는 붉은 별』이라는 명작이 런던에서 출간되었다. 1938년 1월 이 책의 중국어판이 『서행만기(西行漫记)』라는 제목으로 상하이에서 출간되었다. 『중국을 비추는 붉은 별』이 출간된 후 전 세계에 큰 영향을 미쳤으며, 중국 홍군의 장정을 이해하기 위한 필독서로 널리 알려졌다.

『중국을 비추는 붉은 별』의 표지
《红星照耀中国》图书封面

낸시는 에드거 스노 기념재단 이사회 의장이다.
南希埃德加·斯诺纪念基金会董事会主席

낸시 : 이 책은 서방뿐만 아니라 중국 내부의 일부 사람들에게도 큰 영향을 미쳤다고 생각합니다. 이 책은 서방뿐만 아니라 중국 내에서 충분한 정보를 얻지 못하던 많은 사람들에게 혁명의 불씨를 지폈습니다.

사진 '항전의 소리'

홍군 나팔수의 사진 한 장이 『서행만기』의 표지를 장식하고 있다. 몇 년 후, 이 사진은 조각상이 되어 닝샤 통신현(同心县)의 중앙 광장에 서게 되었다. 사람들은 이 사진을 어디에서 찍었는지, 사진 속의 나팔수는 또 누구인지를 문의하곤 한다.

1936년 가을, 스노는 홍군의 서정군(西征军) 본부가 있는 닝샤 위왕바오진(豫旺堡镇)에서 취재 중이었다.

닝샤 통신현 중앙 광장에 우뚝 서있는 홍군 나팔수 조각상
伫立在宁夏同心县城中心广场上的红军号手雕像

교육대대(教导营) 총지부서기 셰리취안(谢立全)
教导营总支书记谢立全

어느 날 국민당 기병대가 홍군의 물자를 약탈하자, 본부 명령으로 교육대대(教导营) 총지부 서기 셰리취안(谢立全)이 2개 중대를 이끌고 빼앗긴 물자를 도로 빼앗아 왔다. 셰리취안을 표창하기 위해 홍군 본부는 그에게 새 군복을 상으로 주었다. 마침 그곳을 지나던 스노가 이 장면을 목격했다. 그는 얼른 셰리취안에게 '모델'이 되어줄 것을 부탁하여 '항전의 소리'라는 이름을 붙인 이 사진을 찍었다.

1955년 셰리취안은 소장 계급을 받았다.

『인민화보(人民画报)』에 실린 홍군 나팔수 사진
《人民画报》刊登的红军号手照片

셰샤오펑(谢小朋)은 셰리취안의 아들이다.
谢小朋谢立全之子

셰샤오펑(谢小朋) : 1972년 2월 중국인의 오랜 친구였던 스노가 세상을 떠났습니다. 마오쩌둥 주석이 직접 애도의 메시지를 보냈고 베이징에서 추모 기념대회가 열렸습니다. 『인민일보』는 그 달에 이 대회에 대한 기사를 실었고, 스노가 1936년 6월부터 10월까지 산베이 소비에트 지역을 방문했을 때 찍은 사진 여러 장을 게재했습니다. 이 가운데 하나가 나팔을 부는 홍군의 모습이었지요. 당시 아버지는 해군 당위원회 확대회의를 위해 베이징의 징시호텔(京西宾馆)에 계셨습니다. 아버지는 나중에 『인민화보』 5월호를 사서 보시고는 그 사진 속 모델이 자신이라고 확신하셨습니다. 그 후 그는 저의 어머니에게 다음과 같은 편지를 썼습니다.

그 당시 나는 나팔수가 아니었고 홍1군단 교육대대의 총지부 서기였습니다. 스노는 내가 건장하고 군복이 잘 어울리는 것을 보고 나를 끌고 가서 사진을 찍자고 했습니다. 이 사진은 역사의 산물이므로 겸손하고 조심해야 합니다. 그렇지 않으면 넘어질 수도 있습니다.

오늘날, 통신현 중앙 광장에 세워진 나팔수 조각상은 '항전의 소리'라는 이름으로 영원히 기억될 것임을 보여주고 있다.

반세기의 두터운 우정

『서행만기』라는 책을 통해 중국 홍군의 지도자들은 스노와 돈독한 우정을 쌓았다. 이런 우정은 근 반세기 동안 지속되었다. 마오쩌동은 1970년대 초 스노를 톈안먼 성루에 초청해 미국에 화해의 메시지를 전했지만 미국의 관심을 끌지 못했다. 리처드 닉슨 미국 대통령은 나중에 "안타깝게도 우리는 그 신호를 읽지 못했다."라고 말했다.

스노는 1972년 2월 15일 사망했다. 1975년 중국으로 건너간 스노 부인은 마오쩌동과 스노가 썼던 팔각모를 직접 저우언라이(周恩來) 부인인 덩잉차오(邓颖超)에게 넘겨주어, 덩잉차오를 통해 당시 중국혁명박물관에 기증했다. 현재 이 팔각모는 중국공산당 역사전람관에서 눈에 띄는 위치에 전시되어 있다.

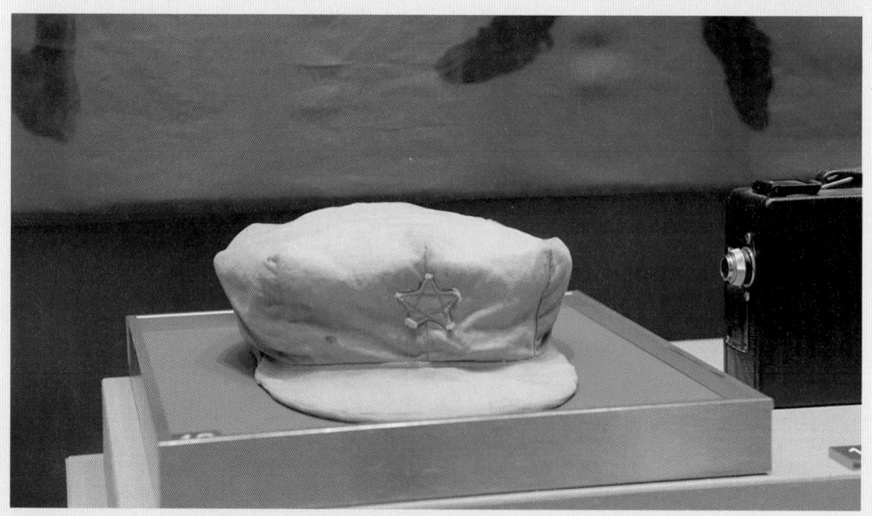

마오쩌동과 스노가 썼던 팔각모가 중국공산당 역사전람관에 전시되어 있다.
毛泽东和斯诺都戴过的红星八角帽, 展陈在中国共产党历史展览馆

미국 국적의 의학박사 조지 헤덤
美籍医学博士乔治·海德姆

4. 이곳은 나를 필요로 합니다: 미국 국적의 의학박사 조지 헤덤은 중국 잔류를 택했다

좋은 이름입니다

1936년 6월 스노와 함께 바오안현(保安县)에 도착한 사람은 미국인 의사인 조지 헤덤이었다. 그는 쏭칭링이 홍군 본부에 추천한 의사였다. 그는 홍1방면군, 홍2방면군, 홍4방면군을 차례로 따라다니며 이 인민군대의 비범한 특징을 목격했고, 점차적으로 홍군에 대해 알아가고 이 대오를 이해하게 되었다. 생활여건은 어려웠지만 군민이 단결하고 의욕적으로 나아가는 정신 상태는 당시 중국의 다른 곳에서는 유례가 없는 것이었으며, 이들만이 중국을 변화시킬 수 있다고 생각했다. 헤덤

(마하이더[马海德])의 아들 저우유마(周幼马)는 당시 중국에 남기로 한 아버지의 선택에 대해 이야기했다.

저우유마(周幼马)는 조지 헤덤의 아들이다.
周幼马乔治·海德姆(马海德)之子

저우유마 : 닝샤의 위왕바오에서 아버지는 스노에게 나는 가지 않을 거라고, 여기에는 아직 나를 필요로 하는 일이 많고 의사가 한 명도 없으니 남아서 홍군에 합류하고 싶다고 말씀하셨어요. 홍군 병사 중 한 명이 조지 헤뎀이라는 이름이 부르기가 어려우니 아예 이름을 바꾸는 게 어떠냐고 했지요. 그래서 아버지도 좋다고 했습니다. 닝샤에는 말 마(马)씨가 많으니 성을 마씨로 하는 게 어떻겠냐고 해서 아버지도 자기가 말을 좋아하니깐 좋다고 했습니다. 그리고 원래 이름 헤덤의 중국식 발음 하이더무(海德姆)에서 앞 두 글자 하이더(海德)를 따서 이름으로 했습니다. 아버지는 이 사실을 곧바로 마오쩌동 주석과 중앙에 보고했는데, 마오쩌동과 저우언라이는 모두 좋은 이름이라고 했습니다. 마오쩌동은 특별히 전보를 보내 만족을 표했고 마하이더를 중국 혁명 군사위원회의 건강 고문으로 임명했습니다.

홍군의 합류 광경을 목격하다

80여 년 전 간쑤 후이닝현 광장에서 홍1방면군과 홍4방면군의 합류를 경축하는 대회가 열렸다. 당시 대회의 성황을 지켜본 마하이더 의사는 다음과 같이 생동적으로 기록했습니다.

이 얼마나 가슴 벅찬 합류인가! …… 사람들은 두 팔을 뻗고 서로 껴안고 활짝 웃으며 뜨거운 눈물을 흘렸다.

모두들 얼싸안았습니다. 혁명 계급의 감정이었지요.
— 쒀신중(索心忠)은 홍4방면군 통신원이었는데 인터뷰 당시에는 이미 95세의 고령이었다. (2016년 인터뷰

기뻐서 팔짝팔짝 뛰면서 어쩔 줄을 몰랐습니다.
— 쑤즈스(苏智时)는 홍4방면군 간호반장이었는데 인터뷰 당시에는 이미 95세의 고령이었다. (2016년 인터뷰

중국공산당에 가입하고 중국 국적을 취득하다

저우유마 : 장정의 세 방면군(方面军)은 아버지를 더 확고한 혁명가가 될 수 있도록 교육했습니다. 결국 아버지는 중국공산당에 입당할 것을 요구했습니다. 마오쩌동은 마하이더가 입당하는 것은 장정에 참여한 우리 홍군들의 표준으로 하라고 했습니다. 예비 당원 기간이 없이 바로 정식 당원으로 받아들인다는 것이지요. 그래서 아버지는 1937년 3월 중국공산당에 입당했습니다. 이 분이 바로 우리 아버지입니다, 장정을 경험하면서 단련을 받고 시련을 거쳐 중국공산당 당원이 되었습니다.

장정을 통해 중국을 이해하고 중국공산당을 이해한 이 박사는 중화인민공화국 수립 후인 1950년 미국인 최초로 중화인민공화국 국적을 취득했다. 2009년에는 '중국을 감동시킨 인물'로 선정되었고, 2019년에는 '가장 아름다운 투쟁가(最美奋斗者)'라는 영예로운 칭호를 받았다.

중국-유럽 정기선 열차가 훼이닝을 지나고 있다.
中欧班列从会宁驶过

2013년, 훼이닝 훼이스중학교(会师中学)의 관악대가 빈의 황금홀에서 '장정조가(长征组歌)'를 연주하고 있다.
2013年，会宁会师中学的管乐队在维也纳金色大厅奏响《长征组歌》

세계로 뻗어나가는 장정 테마 공연

장정 국가문화공원의 지도에서 훼이닝(会宁)은 의심할 여지없이 승리를 향한 붉은 별이다. 오늘날 경제 및 무역교류에서 동서양을 잇는 중요한 연결고리인 '중국-유럽 정기선 열차'는 이곳을 수없이 지났다. '일대일로'는 중국과 세계 각국 간의 상호 이해, 협력, 발전, 공동번영을 촉진할 것이다.

2013년 1월 28일 훼이닝 훼이스중학교(会师中学)의 관악대가 빈의 황금홀에서 '장정조가(长征组歌)'를 연주하여 장정 연선에 있는 젊은 세대들의 청춘 풍모를 보여주었다.

장정은 중국의 것이며 세계의 것이기도 하다. 이는 영웅에 대한 사람들의 인식에서 비롯된다.

2017년 8월 19일 오후 9시(이탈리아 현지시간) 이탈리아 폴리의 도메니코 박물관 공연장에서 중국 중앙오페라단의 대형 창작 오페라 "홍군은 원정을 두려워하지 않는다"'가 유럽에서 첫 선을 보였고, 현장은 만원을 이루었다.

이탈리아 관객 : 영웅에 대한 콘텐츠가 점점 줄어들고 있기 때문에 과거의 영웅을 주제로 하는 것도 매우 긍정적이고 좋은 주제입니다.

이탈리아 관객 : 독특한 방식으로 다른 문화를 경험할 수 있는 좋은 기회인 것 같았어요.

외국군 훈련생들이 장정 유적지를 찾아 현장 학습을 하고 있다.
外军学员到长征沿线等旧址进行实地考察教学

5. 불원천리 중국에 와서 장정의 길을 답사하다

시간이 지남에 따라 '장정'은 문화적 상징이 되어 전 세계의 관심을 점점 더 많이 받고 있다.

개혁과 개방의 봄바람이 중국 땅에 불고 있고, 지구의 붉은 리본은 점점 더 선명해지고 있다. 오늘날 다양한 국가, 인종, 문화권의 사람들이 불원천리하고 중국을 찾아와서 장정 길을 답사하고 있다. 우리가 건설하고 있는 장정 국가문화공원의 독특한 매력 때문이다.

미국작가협회 회장, 저명한 저널리스트, 뉴욕타임스 전 편집부국장 솔즈베리
美国作家协会主席, 著名记者, 《纽约时报》前副总编辑索尔兹伯里

뉴욕타임스 전 편집부국장 솔즈베리가 『장정 : 전대미문의 이야기』를 완성하다

저명한 저널리스트이자 전 뉴욕타임스 부편집장이었던 미국작가협회 회장 솔즈베리가 찾아왔다. 일찍이 그는 스노의 『서행만기』를 읽었었는데, 장정의 매력에 흠뻑 빠져들었다. 그래서 중국 홍군의 장정에 관한 책을 쓰려고 작심했다.

1984년 3월 1일 솔즈베리는 중국으로 건너와 '장정'을 시작했다. 중국 인민 혁명 군사박물관의 전임 관장 친싱한(秦兴汉)은 솔즈베리와의 만남을 회상했다.

중국 인민 혁명 군사박물관의 전임 관장 친싱한(秦兴汉)
秦兴汉中国人民革命军事博物馆原馆长

친싱한 : 1984년 총 정치부에서 나에게 솔즈베리를 동행하라고 지시했습니다. 이때 그는 이미 76세의 노인이었는데, 심장박동기를 차고 장정 답사를 시작했습니다. 그는 홍군의 장정은 사람을 진작시키는, 두려움을 모르는 정신이며, 인류의 확고하고 두려움이 없는 정신을 상징하는 기념비가 되어 영원히 세상에 전해질 것이라고 말했습니다.

『장정:
전대미문의 이야기』의 표지
《长征：前所未闻的故事》封面

그들은 67일 동안 산을 넘고 물을 건너며 장정의 생존자 10여 명을 인터뷰했다. …… 그리고 마침내 『장정 : 전대미문의 이야기』가 완성되었다.

솔즈베리의 아들 스티븐은 아버지의 장정의 의미에 대해 이렇게 말했다.

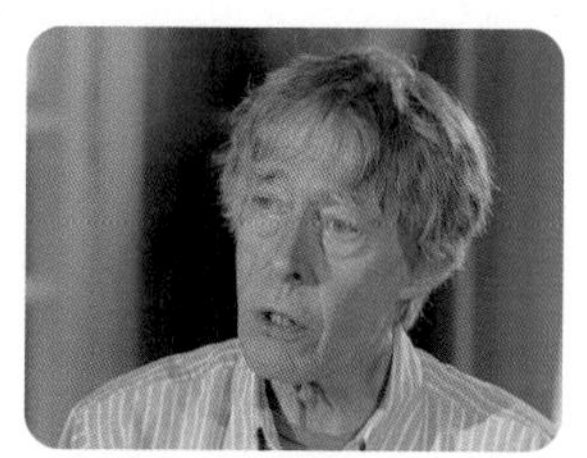

솔즈베리의 아들 스티븐
斯蒂芬索尔兹伯里之子

> 스티븐 : 아버지는 장정의 고난에 대해 깊이 인식하고 있으며, 장정이 오늘날의 중국을 만든 이유를 이해하고 있다고 생각합니다.

스노의 『서행만기』가 홍군의 장정에 대한 정보를 서방세계에 전파하고, 서양인들이 중국과 홍군을 이해하는 데 중요한 역할을 했다면, 솔즈베리의 1980년대 『장정 : 전대미문의 이야기』는 서양인들에게 중국, 특히 중국공산당을 읽는 새로운 시각을 제공했다고 할 수 있다.

그는 프랑스 혁명이 바스티유 감옥을 공략하고, 10월 혁명이 동궁을 점령한 것을 장정에 비교하며 다음과 같이 언급했다. "1934년 중국의 장정은 상징적인 것 이상이다. 중국 홍군의 남녀 전사들은 인내와 용기, 실력으로 위대한 인간 서사시를 썼다."

이스라엘 낙하산부대의 데이비드 중령이 리더십을 찾다

새로운 세기가 시작된 이래로 장정을 답사하며 중국을 이해하는 외국인 중 이스라엘 낙하산부대 데이비드 중령은 매우 독특한 인물이다.

2005년 70세가 다 된 데이비드는 중국을 찾아 다시 장정 답사를 시작했다. 그는 5개월 동안 장시(江西)에서 산시(陝西)까지 24,000킬로미터가 넘는 거리를 이동하며 옛 홍군 병사들과 장정에 참여했던 사람들을 인터뷰했다.

데이비드는 이스라엘 낙하산부대 중령이다. (2016년 인터뷰)
武大卫以色列退役伞兵中校
(2016年采访)

데이비드 : 저는 장정을 다시 답사했습니다. 70세의 외국인이 왜 장정을 다시 걷고 싶어 하느냐는 질문을 모든 장소, 도시, 마을에서 반복해서 받았습니다. 저는 중국의 영혼을 찾고 싶어서라고 말했습니다. 사람들은 또 저를 보고 중국의 영혼이 무엇이냐고 물었고 저는 리더십이라고 대답했습니다.

2016년 9월 20일 81세 고령의 데이비드는 이스라엘 텔아비브에서 "장정을 다시 답사하다"라는 주제로 발표회를 개최했다. 데이비드는 보고서에서 신념을 추구하고 나라를 구하고자 하며 하나로 뭉치는 '리더십'이 있었기에, 홍군은 고통과 아픔을 함께 나눌 수 있었고,

외국군 훈련생들이 장정 유적지를 찾아 현장 학습을 하고 있다.
外军学员到长征沿线等旧址进行实地考察教学

어려움과 위험을 이겨내며 장정에서 최종 승리를 거둘 수 있었다고 말했다.

전투력 향상을 위한 현장 학습에 나선 외국군 훈련생들

중국 인민해방군 국방대학에는 20여 개국에서 온 외국군 훈련생들이 있다. 이들은 장정을 답사하고 유적지를 돌아보며 현장 학습을 하였었다. 이들 훈련생들은 장정 답사를 통해 중국 홍군이 겪은 고난과 군대 전투력의 중요한 부분인 병사들의 의지력 단련을 직접 체험할 수 있었다.

외국군 훈련생 필리포는 이탈리아 공군 소령이다.
外军学员意大利空军少校菲利波

필리포 : 이렇게 어렵고 가혹한 환경은 중국 홍군이 진정으로 대중과 교류하는 법을 배우고 대중의 가장 큰 지지를 이끌어내는 데 도움을 주었다. 이것이 전쟁에서 승리하는 진정한 비결이며 인류의 꿈을 실현하는 길이었다.

따리대학교(大理大学)에 재학 중인 커캉리(柯康利)는 촬영을 좋아해서 개인 동영상 플랫폼 계정을 만들었다.
柯康利就读于大理大学，他喜欢摄影，创建了自己的短视频平台账号

6. 두 세대에 걸친 노력으로 외국유학생의 의문을 풀어줬다

의문을 갖고 출발하다

따리(大理) 바이족(白族)자치주의 수부는 당시 홍군의 장정이 지나간 곳이다. 라오스 출신 유학생 커캉리(柯康利) 씨는 따리대학교(大理大学)에 재학 중인데, 사진 찍는 것을 좋아하고 촬영을 좋아해서 개인 동영상 플랫폼 계정을 만들었다. 한가할 때는 이곳의 모든 것을 짧은 동영상으로 찍어 가족과 친구들에게 소개하는 것을 즐긴다.

커캉리는 인터넷을 통해 띠칭(迪庆) 장족자치주에 사는 자오자린(赵嘉林)이라는 노인이 자신의 고택에서 돈을 들여 홍군 전시관을 차린 것을 보고 궁금증이 일었다. 그래서 그는 띠칭으로 가서 이 노인을 방문하기로 결심했다.

따리에서 띠칭으로 가는 길이 바로 그 당시 홍군이 지나간 길이다. 오늘날 이 길은 장정 국가문화공원 윈난 구간의 일부에 해당한다.

띠칭의 장족자치주는 칭장고원(青藏高原)의 남쪽 가장자리에 위치하고 윈난, 쓰촨, 티베트 등 3개 성의 경계에 위치하고 있다. 오늘은 한 외국인 청년이 의문을 갖고 이곳을 찾아왔다.

전시관에 오다

커캉리는 라오스 유학생이다.
柯康利老挝留学生

커캉리 : 안녕하세요, 할아버지. 저는 라오스에서 온 유학생입니다. 전에 인터넷을 통해 할아버지의 전시관을 보게 되었습니다. 지금 구경시켜 주실 수 있을까요?

커캉리는 마침내 자오자린 노인을 만났다. 자신의 의문을 풀기 위해 이곳에 들어섰다.

자오자린은 띠칭 장족자치주 샹그릴라의 주민이다.
赵嘉林迪庆藏族自治州香格里拉居民

자오자린: 보게나. 여기가 내 전시관이지. 이 박물관에 전시되어 있는 것은 기본적으로 모두 비교적 귀중한 물건이고 역사 자료라네.

커캉리: 할아버지네 집(가족)은 그동안 어떻게 홍군을 도왔습니까?

자오자린: 자네 이거 본 적이 있어?

커캉리: 봤어요.

자오자린: 이게 뭔지 알아? 홍군이 사용했던 철제 남포등이라네.

두커쭝(独克宗) 뎬자이카(甸寨卡)의 홍색 민속가옥 문화전시관
独克宗甸寨卡红色民居文化陈列馆

홍군이 사용했던 철제 남포등
红军使用过的三防铁壳廊灯

남포등의 유래

1936년 4월 홍2군단과 홍6군단이 장정 중에 띠칭을 통과했는데, 이때 자오자린의 아버지 자오아인(赵阿印)은 홍군과 인연을 맺게 되었다. 허룽(贺龙)과 샤오커(萧克)는 공동 명의로 그에게 홍군을 위한 식량과 보급품을 마련하고 부상자를 돌보도록 위임하는 위임장을 발급했다.

> 자오자린 : 그때 우리 아버지는 상인이었습니다. 홍군 지도자가 아버지에게 말했지요. 홍군은 가난한 사람들의 대오이니 두려워하지 않아도 된다고요. 그리고 양식을 구매할 수 있도록 도와달라고 했지요. 아버지는 흔쾌히 동의하고 양식 구매를 도왔습니다. 1만 7천 명이 넘으니 양식이 관건이었지요. 양식이 없이 어떻게 북상할 수 있겠습니까?

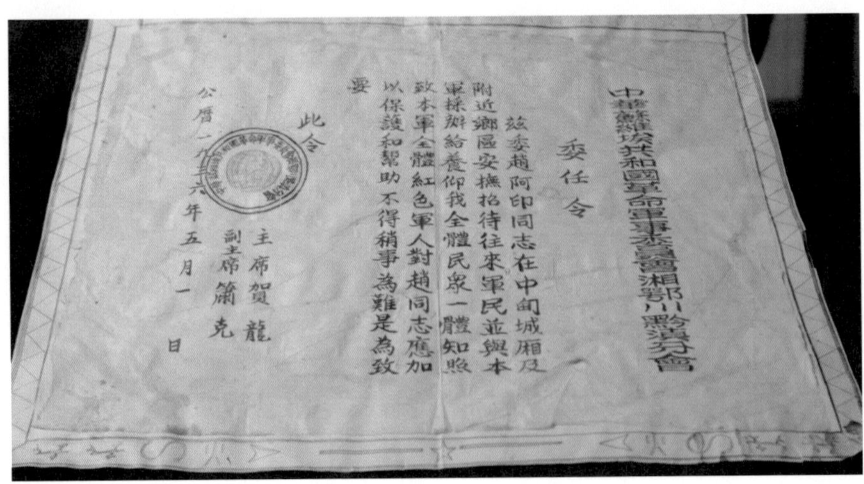
中華蘇維埃共和國革命軍事委員會湘鄂川黔滇分會

委任令

茲委趙阿印同志在中甸城廂及附近鄉區安撫招待往來軍民並與本軍採辦給養仰我全體民衆一體知照致本軍全體紅色軍人對趙同志應加以保護和幫助不得稍事為難是為致要

此令

主席 賀龍
副主席 蕭克

公曆一九三六年五月一日

허룽(贺龙)과 샤오커(萧克)가 공동 명의로 발급한 위임장
贺龙、萧克联名签发的一张委任令

홍군 수장이 자오자린의 아버지에게 준 은으로 된 메달
红军首长送给赵嘉林父亲的银质奖章

당시 자오자린의 아버지는 목숨을 걸고 밤마다 이 남포등을 들고 집집을 돌아다니며 홍군을 위해 식량을 사들였고, 실제 행동으로 홍군에 대한 지지와 사랑을 보여줬다. 당시 그의 집에 살던 홍군 병사들도 밤에 순찰을 돌 때면 이 남포등을 들고 길을 비추곤 했다.

남포등 하나가 군민의 정을 이어주었다. 홍군이 떠나기 전, 그의 집에서 요양했던 홍군 수장이 감사의 표시로 은으로 된 메달 하나를 자오자린의 아버지에게 주었다.

자오자린 : 이것은 홍군과 아버지가 사용하던 남포등입니다. 아버지가 왜 이걸 우리에게 주셨을까요? 홍군의 정신을 계승하고 홍군을 잊지 않도록 하기 위해서입니다.

전시관을 만들어 장정정신을 계승하다

1955년 자오자린은 군대에 징집되어 군인이 되겠다는 꿈을 실현했다. 어떤 직책에 있든 그는 항상 장정정신을 계승하는 것을 늘 염두에 두고 있었다. 은퇴 후 그는 아버지가 남긴 유품을 정리하고 모아둔 50만 위안으로 조상 대대로 살던 이 집을 홍색 민속가옥 문화전시관으로 탈바꿈시켰다. 그는 홍군의 영광스러운 전통을 모든 방문객에게 전하기 위해 직접 관리자이면서 자원봉사 해설자로도 활동하고 있다.

그날 밤 띠칭에는 눈이 내려 마치 이 고성에 베일을 씌운 듯했지만, 커캉리의 눈에 비친 것은 80여 년 전 중국에서 일어난 그 역사였다.

다음날 마침 이곳을 방문한 한 독일 여성 관광객이 독일산 사자표 남포등을 알아봤다. 그녀는 자오자린에게 지금은 독일에서도 이런 종류의 남포등을 보기 어렵다고 말했다.

눈이 온 뒤에 날이 개이니 고원의 햇빛이 유난히 눈부셨다. 전시장 하나와, 남포등 하나, 두 세대에 걸친 노력이 커캉리의 마음속 의문을 모두 풀어주었다. ……

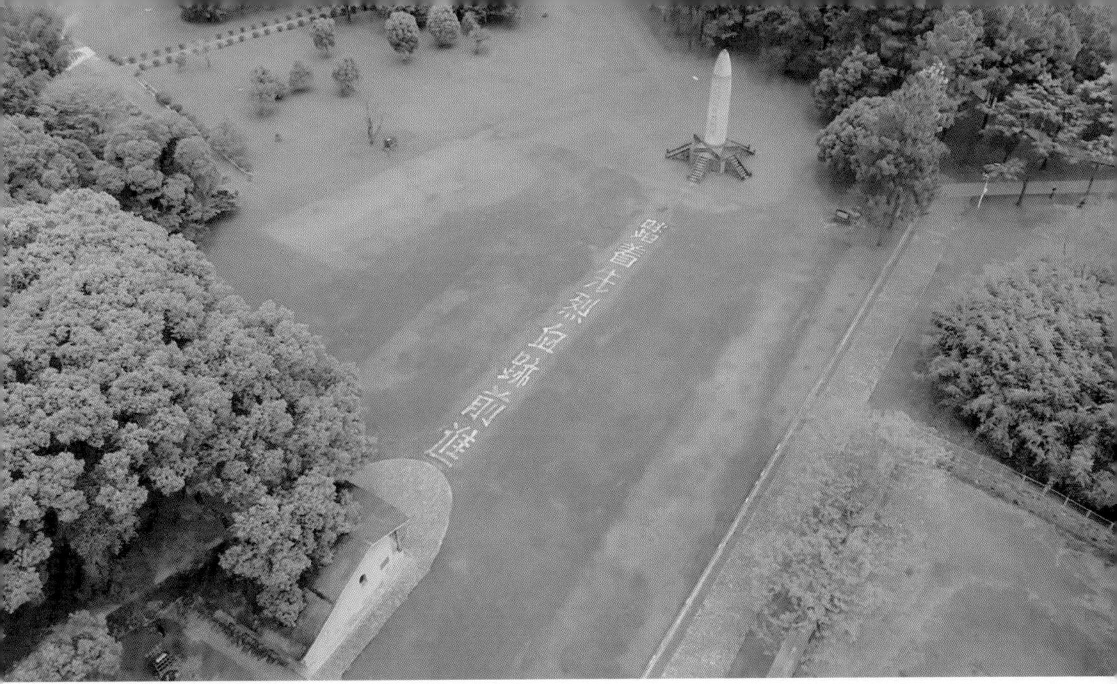

장정 국가문화공원(장시 구간) 예핑(叶坪) 홍군광장
长征国家文化公园(江西段)叶坪红军广场

7. 새로운 시대에 한껏 매력을 뿜는 장정정신

시간과 공간을 초월하고 이념을 초월한 장정의 역사적 위업은 우리와 전혀 다른 입장과 관점을 가진 사람들이 이곳에 와서 경험하고 관찰하고 중국공산당을 이해하고 중국을 읽을 수 있도록 이끌고 있다.

브레진스키 전 미국 국가안보보좌관이 보는 장정의 매력

『거대한 체스판』, 『대실패』 등의 저서를 집필한 저명한 전략 이론가이자 지정학자이며 전 미국 국가안보보좌관인 브레진스키는 장정의 정신에 매료된 사람들 중의 대표적 인물이다.

1981년 7월 그는 다섯 명의 가족을 이끌고 홍군의 장정 루트를 따라 꿰이저우의 쭌이, 루산관(娄山关) 등지로 답사를 나섰는데, 루딩교(泸定桥) 앞에 서서 감탄하지 않을 수 없었다고 한다.

전 미국 국가안보보좌관 브레진스키
布热津斯基美国前国家安全顾问

브레진스키 : 특히 인상 깊었던 것은 그곳의 지리적인 상황이었습니다. 깊은 협곡 아래로 흐르는 강은 물살이 아주 셉니다. 다리 위에는 쇠사슬만 있었는데 겨우 판자로 양끝을 잇고 있었습니다. 건너편에서는

『거대한 체스판』과 『대실패』
《大棋局—美国的首要地位及其地缘战略》《大失败—二十世纪共产主义的兴亡》

브레진스키가 다섯 명의 가족을 이끌고 홍군의 장정 루트를 따라 꿰이저우의 쭌이, 루산관(娄山关) 등지를 답사했다.
布热津斯基带领全家五人,沿着当年红军长征路线,到贵州遵义、娄山关等地实地考察

다리를 건너는 사람들을 향해 총을 쏘는 사람도 있어서 매우 위급한 상황이었어요.

1981년 10월 미국 매거진 『라이프』는 브레진스키의 글 "홍군 장정의 길을 따라 떠나는 순례"'를 게재했다. 그는 중국의 홍군 장정이 중국공산당에 민족투사 이미지를 심어줌으로써, 중국공산당이 장기적인 무장투쟁을 치를 수 있는 능력을 갖게 되었다고 주장했다. 장정의 상징성은 당시에도 그랬고 지금도 마찬가지다. 그것은 변화와 성공에 대한 중국인들의 결의를 보여주는 위대한 성명서이다. ……

장정은 인류의 정신적 보물이다.

장정은 위대한 문화유산이다

셰릴 비쇼프 헬렌은 스노의 조카이다.
谢里尔·比绍夫海伦·福斯特·斯诺侄女

셰릴 비쇼프 헬렌 : 홍군은 용감했고, 6,000마일의 행군을 견뎌냈습니다. 그들이 얼마나 자신의 임무와 약속에 충실했는지 알 수 있습니다. 그들은 누가 강요해서가 아니라 중국 전체에 중요한 일이라는 것을 마음속 깊이 알고 있었기 때문에 장정을 완주하겠다고 맹세했습니다.

아담 포스터는 미국 스노재단 이사장이다.
亚当·福斯特美国海伦·福斯特·斯诺基金会主席

아담 포스터 : 장정의 역사를 되돌아 보는 것은 매력적인 일입니다. 나는 역사를 이야기하는 것이 중요하고, 사람들은 역사를 알아야 한다고 생각합니다.

중국적인 요소와 홍색문화 요소가 뚜렷한 장정 국가문화공원은 중국에 속할 뿐만 아니라 세계에도 속하며, 중화민족의 소중한 보물이자 전 인류의 위대한 문화유산이다.

각 지역의 장정 국가문화공원
各地长征国家文化公园

새로운 시대의 장정을 힘차게 해나가다

중국공산당 20차 당대회에서 시진핑 총서기는 다음과 같이 말했다.

> 현대화를 지향하고 글로벌을 지향하며 미래를 지향하는, 민족적이고 과학적이며 대중적인 사회주의 문화를 발전시키고, 전 국민의 문화혁신과 창의력의 활력을 자극하며, 중화민족의 위대한 부흥을 위한 정신적 힘을 강화해야 합니다.

홍군 병사들이 피를 흘리며 두려움 없는 희생으로 이룩한 장정의 정신은 중국인의 소중한 정신적 유산이자 세계인의 소중한 정신적 자산이다. 오늘 우리는 위대한 장정정신을 계승하고 문화적 자신감과 자강을 추진하며, 중화민족의 위대한 부흥이라는 대의를 위해 힘을 모아 새로운 시대의 장정의 길을 힘차게 걸어 나가야 할 것이다.

부록

전문가 해설

『장정의 노래』

자레이레이(贾磊磊)

전 중국예술연구원(中国艺术研究院) 부원장,
연구원(研究员) 및 박사생 지도교수

영원한 장정
——『장정의 노래』의 역사적 해석

6부작 TV 특집 프로그램 『장정의 노래』는 장정의 역사적 사실과 인물에 대한 재조명, 장정의 길 위에서 희생된 수많은 열사들에 대한 추모, 장정 국가문화공원의 현대적 건설이라는 세 가지 서사가 병렬적으로 진행되고 서로 교차하는 서술 형식을 취하고 있다. 이 교향시적 서사는 장정의 역사적 의미에 대한 이해를 깊게 하고, 특히 장정정신의 현대적 의미에 대한 이해를 높인다. 장정은 현실의 불가능을 가능으로, 또 현실의 가능을 불가능으로 뒤집는 경우가 수없이 많았다. 이러한 이유로 장정은 인류 역사에서 일종의 영원한 역사적 사건이 되었으며, 이는 특정 시대에 속하지 않고 영원에 속하며 장정의 위업, 장정의 장거, 장정의 정신은 산과 강과 같을 것이며 해와 달과 함께 빛날 것이다!

1. 마음에 새겨 기억하자(銘記)

우리가 『장정의 노래』에서 동굴 속 진흙탕에서 건져낸 홍군 열사의 유해를 보았을 때는 이미 열사가 희생된 지 80여 년이 지난 시점이다. 유해에 종려나무 껍질로 만든 선으로 묶인 큰 돌은 이곳에서 희생된 홍군 병사들이 총에 맞아 희생된 것이 아니라, 적에 의해 큰 돌에 묶여 산 채로 동굴 아래로 버려졌음을 말해준다. 생명의 특징을 과학적으로 분석한 결과 이들 20여 명은 모두 15~25세 남성이었고, 신장은 1.37~1.63m, 체중은 55kg 이하인 것으로 추정되었다. 혁명의 이상을 품은 홍군 전사들은 중앙 홍군의 장정에서 가장 길고, 가장 규모가 크며, 가장 격렬하고, 가장 큰 손실을 입은 샹강 전역에서, 절체절명의 순간을 맞아 필사적인 투쟁을 겪은 끝에, 적들에게 잔인하게 살해되었다. 그들이 누구인지, 그들의 이름이 무엇인지, 그들이 어디에서 왔는지 우리는 전혀 모른다. 그들은 80년 후에 중국이 우뚝 선 나라가 되고, 80년 후의 중화민족이 자립자강(自立自强)한 민족이라고 생각할 수나 있었을까? 그들은 아마 미처 생각하지 못했을 것이다. 그러나 그들은 자신이 쓰러져도 반드시 뒤따라오는 사람이 있다는 것만은 알고 있었다. 모든 홍군 병사들은 홍군이 반드시 끊임없이 적을 향해 돌진해 나갈 것이라고 굳게 믿었다. 적의 장비가 아무리 선진적이어도, 적의 병력이 아무리 강대해도, 그들은 홍군이 한 사람이 아니며 희생을 두려워하지 않는다는 것을 잘 알고 있었으며, 모든 장병들이 최종 승리를 향해 끝까지 전진할 것이라고 확신했다! 그리고 이런 홍군의 믿음을 적들은 결코 있을 수 없고, 이해할 수 없었을 것이다.

홍군의 25000리 긴 여정을 바라보면서 우리는 홍군 열사의 영웅적 위업에 대해 기념을 하든, 홍군 장병들의 역사적 공적에 대해 기억을 하든, 구천에서 영면하고 있는 홍군의 영웅적 영혼에 대한 명명(命明)[16]은 아직 완성되지 않았음을 깊이 느낄 수 있었다. 중국혁명의 이상을 위해 너무 많은 혁명 열사들이 용감하게 희생되었다. 극히 참혹하고 험악한 전쟁 환경에서 이들의 희생은 언제 어디서든 일어날 수 있었다. 특히 샹강 전역처럼 사상자가 많은 전투와 전역에서 많은 홍군전사들은 그들의 생명이 가장 빛나는 순간 자신의 이름을 광활한 성하(星河)에 남겼다. 이른바 "바람은 소슬하고 물은 차가운데, 깃발에는 서리 끼고 신발은 피로 얼룩졌네, 성공을 하든 실패를 하든, 포로가 되든 죽음을 당하든, 사람들은 알지 못하고, 쓰러진 후에도 이름은 없다네."라는 것이다. 이는 베이징 시산(西山) 국가삼림공원의 무명영웅 추모비에 새겨진 비문이다.

우리는 중화민족의 미래를 위해 희생

16) 명명(命明) : 식음을 잊고 명(命)을 받는 근원을 깊게 밝힌다는 말

한 이 무명영웅들을 기억해야 한다. 그들의 영웅적인 전적을 기억하며, 그들의 영웅적인 거사를 새겨야 한다. 그들은 우리의 수천수만의 화하(华夏) 자녀들의 공통된 집단적 기억이 되어야 한다. 중화민족의 피가 흐르는 한 장정의 정신은 전해지고 찬양되고 계승되어야 한다. 『장정의 노래』는 고난의 혁명전쟁을 회상하고 일련의 영웅적 행적을 재조명함으로써 교향시적으로 장정의 역사적 해석을 시도한 작품이다. 영상이 주체인 시각문화의 시대, 우리는 그 확산이 장정에 대한 우리의 집단적 기억을 강화하고 나아가 우리의 국가 정체성을 강화하는 데 도움이 될 것이라고 믿는다.

2. 수호[守護]

장정의 긴 여정에서 수많은 홍군 열사들이 희생되었다. 우리는 홍군 열사들에 대해 영원히 기억하고 추모할 것이다. 『장정의 노래』에 등장하는 많은 사람과 일들은 우리가 과거에 알지 못했거나 이해하지 못했던 것들이다. 이를테면 중앙홍군 장정 출발지의 나루터에서는 곳곳에서 아들을 군대에 보내는 어머니, 신랑을 군대에 보내는 아내, 서로 홍군에 입대하겠다고 경쟁하는 형제들의 작별 장면이 펼쳐졌다. 특히 당시 14살 나던 돤궤이슈(段桂秀)는 홍군 병사 왕진창(王金长)과 결혼하고 곧바로 남편을 전쟁터로 떠나보냈는데 그로부터 영영 소식이 끊겼다. 1953년 지방정부에서는 그녀에게 "북상해서 소식이 끊겼다"는 열사증명서를 보내왔다. 이번에 제작진은 104세의 돤궤이슈와 함께 위뚜(于都)의 열사기념공원을 찾았다. 기념비에 금빛으로 새겨진 왕진창이라는 이름 석 자를 본 순간, 80여 년의 긴 세월을 견뎌온 그녀는 더 이상 자신을 통제할 수 없었고, 순식간에 흐느껴 울었다. "당신을 떠나지 못해, 지금까지 이렇게 지켜왔잖아요." 이 프로그램은 한 사람의 가족에 대한 애정뿐만 아니라 80년이 지난 후 열사에 대한 중화의 아들딸들의 공통된 경의(敬意)를 보여주었다.

홍군은 장정 도중 국민당 군대의 포위공격을 받았다. 당시 장정 연선에 있는 사람들이 홍군을 지원하고, 홍군을 보호하며, 홍군의 유해를 매장하는 것은 생명의 위험을 무릅쓰는 일이였다. 광시 촨저우(全州)의 홍군열사묘지의 묘지기 장스린(蒋石林)의 할아버지 장종타이(蒋忠泰)는 당시 죽음을 무릅쓰고 홍군의 유해를 매장했다. 노인은 임종할 때 아들에게 매년 춘절과 청명, 보름에 이곳에 와서 성묘하라고 유언을 남겼다. 자오산푸(脚山铺)의 샹강전역 유적에서 장종타이 일가는 90년이 거의 되는 세월 동안, 5대째 홍군 묘소와 열사의 혼령을 지켜왔다. 이처럼 백성들이 대대로 지켜주었기에 흩어진 홍군열사의 묘지나 수난 장소의 확인이 원활하게 이루어질 수 있었다. 홍군이 백성을 목숨으로 보호하였듯이 백성들도 목숨으로 홍군을 지켜온 것이다.

우리는 북상하여 항일한 홍군의 수많은 병사들이 눈보라가 휘몰아치고 전쟁의 불길이 자욱한 장정의 길에 쓰러졌다는 것을 잘 알고 있다. 홍1방면군만 해도 25000리의 여정에서 300m를 전진할 때마다 홍군 장병 한 명이 전사했다. 홍군의 장정은 피로 물든 붉은 리본으로, 장정에 참여한 모든 장병들은 중국 노농 홍군이라는 빛나는 이름을 가지고 있다. 그들의 개별 이름은 알려지지 않았을지 몰라도 그 역사적 업적은 천추에 길이 남을 것이다.

3. 약속

홍군이 위대하고 홍군이 이룩한 장정 정신이 불멸하는 이유는, 그 핵심적 가치가 어떤 개인이나 단체, 그룹의 이익을 초월하는 것이며, 가장 광범위한 인민대중의 근본이익을 출발점으로 하고, 가장 광범위한 인민대중의 공동 행복을 추구하는 궁극적인 목표이기 때문이다. 중국공산당이 이끄는 홍군은 전국 인민과 중화민족의 근본 이익을 무엇보다 중시해왔다. 시진핑 총서기는 “장정은 이상과 신념의 위대한 원정, 진리를 검증하는 위대한 원정, 민중을 일깨우는 위대한 원정, 새로운 지평을 여는 위대한 원정”이라고 말했다. 만 리 장정의 여정에서 홍군 장병들은 그들의 뜨거운 피와 생명으로 역사에 대한 준엄한 약속을 지켰다.

어떤 민족이든 자신의 영웅을 필요로 하는데, 진정한 영웅은 때로 매우 비장한 의미를 지닌다. 그들은 고난을 겪었으나 영광을 누리지 못하였고 목숨을 버렸으나 그 이름을 알리지 못했다. 『장정의 노래』는 장정정신을 가슴 깊이 새겨 이 땅을 지키는 것이 우리 모든 중화 아들딸들의 소명임을 새삼 깨닫게 한다. 이제 홍군의 장정은 역사의 시간 속에서 우리와 점점 멀어지고 있지만, TV는 심리적 거리에서 우리를 장정에 점점 더 가까이 데려다주고 있다. 때로는 장정의 발걸음이 우리 주변의 길을 쩌렁쩌렁 울리며 지나가고 있다는 생각이 들 정도다. 홍군의 장정이 지나갔던던 곳에서 우리는 장정 노선을 따라 중화의 아들딸들이 장정정신을 계승하고 모든 어려움을 극복하면서 만들어낸 새로운 역사적 기념비를 보았다. 장정정신은 홍군이 넘은 눈 덮인 산봉우리 위에 우뚝 솟아 있을 뿐만 아니라, 진사강의 세친 급류 속에서 소용돌이치고 있으며, 중국의 운명을 판가름한 루딩교 13개의 쇠사슬 사이에서 번쩍이고 있을 뿐만 아니라, 오늘날 우리의 삶의 현실 속에 우뚝 서 있다.

장정 국가문화공원은 중국의 남동쪽에서 북서쪽까지 15개 성(구, 시)의 광활한 땅을 가로지르는데, 장정의 길을 따라 걷다 보면 산과 돌담, 건물에 남겨진 구호들이 여전히 눈에 띄고, 빈곤 퇴치와 농촌 부흥이라는 오늘날의 구호와 얽혀 장정 국가문화공원과 역사를 연결하는 독특한 풍경을 형성하고 있다.

샹강전역에서 사활을 걸었던 롱성(龙胜) 전투의 옛터가 지금은 시와 그림 같은 다랑논이 되었다. '아름다운 중국'의 배경으로 이름을 날렸고 '세계 중요 농업문화유산'으로 자리매김한 롱성은 장정정신에 영감을 받아 푸른 물과 푸른 산에서 3만 명이 넘는 여러 민족 인민들이 모여 공동으로 새 시대의 아름다운 장을 써내려가고 있다. 빈곤 퇴치 전투에서는 1,800명 이상의 우수한 빈곤 퇴치 간부가 최전선에서 순직했다. 그들 또한 생명과 열정으로 중화민족의 새로운 길을 위한 웅장한 기념비를 세웠다. 건설과 개혁의 역사에서 장정의 모습은 어디에나 있었다. 중국의 우주발사체는 녜롱전(聂荣臻) 원수가 직접 '장정'으로 명명했다. 중국 최초의 종합위성발사센터인 주취안(酒泉)위성발사센터를 설립한 초대 사령관은 그해 17명의 용사를 이끌고 따뚜하(大渡河)를 강행 도하한 홍군 대대장 쑨지셴(孙继先)이었다. 장정의 길에서 홍군은 600여 차례의 전투를 치렀고 적의 무기와 장비를 대거 노획했다. 홍군의 군수산업은 혁명전쟁에서 끊임없이 담금질되어 강철이 되었다. 신중국 성립과 함께 성장해온 당시 작은 공방식의 병기공장은 오늘날 믿음직한 중국의 병기공업이 되었다.

장정정신은 새로운 시대에도 대를 이어 계승되고 있다. 2019년 중앙정부는 샹강 전역의 자오산푸 저격전 자리에 기념공원을 건설하기로 결정했다. 이 기념공원의 주제는 "매 한 치의 땅마다 홍군의 피 천 방울이 스며있고, 매 한 걸음마다 열사의 시체가 녹아있으며, 풀 한 포기 나무 한 그루마다 열사의 영혼이 깃들어 있고, 개개의 산과 돌은 모두 기념비"라는 것이다. 장정정신은 계속해서 미래를 향해 한 걸음 한 걸음 나아가도록 우리를 격려하고 채찍질할 것이다. 선조들은 그들의 역사적 약속을 완수했고, 새로운 시대 중화의 아들딸들은 뜨거운 열정과 생명으로 홍군의 역사적 약속을 이행해 나갈 것이다.

허우동허(侯东合)

국가문화공원 전문가자문위원회 장정분과 위원,
중앙방송총국 군사프로그램센터 부주임

『장정의 노래』: 장정 특집 다큐멘터리 제작의 돌파와 혁신

중앙방송총국이 공들여 제작한 6부작 대형 TV 특집 프로그램 『장정의 노래』가 최근 CCTV 종합편성채널과 과학교육채널에서 방송돼 많은 시청자와 전문가, 학자들의 호평을 받았다.

『장정의 노래』는 기존의 장정 관련 다큐멘터리와 비교해 장정 국가문화공원 건설을 배경으로 촬영되어, 새로운 시대의 정점에서 장정의 역사를 이야기하고 현재의 이야기를 전하며 새로운 장정의 새로운 스타일을 반영하여 장정 관련 다큐멘터리 제작의 돌파구이자 혁신이라고 할 수 있다.

1934년 10월부터 1936년 10월까지 홍군 제1, 제2, 제4 방면군과 제25군은 십여 개 성(省)을 횡단하는 대 장정을 수행했고, 그 루트를 따라 수많은 장정문화재와 문화자원이 남아있다. 이러한 문화적 흔적은 장정의 역사를 증언하고, 장정의 정신을 담고 있으며, 혁명전통과 문화를 계승하고 사회주의 정신문명 건설을 강화하며, 애국 열정을 고취하고 민족정신을 북돋우는 생생한 매개체이다.

2019년 시진핑 총서기는 중앙심층개혁위원회 제9차 회의를 주재하여 「만리장성, 대운하, 장정 국가문화공원 건설 계획」을 심의하고 통과시켰으며, 장정 및 기타 국가문화공원의 계획과 건설을 명시적으로 촉구했다. 건설계획의 요구에 따라 2021년에 국가문화공원 건설 지도그룹은 「장정 국가문화공원 건설 및 보호 계획」을 발표하고, 장정 국가문화공원 건설 및 보호를 3단계에 걸쳐 완성하기로 결정했다. 첫째, 2021년까지 건설 및 보호 관리 메커니즘을 조기에 구축하고 계획에서 배치한 중점 임무, 주요 작업 및 중요 프로젝트를 종합적으로 추진한다. 둘째, 2023년까지 장정문화재 및 문화자원 보호의 전반적인 조정 및 추진작업을 초보적으로 형성하고 관리모델을 구체화한다. 셋째, 2035년까지 장정 국가문화공원은 국가의 의지를 구현하고 국가의 표준을 반영하며, 국가의 이미지를 대표하고 국제적 명성을 누리는 보호, 전시, 계승체계를 전면적으로 형성하여, 새 시대 문화재와 문화자원의 보호, 계승, 활용을 위한 중국 모델이 되게 한다.

현재 장정 국가문화공원 건설은 순조롭게 진행되고 있으며, 주요 건설 구역과 랜드마크 프로젝트에서 중요한 진전이 이루어지고 있다. 첫 번째 단계는 2021년에 이미 완공되었다.

2023년 말까지 두 번째 단계의 작업도 완료되고 장정의 문화재와 문화 자원의 보호, 계승 및 활용을 조화롭게 추진하는 상황이 조기에 형성 될 것이다.

2023년 새해 초, 『장정의 노래』는 6부작 300분 분량으로 방영되었는데, 장정 국가문화공원 건설과정에 중점을 두고 장정문화공원 건설성과를 종합적으로 반영하였으며, 새로운 시각에서 장정의 정신을 홍보했다. 이는 중국공산당 제20차 전국대표대회 정신의 전면적 이행을 촉진하고 간부와 인민들이 새 시대 더 나은 미래를 위해 장정의 길을 걷도록 동기를 부여하는 데 중요한 역할을 할 것이다.

장정에 관한 기존의 다큐멘터리와 비교하여 『장정의 노래』는 다음과 같은 세 가지 획기적인 혁신과 혁신을 이루었다.

첫째, 문화재와 문화가 말하게 함으로써 장정 국가문화공원에 응축되어 있는 장정의 혼을 잘 보여주고 있다.

장정 국가문화공원에는 장정을 주제로 한 기념관, 기념시설, 문화재 등이 있으며, 장정의 주요 역사적 사건과 중요 유적지, 기념 장소 등을 아우르고 있다. 『장정의 노래』는 장정 국가문화공원 조성이라는 새로운 시각에서 출발하여 장정 루트를 따라 풍부한 장정문화재와 문화자원에 카메라를 집중하고, 공원 조성의 보호와 계승, 연구와 발굴, 환경 지원, 문화와 관광의 융합과 결합하여 장정 루트의 중요 유적과 기념 장소의 대체 불가능한 역사적, 기념적, 교육적 가치를 심층적으로 탐구하여 공원 조성의 과정을 종합적으로 반영하고 있다. 『장정의 노래』는 각종 문화재와 문화자원을 통해 장정의 역사를 이야기하는데, 문화재가 말하게 하고, 역사가 말하게 하며, 문화가 말하게 함으로써, 이러한 문화재와 문화자원이 담고 있는 장정의 정신을 보여주고, 장정 국가문화공원에 응축된 장정의 혼을 충분히 설명해준다.

둘째, 경험자가 말하게 하고 역사적 사실이 말하게 함으로써 새로운 장정의 길에서 이루어지는 국가의 변화를 애틋하게 구가했다.

『장정의 노래』는 장정문화의 현대적 가치를 설명하는 데 중점을 둔다. 이 다큐멘터리는 장정과정에서 홍군의 엄숙한 약속에 초점을 맞추고 장정의 역사적 이야기를 잘 전달함과 동시에 새로운 시대 농촌 활성화, 생태 문명 건설, 대국 건설 등 주제에 중점을 두고, 많은 경험자를 인터뷰하여 "새로운 시대의 장정의 길을 걷는" 각급 당 조직, 당원 간부 및 각 민족 인민의 신선한 이야기들을 담고 있으며, 새로운 시기 장정 연선에서 발생한 주요 발전 변화를 보여준다. 다큐멘터리 전체가 이야기 표현에 중점을 두어 콘텐츠에 캐릭터, 세부 사항, 온도 및 감정을 부여하고, 현재의 시각으로 접근하여 중요한 이야기들을 연결하며, 생생한 이미지로 시대의 변화와 국가의 부흥을 구가한다.

셋째: 현장이 말하게 하고, 경관이 대화하게 함으로써 장정 국가문화공원의 독특한 아름다움을 온전히 담아내고 있다.

장정 국가문화공원의 속성은 문화공원이며, 궁극적으로 관광객들이 이곳을 방문하도록 하기 위한 것이다. 장정 도중 홍군 장병들은 남동쪽에서 북서쪽으로, 양쯔강 유역에서 황허 유역에 이르기까지 거의 100개의 강을 건너고 40개가 넘는 높고 위험한 산을 넘었는데, 그 중 해발 4천 미터 이상의 설산만 20개가 넘는다. 장정 국가문화공원은 13개의 세계문화 및 자연유산, 400 개 이상의 산림공원, 100 개 이상의 지질공원을 포함한다. 당시 홍군이 지나갔던 수많은 산과 하천은 이제 활기찬 녹색 생태 회랑으로 조성되고 있다. 당시 홍군이 장정을 하면서 남긴 고택, 포고문, 현판, 석각 등은 독특한 문화경관이 되었다. 장정 국가문화공원 연변을 따라 펼쳐지는 자연경관과 문화경관은 이 공원만의 독특한 아름다움이다. 따라서 제작진은 따스한 감성을 가지고 촬영했고, 아름다움을 발견하는 눈으로 촬영에 임했다. 또한 오늘날 시청자들의 미적 습관에 맞춰 장정 국가문화공원의 독특한 자연경관과 문화경관을 가장 아름다운 영상으로 표현하여, 시청자들이 아름다운 영상을 통해 장정의 정신에 매료되게 하고 장정 국가문화공원에 가고 싶은 강한 욕구를 가질 수 있도록 했다.

『장정의 노래』가 이와 같은 획기적인 돌파와 혁신을 실현할 수 있었던 것은 제작진이 창작과정에서 특히 전투적이고 혁신적인 정신을 발휘한 것과 밀접한 관련이 있다.

우선, 전투를 아주 잘한다는 것이다. 장정 국가문화공원의 주요 건설 범위는 원칙적으로 홍1방면군(중앙홍군), 홍2방면군(홍2군단, 홍6군단), 홍4방면군 및 홍25군의 장정이 지나는 지역을 포함하며 푸젠, 장시, 허난, 후베이, 후난, 광동, 광시, 총칭, 쓰촨, 꿰이저우, 윈난, 산시, 깐쑤, 칭하이, 닝샤 등 15개 성(자치구 및 직할시)의 총 72개 시(주) 381개 현(시)이 포함된다. 이처럼 방대한 지역에서 알맹이를 골라 촬영하는 것은 쉽지 않은 일이다. 하지만 제작진은 장정의 정신으로 어려움을 극복하고 6개조 60여 명으로 구성된 팀을 여러 곳에 파견하여 총 400시간 이상의 영상을 촬영했다. 제작진은 15개 성(자치구 및 직할시)을 모두 거쳐 111개 시와 현에 침투하여 총 45,210킬로미터를 이동하며 총 84명의 인물 이야기와 역사 이야기를 촬영하고 217명의 사람들을 인터뷰했다. 또한 33명의 옛 홍군들의 구술 역사자료를 활용했으며, 장정에 참여했던 6명의 100세 노인을 인터뷰했다. 이러한 일련의 작업들은 영상 전체의 퀄리티를 보장했다.

다음으로, 특히 혁신적이다. 『장정의 노래』의 총감독 옌동(闫东)과 수석 작가 장잉(江英), 류웨(刘岳), 동바오 (董保存) 등 제작진은 2016년에 다큐멘터리 『장정』을 만든 원년 멤버다. 제작진은 이전의 창작 패러다임에서 벗어나기 위해 중앙과 지방의 유관기관과의 협조 하에 국가문화공원 전문가자문위원회, 중앙당사·문헌연구원, 군사과학원, 국방대학교 등의 전문가와 협력하여 15차례에 걸친 세미나를 통해 장정 국가문화공원의 새로운 시각에 입각하여 역사와 현실을 충분히 접목시켜 장정과 우리의 이야기를 여러 세대의 공감 속에서 표현해내는 방향으로 최종 결정했다. 혁신적인 사고는 이 다큐멘터리의 성공의 중요한 원인

2022년 4월 2일, 제작진은 쓰촨성 뤄얼가이(若尔盖) 초지에서 촬영하였다.

이 되었다.

장정 국가문화공원은 아직 공사 중이다. 대형 TV 특집 프로그램 『장정의 노래』가 장정 국가문화공원 건설과 장정의 정신을 알리는 데 좋은 출발을 한 만큼, 앞으로 장정의 정신을 기리는 좋은 작품들이 더 많이 나오길 기대해본다.

런훼이(任慧)

중국예술연구원 연구원(研究员), 국가문화공원 전문가자문위원회 사무국 부국장

새로운 시대의 새로운 장정의 노래

"장정은 경천동지의 혁명적 쾌거이며, 중국공산당과 홍군이 쓴 장려한 서사시이며, 중화민족의 위대한 부흥의 역사 과정 중의 웅장한 기념비이다."(「시진핑 총서기의 홍군 장정 승리 80주년 기념대회 연설」 2016년 10월 21일) 7년 전 다큐멘터리 『장정』은 장정의 역사를 파노라마식으로 재현하고 장정정신의 계승과 발전을 심도 있게 탐구했으며, 장정정신이 중국과 세계의 근현대 역사에 미치는 영향을 전방위적으로 검토하고, 장정정신이 중화민족의 위대한 부흥과 신시대 국가발전 및 건설 측면에서 '중국의 꿈(中国梦)'을 달성하는 데 중요한 의미를 보여주었다. 최근 옌동 감독은 장정 국가문화공원 건설을 소재로 장정의 역사를 새로운 시대의 관점에서 설명하고, 장정 이야기를 들려주며, 장정정신을 고취시키고, 새로운 장정의 새로운 성과를 반영하고, 사람들이 새로운 시대에 새로운 장정 길을 가도록 격려하기 위해 다시 한 번 카메라의 지휘봉을 잡았다.

국가문화공원(NationalCulturePark)은 중국 최초의 독창적인 문화이념이자 국가의 힘을 모아 건설된 주요 문화 프로젝트이다. 중국공산당 제18차 전국대표대회 이후 시진핑 동지를 핵심으로 하는 중국공산당 중앙위원회는 문화건설을 매우 중시해 왔다. 2019년 12월 5일 중국공산당 중앙위원회 판공청과 국무원 판공청은 '만리장성, 대운하, 장정 국가문화공원 건설계획'을 발표하고, 국가문화공원 건설을 위한 지도그룹을 설립했다. 2020년 10월 29일 중국공산당 제19기 중앙위원회 5중 전회는 「국가경제와 사회발전을 위한 제14차 5개년 계획 수립과 2013년 5개년 비전 목표 수립에 관한 중국공산당 중앙위원회 건의」를 채택하고 「만리장성, 대운하, 장정, 황허 등 국가문화공원 건설」을 제안한 뒤 전문가 자문위원회(사무국)를 설치했다.

2021년 말 국가문화공원 건설을 위한 지도 그룹은 양쯔강 국가문화공원 건설을 시작하는 데에 관한 통지를 발표하였다. 3년 연속 국가문화공원의 수는 3개에서 5개로 증가하여 하이난, 홍콩, 마카오, 대만을 제외한 중국의 30개 성(자치구 및 직할시)을 포괄했다.

장정은 황허, 양쯔강, 대운하 등 3대 강과 세계문화유산인 만리장성과 비교해도, 의심할 여지없이 독특한 매력을 지니고 있다. 이상과 신념을 시험하고, 진리를 시험하고, 인민을 각성시키고, 새로운 국면을 연 위대한 원정은 비록 2년이라는 짧은 기간이었지만, 중국공산당의 정신과 스타일, 즉 강철 같은 믿음과 신념, 규율과 헌신을 충분히 보여주었으며, 세계의 미래에 영향을 미칠 수 있는 20세기 가장 중요한 사건 중 하나가 되었다. 장정에서 분출된 감동적이고 강력한 힘은 시간과 공간을 초월하고 국적을 초월하여 진리와 광명을 추구하는 인류의 끊임없는 노력의 위대한 서사시를 펼쳐냈다.

장정 국가문화공원 건설의 목표는 장정을 중국문화의 중요한 표지로 부각시키는 데 중점을 두고, 장정에서 현저한 의미, 중요한 영향, 중대한 주제를 가지고 있는 문화재와 문화자원을 통합하며, 관리 및 보호, 테-마 전시, 문화 및 관광 통합, 전통 활용 등 4대 기능 구역건설을 강화하고, 보호 및 계승, 연구 및 발굴, 환경 지원, 문화 및 관광 통합, 디지털 재현 및 교육 프로그램을 시행하며, 장정 국가문화공원을 장정문화를 구현하고 장정정신을 홍보하며 홍색 혈통을 이어가는 정신적 고향으로 전환시키는 데 있다.

장정 국가문화공원 건설의 성과를 더 잘 보여주기 위해 『장정의 노래』 제작진은 중국 노농홍군의 주력들인 홍1방면군(중앙홍군), 홍2방면군, 홍4방면군 및 홍25군의 발자취를 따라 장정 연선에 있는 푸젠, 장시, 허난, 후베이, 후난, 광동, 광시, 총칭, 쓰촨, 꿰이저우, 윈난, 산시, 깐쑤, 칭하이, 닝샤 등 15개 성(자치구 및 직할시)을 답사했다. 이러한 노력에 힘입어 장정의 주요 역사적 사건과 중요 유적지를 바탕으로 건립된 기념관, 추모시설, 각종 주요 문화재를 보다 생동감 있게 펼쳐 보일 수 있었다. 중국공산당이 중화민족을 이끌고 창조한 옌안(延安)정신, '양탄일성(两弹一星)'정신, 유인우주비행정신 등에는 하나같이 장정정신의 홍색 유전자가 내재되어 있다. 이 다큐멘터리는 또 빈곤 퇴치와 농촌 활성화에 눈길을 돌리고, 중요한 인프라 프로젝트와 전략적 중장비로 시야를 넓혔으며, 중국의 활기찬 녹색 생태 회랑을 보여주었다. 이처럼 사람들의 삶에 확고하게 도움이 되는 수많은 아름다운 화면은 위대한 장정정신에서 파생되어 새로운 형태의 인류문명을 창조해나가고 있다.

국가문화공원 건설에 국가는 속성이고, 공원은 형태이며, 핵심은 '문화'다. 문화의 주체는 인민이고, 공원의 주인은 인민이다. 따라서 국가문화공원이라는 이 문화프로젝트는 인민 중심의 이념을 충분히 반영하고 민족의 부흥과 국민의 행복을 도모한다는 취지를 반영하고 있다. 중국공산당 제20차 전국대표대회 보고서에서 "국가문화공원을 잘 건설하고 잘 사용해야 한다"는 명확한 요구는 사회주의 선진문화 발전, 혁명문화 선양, 중국의 우수한 전통문화 전승에 대한 당과 국가의 높은 중시를 보여주고 있다. 아울러 높은 문화적 자신감과 중국식 현대문화 강국 건설의 아름다운 구상을 반영한다. 원대한 의도와 확고한 신념을 가진 TV 특집 프로그램 『장정의 노래』는 지난 3년 동안 장정 국가문화공원 건설의 성과를 우리에게 훌륭하게 보여주었고, 시진핑 총서기의 부탁을 실천하고 있으며 유망한 미래를 약속한다!

산웨이(单威)
국가문화공원 전문가자문위원회 장정분과 위원,
중국국가박물관 원 당서기, 부관장

시공간을 초월한 장정 이야기, 초심을 모아 위대한 정신을 펼치다

TV 특집 프로그램 『장정의 노래』가 마침내 방송을 시작했다. 그 아름다운 화면을 감상하노라면 창작하는데 들어간 힌겨웠던 여정을 되짚어보지 않았을 없다. 나는 이것이 높은 수준의 정치성, 학술성, 기록성, 예술성을 융합한 텔레비전 작품이라고 생각한다. 그것은 역사 논리의 강력한 힘을 갖고 있으며, 감동적이고 생생한 이야기들로 구성되어 끊임없는 투쟁의 힘을 불러일으키고 오랜 세월 동안 지속된 위대한 정신을 구현해 준다.

시진핑 총서기는 "한 세대 마다 그 세대의 장정이 있다"고 했다. 80여 년 전의 장정은 산과 강이 부서진 나라를, 재난에 허덕이는 인민을, 그리고 위험에 처한 자신들을 구하기 위한 우리 당과 인민군의 혈투였다. 인민을 이끌고 제국주의 침략자를 몰아내고 국민당의 반동 통치를 전복시키며 인민정권을 수립한 후 사회주의혁명과 건설, 개혁개방을 통해 우리 당은 피와 생명으로써 인민을 일으켜 세우고 지혜와 노력으로 나라를 부강하게 하였다. 중국공산당 제18차 전국대표대회 이래 시진핑 신시대 중국특색 사회주의 사상의 지도와 시진핑 동지

2021년 6월 28일, 국가경기장에서 대형 상황 서사극(情景史诗) '위대한 여정'이 공연되었다.

를 핵심으로 하는 당 중앙의 굳건한 지도 아래, 전 당은 혁명적 단련 속에서 우리 당이 마르크스주의를 지도사상으로 하고, 중국의 우수한 전통문화를 계승하여 중화민족을 재난에서 벗어나게 하고, 또 장기 집권하여 중화민족의 위대한 부흥을 실현하는 세계 최대의 정당임을 깊이 인식하였다.

우리 당은 서로 다른 역사적 시기마다 환경과 조건의 변화에 따라 구체적인 업무과제와 목표를 조정하고 있다. 한 세기 동안 볼 수 없었던 큰 변화를 맞이하여 우리는 반드시 새로운 시대적 특성을 지닌 위대한 투쟁을 해야 한다. 이 투쟁에서 우리의 목적과 영혼은 변하지 말아야 하며, 모든 작업을 새로운 장정으로 간주하고 장정의 마음, 장정의 영혼, 장정의 정신으로 '우리 세대의 장정'을 잘 해나가야 한다. 바로 이러한 명석한 인식 덕분에 우리는 인류 역사상 가장 큰 규모의 빈곤퇴치 전쟁에서 승리하고 생태 보전과 과학기술 혁신 전쟁을 점차 승리로 이끌었으며, 국가와 인민을 강하게 하고, 역사의 질문과 시대의 질문에 창의적이고 멋진 답안지를 제출할 수 있었다.

시진핑 총서기와 당 중앙의 장기적인 역사적 사명과 힘의 근원에 대한 냉철한 이해, 각급 당 조직, 광범한 당 간부와 인민대중의 생생한 실천과 헌신, 심지어 희생은 TV 종사자를 포함한 사상 선전 일꾼들이 깊이 이해하고 정확하게 파악해야 하는 역사적 사실이자 시대정신이다. 『장정의 노래』의 창작과정은 우리가 깊이 배우고 반복적으로 사고하는 과정이기도 했다. 전쟁의 포연은 사라진 지 오래지만, 전진의 발걸음을 멈출 수는 없다. 오늘의 난제를 과거의 힘들었던 기억을 떠올리는 것만으로 대신할 수는 없고, 과거의 영광을 보여주는 것으로 내일의 투쟁을 대신할 수는 없다. 지난 10년 동안 중국공산당은 전례 없는 역사적 헌신을 통해 복잡한 환경과 뿌리 깊은 문제에 과감히 맞서고, 가장 어려운 임무를 도맡아서 수행하며 눈부신 성과를 잇달아 이뤄냈다.

이를 통해 우리는 어떠한 시기든, 어떤 문제에 직면하든 당은 언제나 "중국 인민의 행복과 중화민족의 부흥을 위해 일하고 있다"는 사실을 새삼 느끼게 되었다. 우리가 기록한 오늘의 생동적이고 생생한 이야기는 새로운 시대 위대한 투쟁의 장대한 물결을 보여주고 있다. 그 전략 공간의 광대함, 전투규모의 방대함, 전투상황의 치열함, 전사의 희생의 장렬함은 당년의 장정 못지않다. 그 결과는 모두 인류문명의 새로운 형태의 서광의 분출이며, 모두 인류정신의 승화이다! 초심과 사명은 날이 갈수록 견고해지고 날이 갈수록 새로워진다. 이 100년 동안의 릴레이 행진을 통해 억만 중화의 아들딸들은 장엄한 서서시를 써냄으로써 "과거의 장정과 새로운 장정은 같은 장정"이라는 역사적 논리를 증명했다. 따라서 이 역사적 논리를 정확하게 밝히고 현대 공산주의자들의 사명과 책임에 대한 진지한 사고와 훌륭한 답안을 충분히 보여주는 것이 우리의 역사적 책임이자 사명인 것이다.

장하이(张海)

국가문화공원 전문가 자문위원회 장정분과 위원,
전 중국인민 혁명군사박물관 전시연구부 부장 및
연구사서

역사의 노래와 당대의 칭송
— 대형 TV 특집 프로그램 『장정의 노래』 관람 후기

2023 년 새해 벽두에 대형 TV 특집 프로그램 『장정의 노래』가 CCTV 종합편성채널에서 저녁 황금시간대에 방송되었다. 옌동 감독이 이끄는 제작진의 높은 위치, 새로운 각도, 빅 픽처, 넓고 깊은 사고, 우미한 필치로 시청자에게 시각적·정신적 즐거움을 모두 제공하는 걸작을 만들어냈다.

이 다큐멘터리는 장정 역사연구의 단순한 표현이나 새로운 시대건설의 성취에 대한 단순한 칭송에 그치지 않고, 시진핑 주석이 장정승리 80주년 기념 연설에서 장정의 위대한 역사적 의의를 정리한 것을 바탕으로, 장정 국가문화공원 건설을 고리로 하여 80여 년 전 중국 대지에 휘날리던 붉은 리본과 중국에서 일어나고 있는 새로운 장정의 위대한 성취를 긴밀하게 연결시켜 이상적 신념, 진리, 초심 등의 키워드로 위대한 장정정신의 역사적 의의와 위대한 당대 새로운 장정의 눈부신 성취를 보여주었다. 따라서 관객들로 하여금 이 다큐멘터리의 독특한 역사적·예술적·정치적 매력을 자연스럽게 느낄 수 있도록 영감을 주고 사색하게 해주었다.

1. 의미가 풍부하다 — 이상과 신념의 위대한 원정

이 작품은 과거의 장정과 현재의 새

로운 장정에서 벌어진 눈물겨운 이야기들을 담고 있다. 하지만 이러한 이야기의 감동적인 면을 표현하는데 그치지 않고, 작품의 정신적 내용을 풍부하게 한다는 데 의의가 있다. 관객들은 역사 이야기뿐만 아니라 그 이야기들이 만들어내는 '이상과 신념'을 계승해야 한다는 깨달음을 얻는다. 이러한 이상과 신념이 있었기에 반유(班佑) 강가에 700명이 넘는 홍군전사들이 희생되면서도 쓰러지기를 거부했고, 북상하여 연락이 끊긴 남편을 80년 넘게 기다린 103세 노인이 있었으며, 중국공산당을 이해하고 중국 홍군을 위해 평생을 헌신한 미국인 의사 조지 헤덤이 있었으며, 중국 '천안(天眼)' 건설을 위해 20년 이상 깊은 산속에서 평생을 헌신한 난런동이 있었다. 제작진은 "장정은 이상과 신념의 위대한 원정"이라는 시진핑 주석의 이념을 창의적으로 잘 풀어내어서 이 다큐멘터리가 추구하는 사상적 메시지를 표현했다.

2. 초심을 노래하다 – 진리를 검증하기 위한 위대한 원정

이 작품은 장정의 역사적 위치에 대한 평가와 사색에 초점을 맞추고 있는데, 홍군이 국민당의 포위망을 어떻게 벗어났는지에 대한 역사적 사실의 서술에 그치지 않았고, 장정 도중 수백 번의 전투에서 얻은 성과의 전시에 그치지 않았으며, 홍군이 온갖 고난과 고통을 견뎌낸 역사적 사실에 대한 고찰에 그치지 않았다. 중국공산당과 홍군이 모든 희생을 무릅쓰고라도 굳건히 지켜온 초심을 표현했고, 홍군의 장정이 위대한 진리에 대한 탐구였음을 증명했다. 그러했기에 쭌이 회의를 전달하기 위해 쓴 천윈(陈云)의 친필원고를 찾아낼 수 있었고, '흥성번족(兴盛番族)'이라는 족자에 관한 이야기를 더 깊이 파헤칠 수 있었으며, 장정유적의 디지털화 보존의 중요성에 대한 표현이 있었고, 남수북조(南水北调) 프로젝트와 홍군정신을 연결시킨 해석을 할 수 있었다. 장정의 가장 위대한 점은 중화민족의 부흥과 인민의 행복을 초심으로 하는 중국공산당의 올바른 리더십이 있는 한, 중국혁명은 당시의 장정이든 오늘날의 새로운 장정이든 반드시 최후의 승리로 나아갈 수 있다는 진리를 분명히 다룬 데 있다. 시진핑 주석의 말대로 "장정은 진리를 검증하기 위한 위대한 원정"인 것이다.

3. 각도가 새롭다 – 민중을 일깨우는 위대한 원정

장정에 대한 방대한 연구·선전·기념 업적과 작품들 속에서 이 다큐멘터리가 독자적인 길을 모색하기란 참으로 어려운 일이지만, 그럼에도 불구하고 제작진의 노력은 우리에게 참신한 시각을 제시해준다. 이 작품은 장정의 역사와 새로운 장정의 이야기를 장정 국가문화공원 건설과 독특한 방식으로 연결시키고 있다. 그러했기에 우리는 광시 주하이징(酒海井) 홍군 열사 유해 인양작업을 볼 수 있었고, 취안저우 샹강전역 기념공원의 "풀 한 포기 나무 한 그루마다 열사의 영혼이 깃들어 있고, 개개의 산과 돌은 모두 기념비"라는 주제를 알게 되었으며, 광동성 난숑(南雄)의 소선대원들이 「당홍군가」가 적혀있는 벽 앞에서 노래를 부르는 모습을 볼 수 있었으며, 원로화가 선야오이(沈尧伊)가 장정 화판 앞에 서 있는 모습을 볼 수 있었다. 이 작품은 장정 국가문화공원 프로젝트의 영향력을 보여줄 뿐만 아니라, 이 문화공원 건설에 대한 국민들의 열정과 기대를 보여주고 있다. "장정은 국민을 일깨우는 위대한 원정"이라는 시진핑 주석의 말처럼 장정정신의 영향력과 확산을 사실적으로 묘사해주고 있는 것이다.

4. 현실을 관조하다 — 새로운 국면을 여는 위대한 원정

그동안 장정을 소재로 한 영상물은 대부분 장정의 역사발굴과 해석에 치중했다면, 『장정의 노래』는 장정의 역사적 의미와 오늘날에 미친 영향을 대규모·다층적·파노라마식으로 담아내며 "새로운 국면을 연다"라는 표현에 더 충실했다. 따라서 우리는 장정 연선에서 가난에서 벗어나 부자가 된 농민들의 웃는 얼굴을 볼 수 있었고, 녹수청산의 이념과 붉은 리본이 서로 어우러지는 아름다움을 볼 수 있었으며, 장정 연선에서 도약하는 과학기술의 눈부신 발전을 볼 수 있었고, 장정문화에서 계승된 선진 사회주의 문화 아래에서 만들어진 생생한 조각 작품들을 볼 수 있었으며, 장정의 정신이 세계의 정신적 자산이 되었다는 외국인들의 인정을 볼 수 있었다. 현실을 고려한 이러한 창의적인 컨셉은 이 다큐멘터리에 더 큰 역사적 의의, 실용적 의의, 정치적 가치, 예술적 매력을 부여하고, 장정정신의 영향을 받은 새로운 중국의 얼굴을 전 세계에 보여주며 "장정은 새로운 국면을 여는 위대한 원정"이라는 시진핑 주석의 말을 충분히 증명해주고 있다.

방영은 이미 끝났지만 이 다큐멘터리가 우리에게 준 사색과 감동은 오래도록 사라지지 않을 것이다. 장정의 정신처럼 장정문화공원 건설에서, "홍군 만세", "장정 만세"라는 진심 어린 외침 속에서, 역사의 연운을 현실의 영광으로 바꾸도록 사람들을 격려할 것이다. 이것이 바로 이 작품이 가지는 예술적 힘이다.

장잉(江英)
군사과학원 연구원, 『장정의 노래』수석 작가

장정정신의 혁신적인 영상 표현

대형 TV 특집 프로그램 『장정의 노래』는 CCTV 종합편성채널과 과학교육 채널에서 방영된 후 사회적으로 큰 반향을 불러일으키고 있다. 이 다큐멘터리는 장정 국가문화공원 건설을 기반으로 촬영되어, 장정의 이야기를 전하고 장정의 정신을 홍보하며 새로운 장정의 새로운 성과를 반영하였다. 또 "'국가의 큰일(国之大者)'"과 "국민의 관심사(民之关切)"를 결합시키고, 웅장한 연출과 미시적 조탁(彫琢, 시문 따위를 아름답게 다듬는 것)을 서로 관통시켰으며, 작은 것에 착안하여 큰 주제를 반영하고 작은 이야기로 큰 시대를 반영하였다. 이처럼 장정의 정신을 참신한 영상으로 표현하였기에 시청자들의 환영을 받을 수 있었던 것이다. 이 다큐멘터리는 다음과 같은 특징을 가지고 있다.

1. 장정의 정신을 표현하는 새로운 매개체

장정을 반영한 기존의 다큐멘터리와 달리, 이 작품은 장정 국가문화공원 조성을 반영하는 데 초점을 맞추고 있다. 장정 국가문화공원은 '14차 5개년 계획' 기간 동안 국가의 주요 문화 프로젝트이다 . 당년에 홍군의 장정은 15개 성(자치구, 직할시)을 거치며 방대한 양과 풍부한 유형의 장정문화재와 문화자원을 남겼는데, 이는 대체할 수 없는 역사적·기념적·교육적 가치를 가지고 있다. 장정 국가문화공원에는 장정 테-마기념관, 기념시설 등 167개의 장소가 있는데, 위대한 장정 정신을 담고 있는 주요 역사적 사건, 중요 유적지, 기념장소를 모두 아우르고 있다. 장정문화 공원건설의 보호 및 계승, 연구 및 발굴, 환경 지원, 문화 및 관광 통합, 디지털 재연, 교육 및 훈련 프로젝트의 요구사항과 결합하여 공원건설 과정을 반영하고, 장정정신을 보여주는 이 다큐멘터리는 묵직하고 시대감이 넘치는 작품이다. 이 다큐멘터리에는 북상하여 연락이 끊긴 남편을 80년 넘게 기다린 103세 노인 돤꿰이슈(段桂秀)의 이야기가 있고, 샹강 전역의 격전지인 주하이징(酒海井)의 홍군 열사 유해 인양과 안장 프로젝트에 관한 이야기가 있으며, 뚜뚜하(大渡河) 루딩교(泸定桥)의 유지보수를 한 왕치쉐(王其學)의 이야기가 있으며, 장정 국가문화공원(깐쑤 구간) 훼이닝(会宁)의 장정승리기념관에 소장된 홍군 당원등록표(나중에 국가 1급문화재로 판정받았다)에 깃든 이야기가 있다.

문화재가 말하게 하고, 역사가 말하게 하고, 문화가 말하게 하는 것이 이 다큐멘터리의 독특한 특징이다.

2. 장정의 이야기를 전하는 새로운 각도

이 다큐멘터리는 현재의 시점에서 출발하여 새로운 장정의 이야기에 초점을 맞추면서 오리지널 장정의 이야기를 들려준다. 50여 개의 중요한 이야기들을 캐릭터, 디테일, 온도, 감정으로 연결하며, '장정과 우리'라는 주제를 논리적으로 표현하는 동시에 여러 세대의 공감을 이끌어낸다. 또한 홍군의 엄숙한 약속에 초점을 맞추고, 장정을 따라 여러 민족 인민들이 당의 지도력 아래 빈곤 퇴치와 농촌 활성화를 이루는 시대의 변화를 담았다. 당시 어위완(鄂豫皖) 혁명근거지의 소재지였던 후베이성 윈시(郧西)의 칸쯔산(坎子山) 마을의 당지부서 웨이덩뎬(魏登殿)이 마을 전체를 이끌고 물 값이 기름 값 만큼 비쌌던 가난한 산촌을 살기 좋은 곳으로 만들었다. 그 시절 홍군이 온갖 고난을 이겨내며 힘겹게 걸어왔던, 그래서 한때 '생명의 금지구역'이자 '죽음의 덫'으로 여겨졌던 만수천산이 시진핑 총서기의 '두 개의 산 이론(两山理论)'의 지도 아래 활기찬 녹색 생태 통로로 조성되고 있다. 당년에 홍2군단과 홍6군단이 지나갔던 샹그릴라지역의 산림은 이제 황금원숭이의 중요한 서식지가 되었다. …… 장정 국가문화공원은 아름답고 행복하며, 강력한 중국을

2022년 10월 31일 멍톈(梦天) 실험 모듈의 발사가 완벽하게 성공했다.

건설하고, 새로운 형태의 인류문명을 창조하는 데 기여하고 있다.

3. 새로운 장정의 새로운 성과 반영

당시 홍군의 장정은 혁신정신으로 가득했다. 역사의 장정은 새로운 시대의 장정과 밀접하게 연결되어 있다. 이 다큐멘터리는 오늘날 장정의 길을 따라 수많은 중점 프로젝트와 전략적 중장비 프로젝트가 펼쳐져 있다는 사실을 반영해준다. 두수진(独树镇) 전투 유적 근처에는 '남수북조'의 중간 단계 프로젝트가 있고, 꿰이저우에는 '중국 천안' 프로젝트가 있다. '중국 천안'은 공식적으로 세계에 개방되었으며, 장정이 세계에 속하듯이 중국인의 지혜와 창조물인 '중국 천안'도 세계에 속한다. 이 작품은 또 중국 우주산업의 최신 성과도 반영하고 있다. 2022년 7월 24일 원톈(问天) 실험 모듈을 탑재한 장정5호B 야오3(长征五号B遥三) 운반로켓이 점화되어 중국 원창(文昌) 우주 발사장에서 이륙한 후 톈허(天和) 핵심 모듈과 도킹에 성공했다. 10월에는 멍톈(梦天) 실험 모듈의 발사도 완벽하게 성공했다. 중국의 우주정거장은 'T'자형 기본구조를 완성하며, 광활한 우주에서 중국 유인 우주비행 프로젝트의 역사적 기념비를 세웠다. 생태문명 건설의 최신 통계도 반영했다. 1980

년대에 야생 판다의 개체 수는 1,100여 마리였는데, 2021년에 이르러 야생 판다의 개체수가 1,864마리로 증가했다. 장정문화건설을 다루면서 조사를 통해 현행 초중고교 교과서에 장정 관련 내용이 모두 11편이라는 사실을 알게 되었다. 장정문화는 민족의 정신세계를 풍요롭게 했다.

4. 장정 역사연구의 새로운 돌파구 마련

CCTV는 2016년에 대규모 다큐멘터리 『장정』을 제작한 바 있다. 이번에 새롭게 제작한 『장정의 노래』는 학술연구와 예술표현에서 또 한 번 중요한 혁신과 돌파구를 마련했다.

쭌이 회의 기념관 건설을 소개하면서 모스크바 공산국제 기록보관소에 보관되어 있는 천원의 친필원고를 전시해 쭌이 회의의 구체적인 내용을 밝혀냈다. 다큐멘터리 속 준의회의기념관의 디지털화 보호작업은 이미 소장하고 있는 3차원 유물 80점, 2차원 평면 유물 1,100점을 스캔하여 8,600쪽의 문화재 디지털 파일을 구축했는데, 이는 문헌보호의 역사적인 작업이며, 오늘날의 젊은이들이 전시를 관람하는 방식에 더 부합하는 디지털 전시를 만드는 효과적인 조치이다.

홍군의 따뚜하(大渡河) 강행 도하 기념관 소개 역시 새롭다. 새로운 시청각 언어와 나레티브 기법을 사용하여 장정의 역사와 장정의 유물을 모든 사람의 손바닥과 손끝에 생동감 있게 전달했는데, 창의적인 변화와 혁신적인 표현으로 시대성이 돋보였다.

장정의 역사에 관한 기존 학술연구에서 '이하이 동맹(彝海结盟)'은 민족 단결에 관한 유명한 일화이다. 이 다큐멘터리는 앞서 한 달여 전 홍3군단이 꿰이저우 남서부 진닝(镇宁)을 지날 때 홍군 장성과 현지 부이족(布衣族) 무장지도자 루루이꽝(陆瑞光)이 '농란결맹(弄染结盟)'이라는 맹약을 맺었다는 사설을 소개했다. 이것은 홍군 장정 중 소수민족과 맺은 첫 번째의 공식 맹약이다. 제작진이 중앙문서보관소에서 '농란결맹' 원본 전문을 찾아내는 모습도 공개되었다.

칭하이성, 쓰촨성, 깐쑤성 접경지역에 위치하고 있는 반마현(班玛县)은 홍군의 장정이 칭하이를 통과하는 유일한 곳이다. 이 다큐멘터리는 반마 홍군 골짜기 기념관(班玛红军沟纪念馆)에 소장되어 있는 홍2방면군 정치부 주임이었던 장쯔이(张子意)의 일기를 선보였다. 1936년 7월 10일부터 12월 5일까지의 내용이 기록되어 있는데, 필치는 간결하지만 홍군이 칭하이를 거쳤다는 역사적 사실을 명확하게 보여준다.

스노의 저서 『서행만기』 표지를 장식한 홍군 나팔수 사진 속 모델은 고증 결과 개국 장군 셰리취안(谢立全)인 것으로 확인되었다. 1935년 중앙홍군은 닝(冕宁)을 지나던 주더(朱德) 총사령관 명의로 「중국 노농홍군 포고」를 발표했는데, 그 중 "홍군의 만 리 장정"이라는 개념이 처음 등장했다. 다큐멘터리는 이 포고를 많은 관객들에게 선보여 친근감을 느끼게 했다. 이러한 것들은 장정 역사의 연구와 홍보를 촉진하는 데 강력한 역할을 했다.

5. 장정의 의미를 표현하는 새로운 방식

이 다큐멘터리는 사상과 예술, 기술을 효과적으로 융합시킨다는 이념을 내세웠는데, 제작이 정교하고 화면이 아름다워 가히 고품질 영상이라고 할 수 있다. 영상은 4K 초고화질, 8K 초고화질, 2차원 및 3차원 애니메이션과 같은 융합기술을 종합적으로 사용하여 사람들을 매료시켰다. 또 해설원, 관광객, 목격자, 학자, 애호가, 국내외 관객 등 당사자의 이야기에 중점을 두고 관점의 다양성을 반영했다. 영상에 삽입된 주제곡, 주제가, 애니메이션 효과 등은 참신한 스타일을 강조했다. 본편의 내용과 결합하여 88개의 쇼트 영상이 만들어졌는데, 특히 6개의 하이라이트 요약 영상은 매우 창의적이고 참신하여 작품의 영향력을 확대했을 뿐만 아니라 주제를 심화시켰다. 이 다큐멘터리는 "방송 전 충분한 예열 + 방송 중 푸시 예고 + 방송 하이라이트 발표 + 저녁 하이라이트 요약 + 방송 후 반응 리뷰"의 홍보전략에 따라 집중적이고, 지속적으로 목소리를 냄으로써 강력한 모멘텀을 형성했다.

장정의 정신으로 장정을 촬영한다는 이념은 이 다큐멘터리 제작의 전 과정을 관통하고 있다. 제작진은 국가문화공원 전문가 그룹, 중앙 당사와 문헌연구원(中央党史和文献研究院), 군사과학원, 국방대학교의 전문가들과 협력하여 작품을 완성했다. 제작진은 6개의 외부 촬영팀을 파견하여 코로나 방역이라는 어려운 여건 속에서, 15개 성(자치구 및 직할시), 111개 시와 현, 총 45,210킬로미터의 여정을 경과하며, 총 400시간의 촬영분량을 완성했다. 이 다큐멘터리에서 자체 촬영비율은 70%에 육박한다. 작품은 기존 인터뷰를 통해 축적된 33명의 홍군 노인의 구술 영상자료를 활용했으며, 별도로 100세를 넘긴 홍군 전사 6명에 대한 특별 인터뷰를 진행했다. 이 중 쓰촨성 여성 홍군 전사 자오꿰이잉(赵桂英)은 2022년 11월 18일 106세의 나이로, 쓰촨성 여성 홍군 전사 왕사오롄(王少

连)은 2023년 1월 9일 102세의 나이로 각각 세상을 떠났다.

중국공산당 제20차 전국대표대회는 새로운 시대와 새로운 여정을 위한 중국공산당의 사명과 임무를 명시했다. 지금부터 중국공산당의 중심 임무는 전국의 각 민족 인민을 단결시키고 이끌어, 사회주의 현대화 강국을 전면적으로 건설하고, '두 번째 백년 분투목표'를 실현하며, 중국식 현대화로 중화민족의 위대한 부흥을 전면적으로 추진하는 것이다. 중앙방송총국은 당의 이데올로기 요충지다. 『장정의 노래』의 방영은 중국공산당 제20차 전국대표대회의 정신을 전면적으로 관철하고, 홍색 핏줄을 이어가며, 장정정신을 고양하고, 인민대중이 새로운 시대 장정의 길을 잘 갈 수 있도록 격려하고, 중국식 현대화로 중화민족의 위대한 부흥을 전면적으로 추진하는데 중요한 역할을 하고 있다.

동빠오춴(董保存)

국가문화공원 전문가자문위원회 장정분과 위원,
『장정의 노래』 수석 작가

전승과 추월
—『장정』에서 『장정의 노래』까지

중국공산당 제20차 전국대표대회가 성공적으로 열린 후 토끼해 설을 앞두고 CCTV 종합편성채널과 과학교육채널에서 6부작의 대형 TV 특집 프로그램 『장정의 노래』를 방영했다. 프로그램의 반응은 매우 뜨거웠고 많은 시청자와 전문가 및 학자들로부터 만장일치로 호평을 받았다.

『장정의 노래』 제작진의 주요 멤버는 2016년 CCTV에서 방영된 TV 다큐멘터리 『장정』의 제작진과 거의 겹친다. 그렇다면 『장정』과 『장정의 노래』는 어떤 관계일까?

감독의 해설 — 일맥상통하다

2016년 10월 중국 노농홍군 장정 승리 80주년을 기념하여 CCTV에서 TV다큐멘터리 『장정』이 방송되었다. 이 다큐멘터리는 국내외 각계각층에서 큰 반향을 일으켰으며, 장정의 역사를 반영하고 장정정신을 알린 우수한 작품으로 평가받아 전국 우수다큐멘터리상 등 다수의 상을 수상했다.

쏟아지는 호평에도 옌동 총감독은 아쉬움이 없지 않았다. 그는 『장정』을 촬영하기 위해 제작진이 5만 킬로미터 이

2016년 CCTV는 TV 다큐멘터리 『장정』을 방송하였다.

상을 달려 50여 명의 생존해 있는 옛 홍군을 인터뷰했는데, 이들의 구술 실록과 많은 귀중한 소재들을 이 다큐멘터리에 다 사용하지 못했다고 하면서, 이러한 자료들을 시청자들에게 공개할 수 있는 기회가 있으리라 믿는다고 부언했다.

……

기회는 언제나 준비된 자에게 찾아오는 법이다.

2021년 「장정 국가문화공원 건설 및 보호 계획」에 따라 관련 부서는 장정 국가문화공원 건설성과를 반영하는 특별 다큐멘터리 제작을 CCTV에 배정했다. 이번에도 총감독의 막중한 임무가 옌동의 어깨에 떨어졌다. 2021년 8월 27일 열린 창작회에서 옌동 감독은 다음과 같이 말했다. "장정에 관한 글은 끝이 없고 영화와 TV로 장정의 정신을 표현한 작품도 상당합니다. 그래서 이 『장정의노래』를 어떻게 쓰고 어떻게 찍을까요? 어떻게 독자적인 길을 개척할 수 있을까요? 우리는 우리 자신의 것을 베낄 수도 없고, 남의 것을 베낄 수도 없습니다. 이 다큐멘터리의 창작과 관련하여 저는 통속적이면서도 형상적인 표현을 하나 떠올렸습니다. 바로 '잡탕(乱炖)'입니다."

이 발언은 좌중을 놀라게 했다.

장정처럼 엄숙한 주제를 어떻게 '잡탕'으로 만들 수 있다는 말인가?

옌동은 부언 설명을 덧붙였다. "'잡탕'라는 표현이 꼭 들어맞지 않을 수도 있습니다. 동북 지역의 '잡탕'은 엄선된 재

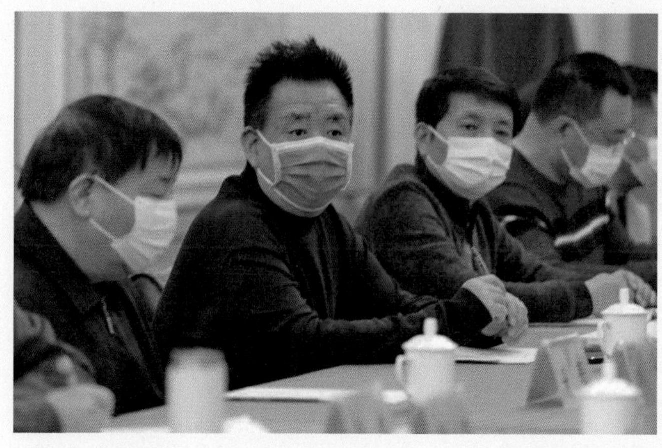

『장정의 노래』 총감독, 프로듀서 옌동(闫东, 왼쪽에서 두 번째)이 다큐멘터리 창작회의에서 발언하고 있다.

료와 양념을 적절한 비율과 순서로 솥에 넣고 불을 잘 조절하여 끓이는 요리입니다. 이 요리는 일명 '대풍수(大丰收)'라고도 합니다. 『장정의 노래』는 장정 국가문화공원이라는 매개체 안에서 역사와 현실을 엮고, 유기적으로 결합하여 역사적인 장정과 오늘날의 새로운 시대의 새로운 장정을 융합시키는 것입니다. ……"

그는 또 다음과 같이 말했다. "2016년 『장정』을 촬영하면서 우리는 50여 명의 옛 홍군 전사들을 촬영했는데 이는 소중한 '재산'입니다. 이들 중 적지 않은 사람들은 이미 세상을 떠났을 것입니다. 하지만 이 홍군 전사들의 장정정신은 우리가 촬영하려는 『장정의 노래』와 일맥상통합니다. ……"

총감독의 해설은 제작진의 인정을 받았다. 이른바 '잡탕'은 문학창작이라는 관점에서 말하면 일종의 산문 필법으로, 내키는 대로 필을 놀리기도 하고 정성들여 세밀하게 그리기도 하며, 손 가는 대로 가져오기도 하고 일부러 파헤치기도 하며, 자유분방하게 날아다니기도 하고 엄격하게 규칙을 지키기도 한다. ……

사실 그렇게 하는 것은 매우 어려운 도전임을 누구나 다 알고 있었다. 장정은 이미 거대한 문화적 상징이다. 중국인의 마음속에는 누구나 장정에 대한 자신만의 이해, 자신만의 관찰, 자신만의 깨달음이 있다. 따라서 장정과 새로운 시대의 장정을 TV 다큐멘터리와 같은 대중 커뮤니케이션의 한 형태로 연결하는 것은 매우 어려운 일일 수밖에 없다.

『장정의 노래』 제작진은 코로나 방역이라는 힘든 상황에서도 어려운 시도와 도전을 감행함으로써 장정의 정신으로 『장정의 노래』를 촬영했다. 본 작품의 주제곡처럼 "비바람을 뚫고, 장정 길을 걸은 것이다. ……"

『장정』과 『장정의노래』는 제재가 같고 제작진도 거의 그대로이기에 본질적으로 일맥상통하는 면이 있다. 그럼에도 제작진은 혁신적인 발상으로 자아를 돌파하고 초월을 실현했다. 이렇게 『장정의 노래』는 자신만의 독특한 창작 특색을 형성했다.

경험자의 구술 — 불멸의 영탄(咏叹)

『장정의 노래』가 방영되는 동안, 30여 명의 옛 홍군 전사들이 자신들의 경력을 구술하는 장면은 말 없는 흐느낌이든 '무반주의 노래'든 여러 차례나 인터넷 실시간 검색순위에 올랐다. 많은 청년 관객들도 만고의 절창이라고 감탄했다!

장정의 경험자들은 이미 대부분 우리의 곁을 떠났다. 마지막 남은 몇 명만 휠체어에 앉아있거나, 병원 침대에 누워있다. …… 그러나 그들의 구술과 그들의 노랫소리는 장정 국가문화공원에 울려퍼지고 있다. 그들의 구술은 이 다큐멘터리에 묵직한 역사감과 사람의 마음을 움직이는 진실감을 주며 자연스럽게 관객들을 그 시절의 지극히 힘들었던 장정의 길로 인도해준다. 그들의 '정기'는 새로운 장정의 길 위에 오른 새 세대를 격려하고 있는 것이다.

이와 같은 영상들은 모두 2016년에 촬영한 것으로 제작진이 아끼던 소재였는데, 2023년 CCTV 화면에 등장하여 『장정의 노래』의 피날레를 장식했다.

2016년에 촬영한 『장정』의 소재가 없었다면 『장정의 노래』의 불멸의 영탄(咏叹)이 어찌 나올 수 있었으랴! 그런 의미에서 『장정의 노래』의 창작은 이미 5년 전부터 시작되었다고 할 수 있다. 이것이 바로 흔히들 말하는 "충분한 준비가 있어야 성공할 수 있다"는 것이 아닐까 한다.

리얼한 디테일 — 다채로운 선율을 만들다

성공적인 다큐멘터리는 반드시 디테일의 진실을 강조해야 하며, 그것이 작품의 성패를 결정한다.

『장정의 노래』는 매 회마다 사실적인 디테일이 돋보인다.

2부 「시공간을 초월한 약속」에서 시진핑 총서기는 물이 부족한 산골마을을 찾아 한 농가에 들어가 마을 사람들이 마시는 물을 꼭 맛봐야 한다고 했다. …… 그가 바가지를 든 디테일은 중국공산당은 국민을 위하는 당이며 말한 것은 실천한다는 것을 생생하게 보여주었으며, 당시 홍군이 백성들에게 한 약속을 지켰다는 것을 보여주었다.

4부 「여정의 길에서 기적이 빛나다」에서 '중국 천안의 아버지' 난런동(南仁东)의 제자가 눈물을 흘리며 컴퓨터 화면에 "어르신, 우리 다시 얘기할 기회가 있을까요?" 라고 한 줄을 적어 내려간다. "감각이 평화롭고 모든 것이 고요합니다. 아름다운 우주공간은 그 신비로움과 화려함으로 우리를 평범함을 넘어 끝없는 광활함으로 불러들입니다. ……" 라는 난런동의 약간 쉰 목소리가 들려와 관객 모두의 눈시울을 붉히게 했다.

『장정의 노래』의 매 회마다 쉽게 볼 수 있는 이런 디테일은 『장정의 노래』의 다채로운 선율을 만들어냈다.

중국 천안(中国天眼)의 아버지 난런동(南仁东)

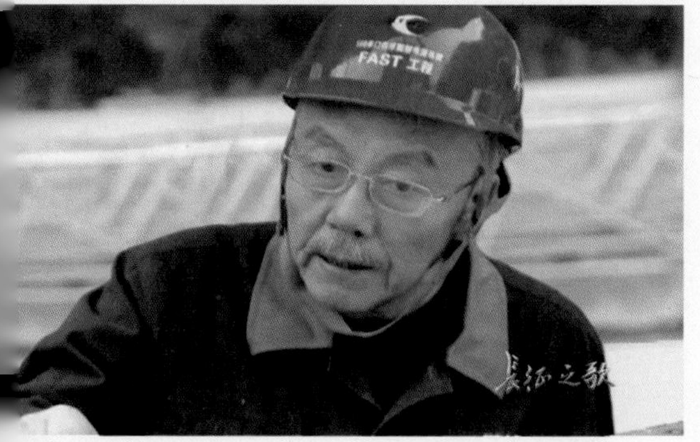

발굴과 발견 — 매력 포인트

『장정의 노래』는 과거 촬영했던 『장정』과 어떻게 차별화할 수 있을까? 오늘의 장정 국가문화공원에서 어떻게 위대한 장정정신을 보여줄 수 있을까? 모두 제작진의 심도 있는 발굴과 발견이 필요했다.

새로운 발굴과 새로운 발견은 『장정의 노래』의 매력 포인트이다.

예를 들어 만 리 장정에 대해서는 다들 잘 알지만 '만 리 장정'이라는 표현이 언제 어디에서 등장했는지 아는 사람은 많지 않다. 5부 「붉은 리본 위의 이상향」에서 장정은 선전대였고, 이르는 곳마다 선전 포고문을 붙였다. 닝(冕宁)의 벽에는 총사령관 주더가 서명한 포고문이 아직도 남아있는데, 여기에서 '만 리 장정'이라는 표현이 처음 등장한다. 장정의 역사를 잘 모르는 사람들에게는 새로운 발견인 것이다.

또 다른 예로, 근 수십 년 동안 다른 피부색, 다른 인종 및 다른 문화적 배경을 가진 사람들이 장정을 찾고 장정노선을 답사하는 진풍경이 펼쳐졌다. 그들 중에는 역사 연구자도 있고, 일반 관광객도 있고, 정부 관료도 있고, 문예계 인사도 있었다. …… 중국의 장정은 왜 이런 매력을 갖고 있을까?

심도 있는 연구를 통해 우리는 장정이 '위대한 인간 서사시'라는 것을 발견했으며 그 자체가 시공간을 초월하고 이데올로기를 초월하는 특성을 가지고 있기 때문에, 장정은 전 인류의 정신적 자산이며 장정문화는 세계로 뻗어나갈 수 있다는 것을 알게 되었다. 장정은 세계가 중국을 읽고 중국공산당을 읽는 하나의 도경이다. 그래서 6부는 「장정으로 세계가 중국을 읽다」라는 제목으로 편성하게 되었다.

상호 보완 — 금슬이 좋다

대형 다큐멘터리는 방영하기 전에 홍보영상을 제작하고 메시지를 발송하며 '워밍업'을 하는 것이 전통적인 관행이다. 물론 이러한 활동은 필요한 것이다. 하지만 요즘도 여전히 이런 방식만 사용한다면 시대에 뒤떨어졌다고 할 수밖에 없다.

『장정의 노래』 방송은 혁신과 시도를 거듭했다. 인터넷, 멀티미디어 및 융합미디어를 최대한 활용하여 전 방위적이고 다각적인 방식으로 홍보했다. CCTV 뉴스프로, CCTV 네트워크, CCTV 과학 및 교육프로, 웨이보(微博), 틱톡, 콰이쇼우(快手) 등 다양한 플랫폼에서 전면적으로 확산되었는데, 전파력과 영향력이 크게 향상되었으며 기대 이상의 성과를 거두었다.

『장정의 노래』는 방송 전후로 총 88건의 쇼츠 영상을 게재했는데 전체 조회수는 CCTV, 웨이버, 틱톡, 콰이쇼우 등 총 13억 4천만 건에 달한다. 웨이버 관련 토픽 총 조회 수는 10억 1천만 건을 돌파했으며, 『장정의 노래』 메인 토픽 조회 수는 2억 8천만 건을 기록했다. 이 중 5부에서 뽑은 「700여 명의 홍군전사들이 나란히 앉아 희생하다」는 몇 년째 출간된 왕핑(王平) 상장의 회고록에서 인용한 것인데, 조회수가 무려 1억 건에 달한다. 이외에도 인기를 끈 쇼츠 영상을 얼마든지 들 수 있다. 「여성 홍군의 자술 : 말꼬리를 잡고 강을 건너다」나 「동굴 바닥에서 80년 동안 잠들어있는 열사들의 유해」 등은 모두 좋은 성과를 거두었다.

쇼츠 영상과 『장정의 노래』 본편이 함께 방송되어 상호 보완을 이뤄냈다. 이 두 가지는 적절하게 결합하고 상호 촉진하여 장정의 정신과 장정 국가문화공원을 다채롭게 홍보했다. 또한 향후 이러한 다큐멘터리의 홍보를 위한 새로운 길을 제시했다.

두판딩(杜凡丁)

베이징 칭화통헝계획원(清华同衡规划院) 유산보호 및 도농발전센터 제5연구소 소장

『장정의 노래』 — 장정 국가문화공원 건설 이념의 혁신적인 해석

국가문화공원 건설은 새 시대 중국문화 건설의 주요 혁신이자 시진핑 총서기의 「중국 이야기 잘하기(讲好中国故事)」 이념을 구현한 중요한 사례이다. 일반적인 문화재 공개 전시나 관광지 조성과는 달리 국가문화공원에서 말하는 공원은 보다 광범위하고 개방적이며 체계적인 문화공간으로, 규모가 웅장할 뿐만 아니라 혁신적인 건설개념과 방식이 많이 적용되었다. 장정 국가문화공원의 경우 장정의 이야기를 잘하고 장정정신을 계승하는 것을 핵심으로 하고, 중요한 장정문화재와 문화자원을 근본으로 다른 관련 자원을 통합하며, 장정 루트를 따라 15개 성(자치구 및 직할시)을 통과하는 대규모 문화 및 자연유산 회랑을 형성하여 장정문화의 독특한 창조, 가치이념 및 특색을 종합적으로 보여주고 있다. 또한 혁명문화의 강한 감화력을 과시함과 동시에 중국문화의 중요한 표식을 확립하고 빈곤퇴치의 성과를 공고히 하고 농촌의 전면적인 활성화를 촉진하며, 옛 혁명지역의 활성화와 발전을 촉진했다. 대형 특집 프로그램 『장정의 노래』는 역사와 오늘의 장정 이야기를 창의적인 발상과 기법으로 풀어내고, 장정

국가문화공원의 건설이념, 계획과 배치, 특장점 등을 절묘하게 융합하여 뜨거운 사회적 반향을 불러일으키고 공원조성에 대한 성공적인 해석과 홍보를 하였다.

『장정의 노래』는 역사 진행과정을 중심으로 하는 일반적인 서사에서 벗어나 "사물을 통해 역사를 증명한다"는 이념으로, 문화재와 문화자원을 중심으로 공원을 조성한다는 기본 구상을 충분히 반영하고 있다.

문화재는 찬란한 문명을 간직하고 역사와 문화를 전승하며, 민족의 정신을 유지한다. 시진핑 총서기는 "박물관에 수집된 문화재, 광활한 대지에 전시된 유산, 고서에 기록된 글귀가 살아나도록 하여 사회 전체의 역사적, 문화적 자양분을 풍부하게 해야 한다"고 지적한 적이 있다. 사물을 통해 역사를 증명하고(以物证史), 사물이 역사를 말하게 하며(以物讲史), "보호 우선 및 계승 강화"의 원칙을 고수하는 것이 국가문화공원 건설 및 보호의 기본 이념이며, 장정 국가문화공원의 공간 배치 및 작업 배치는 장정문화재와 문화자원의 보호와 계승에 정확히 집중되어 있다. 1부는 장정 문화재와 문화자원을 중심으로 이야기를 전개하고 샹강전투 유적지, 쭌이 회의 유적지, 루딩교 등 대표적인 장정의 흔적을 통해 장정의 역사적 개황을 그려냈으며, 전국 장정문화재 기념비, 기념시설, 열사 묘지 등을 체계적으로 정리하여 국가문화공원의 전체적인 규모와 건설을 제시하고 있다. 또한 장정문화재, 기념관·기념시설, 열사묘지 등 다양한 자원을 체계적으로 정리해 장정 국가문화공원의 전체적인 규모와 조성 양상을 제시함으로써 역사적 사건을 단서로 삼는 기존 장정 다큐멘터리의 서술방식을 탈피하고 국가문화공원의 기본 개념과 조성 구상을 홍보했다.

곳곳의 장정문화재에 대해 『장정의 노래』는 독특한 시각을 선택하여 문화재가 담고 있는 위대한 장정정신을 깊이 있게 설명할 뿐만 아니라 혁명 문화재가 홍색 교육에서 발휘하는 중요한 역할을 반영하고 있으며, 신시대 혁명 문화재 보호 사업의 올바른 이념과 과학적 방법, 그리고 각급 문화재 보호자들의 노고를 보여주고 있다. 예를 들어 샹강전역 유적을 다룰 때에는 주하이징 열사 유해 인양작업을 소개함으로써 홍군열사의 비장한 이야기를 현대 고고학 및 과학 감정작업에 의해 강력하게 실증했고, 쭌이 회의를 다룰 때에는 역사적 사실 규명을 위한 귀중한 유물로서 천원의 친필서의 중요성을 강조하고, 이동 가능 문화유산의 디지털 보호의 첨단수단과 역할을 소개했으며, 루딩교 탈취를 다룰 때에는 대형 쇠사슬의 보수공법과 100년 지속된 보수제도를 보여주며 무형문화재의 전승과 일선에서 일하고 있는 문화재 종사자들의 헌신 등을 보여주고 있다. 이러한 나레이티브(이야기)를 통해 관객은 장정의 역사를 배우는 동시에 문화유산의 보존과 활용, 문화의 전승과 선양을 핵심으로 하는 장정 국가문화공원 조성의 초심을 이해하며, 아울러 문화재 보존과 기술에 대한 선진 개념을 접할 수 있게 된다.

『장정의 노래』는 참신한 구조 설계, 교묘한 콘텐츠 구성을 통해 공원 조성의 특색 포인트를 부각시켰다.

장정은 늘 현재진행형이다. 장정 승리 후 80여 년 동안 중국공산당은 초심을 잃지 않고 끊임없이 인민에 대한 약속을 이행하기 위해 노력했다. 장정 연선의 천지개벽과 같은 놀라운 변화와 위대한 건설 업적은 바로 새로운 장정 길에서 대를 이어 남긴 튼튼한 발자국이다. 장정 국가문화공원 건설의 중요한 이념 중 하나는 장정의 정신을 반영할 수 있는 다양한 자원, 특히 새로운 시대의 건설 및 개발 성과를 공원에 통합하고 전시 내용을 풍부하게 한 것이다. 『장정의 노래』는 주제를 중심으로, 장정의 이야기를 단서로 하여 장정문화재 보호와 전시, 빈곤 퇴치와 농촌 진흥, 생태 환경 보호, 전략적 중장비 프로젝트, 홍색문화의 혁신과 전승, 등 다양한 측면에서 장정 연선의 개혁개방, 특히 새로운 시대 이래의 눈부신 업적과 여러 세대의 힘든 분투, 헌신과 희생을 보여주었다. 또한 장정정신에 내재된 이상과 신념, 용기와 견지, 담력과 지혜를 종합적으로 해석하였으며, 공원 조성에서 자원 통합 방면의 웅대한 구상을 충분히 보여주고 있다.

예를 들어, 4부 「여정의 길에서 기적이 빛나다」에서 언급한 우똥더(乌东德) 수력발전소는 그 당시 '진사강 도하'가 일어났던 자오핑두(皎平渡)에 위치하고 있다. 과거에는 37명의 뱃사공이 밤낮으로 홍군을 실어 날랐고, 현재는 국가 전략 프로젝트 건설을 지원하기 위해 윈난성 루촨현(禄劝县) 주민 3만여 명이 집단으로 이주했다. 두 이야기는 모두 대국을 우선하고 희생을 두려워하지 않으며 대중에 의지하는 장정정신을 구현하고 있다. 감독은 이 전형적인 이야기와 장면을 포착하여 장정정신의 지속을 생생하게 보여주었다.

장정 국가문화공원은 '1축, 4선, 14장(一轴四线十四篇章)'의 공간 배치를 기본으로 52개의 핵심 전시 정원과 35개의 집중전시벨트를 설정해 위대한 장정의 역사를 파노라마식으로 전시하고 각 주제에 초점을 맞춘 장정 두루마리를 구성하는 것을 목표로 하고 있다. 『장정의 노래』에서도 이러한 아이디어가 잘 표현되어 있다. 한편으로는 모든 에피소드가 장정의 루트와 역사적 과정을 전체적으로 따라가면서도 각 부분의 서술 각도와 내용에 초점을 달리하여 "각각의 아름다움이 있고, 각각의 아름다움이 서로 조화를 이루는 것(各美其美, 美美与共)"을 구현했고, 다른 한편으로 카메라는 장정의 역사에서 익숙한 주요 사건과 중요한 문화에만 초점을 맞추는 것이 아니라 공원의 배치와 결합하여 과거에는 인지도가 높지 않았지만 특색이 뛰어나고 대표성이 강한 일부 포인트에도 주목했다. 예를 들어 광동성 난숑(南雄)에 유일하게 남아있는 '당홍군가(当红军歌)'의 가사가 적힌 벽과 초중등학교에서 널리 불리고 있는 홍군 노래에 주목했고, 광시성 룽성(龙胜)의 당의 초기 민족주의 정책을 생생하게 구현한 '홍군 바위'와 오늘날 홍군 관광과 향촌 관광을 완벽하게 결합한 다랑논에 주목했으며, 총칭 치장(綦江)의 스하오(石壕) 홍군열사 묘지의 모양이 장진(江津) 바이사(白沙) 양쯔강대교의 건축 설계에 아이디어를 줬다는 사실에 주목했다. 그리하여 장정 두루마리를 보다 완벽하고 입체적으로 체현할 수 있었던 것이다.

장정 국가문화공원(꿰이저우 구간) 위칭현(余庆县) 우장(乌江)돌파 기념조각

『장정의 노래』는 시진핑 총서기의 「중국 이야기 잘하기」라는 중요한 논술 정신을 철저히 관철하고, 장정 국가문화공원의 「혁신적 전파, 시대에 밀착」이라는 건설 이념을 충분히 해석했다.

『장정의 노래』는 시진핑 총서기의 「중국 이야기 잘하기」라는 중요한 논술 정신을 철저히 관철시키고, 장정 국가문화공원의 "문화 선도, 특색 강조, 혁신적 보급, 시대에 밀착(文化引领、彰显特色、创新传播、贴近时代)"이라는 건설 이념을 충분히 해석했다. 국가문화재국의 「당 역사 학습 및 교육에 봉사하는 혁명문화재자원 빅데이터 보고서」에 따르면 2019~2021년 청소년의 당사 학습 열기가 날로 높아져 35세 이하 젊은 층이 혁명문화재 방문 및 홍색관광객의 50% 이상을 차지했으며, 18세 이하 초중고생의 방문자 증가율은 40%에 달했다. 장정의 이야기를 젊은이들에게 친숙한 방식으로 전달하는 것은 현실적인 요구에 부응할 뿐만 아니라 장정 국가문화공원의 핵심 목표 중 하나인 '장정정신 계승 및 선양'에도 부합하는 것이다. 『장정의 노래』는 단순한 거시적 역사 서술을 뛰어넘어 생생한 인물과 이야기에 주목하며 옛 홍군, 홍군 후손, 문화재 보관원, 하위 빈곤 퇴치 간부, 일선 과학 연구자, 선구적인 예술가 등 모두가 이야기의 화자가 되게 하였다. 이들은 자신의 역사적 기억과 체험, 깨달음을 공유하며 장정이 연선 지역과 인민들의 생활에 각인된 깊은 인상을 보여준다.

'자진산(夹金山) 돌파'는 대중에게 가장 잘 알려진 장정의 역사적 사건인 만큼, 감독은 장정 경험자 후손들과 장정의 길을 다시 걷는 산악인들의 '역사 현장 복귀'를 통해 새로운 시각으로 강한 몰입감과 체험감을 선사했다. 그들이 체득한 추위, 저산소증, 기진맥진은 문헌 속 '자진산 돌파'를 더 이상 멀지 않게 했고, 80여 년이 지난 오늘날에도 장정의 이야기가 시대적 공감을 불러일으키게 했다.

선을 그어 키를 재는 것은 많은 중국인들에게 흔한 경험이지만 푸젠성 창팅(长汀) 홍9군단 장정 출발지인 중푸촌(中復村) 홍군 다리의 나무기둥에 새겨진 키 표시선에는 전혀 다른 의미와 정서가 담겨져 있다. 장정 시기의 사회적 배경과 홍군의 이상적 신념은 사실적인 역사적 디테일을 통해 시청자들에게 직관적으로 전달되는데, 이러한 "콘텐츠가 왕, 공감 유발(内容为王, 引发共情)"이라는 전파방식은 사람들의 마음속에 쉽게 들어와 2차 전파를 유발하기에 좋은 성과를 거둘 수 있었다. 이 장면으로 편집한 쇼트 영상 「생명의 등고선」은 이날 웨이버의 인기검색어에 올랐다.

마오쩌동 주석의 '청평악·육판산(清平乐·六盘山)'이라는 문구는 이미 모두에게 친숙한 내용이다. 록그룹 포의밴드(布衣乐队)는 서북민속예술 '화얼(花儿)'의 전승인과 함께 록음악에 '화얼'을 더한 형태로 마오쩌동의 '청평악·육판산'을 노래로 만들어 불렀다. 이러한 시도는 새로운 예술경험을 만들어냈고, 전통문화와 혁명문화, 현대문화가 서로 만나서 놀라운 불꽃을 튀게 했다.

『장정의 노래』는 이와 같은 혁신적인 접근방식을 통해 과거와 현재의 중국을 사실적이고 입체적이며 종합적인 시각으로 보여주었다.

장젠서(张建设)
중국 올드타운 건설촉진회(老区建设促进会) 비서장

홍색 유전자가 도처에서 꽃피다
—『장정의 노래』를 보고

CCTV가 제작한 6부작 대형 TV 특집 프로그램 『장정의 노래』는 장정 국가문화공원 건설을 접점으로 몽타주 기법을 채택하여 90여 년의 시공간을 여행하며 새로운 시대의 높이에서 장정의 역사를 설명하고 장정의 이야기와 현재의 이야기를 잘 들려주고 있다. 파란만장한 역사 두루마리와 섬세한 필치의 소품을 밀접하게 결합하여 유기적으로 융합했고, 높이와 온도, 깊이와 폭을 모두 갖춘 전체를 형성케 했다. 또한 번잡함을 삭제하여 늦가을 나무처럼 간단명료하게 하고, 참신하고 독창적인 수법으로 이월의 꽃처럼 상쾌하게 하여(删繁就简三秋树, 领异标新二月花) 사람들로 하여금 많은 감명을 받고 깊은 깨달음을 얻게 하였다.

장정은 장엄하고 영웅적이며 기세가 웅장한 혁명 교향곡이며, 인류역사의 기적이며 뛰어난 군사적 업적일 뿐만 아니라, 심원한 영향을 미친 혁명적 위업이기도 하다. 그것은 이상적 신념의 '등대'이고, 진실을 시험하는 '시금석'이며, 인민을 깨우는 '돌격나팔소리'이며, 새로운 지평을 여는 '나침반'이다. 그것은 어려움을 이겨내고 승리를 위해 노력하며 한 세대에서 다음 세대로 이어져 온 중화민족의 홍색 유전자이다. 그것은 거의 90년에 걸친 육성 끝에 오랫동안 중국 땅에 뿌리를 내리고 민족의 핏줄에 통합되었으며, 오늘날에도 이 홍색 유전자는 더욱 무성하고 도처에서 꽃을 피우고 있다.

문화의 전승이 정신의 꽃을 피우다

문화는 한 민족발전의 영혼이며, 한 나라의 강인한 정신이다. 장정문화의 핵심 내용은 확고부동한 이상과 신념, 불굴의 항쟁 정신, 용감하고 직진하는 혁명적 의지, 낙관적으로 향상하는 풍골의 자질인바, 이는 승리를 위한 중요한 담보이다. 『장정의 노래』는 문화의 표현에 있어 문화재의 범주를 강조하고 장정 국가문화공원 건설에 중점을 두고 깊이 파고 널리 수집하고 정교하게 다듬어, 다양한 각도에서 광범위하면서도 깊이가 있게 표현한다. 크게는 쭌이 회의 기념관의 디지털 보호 프로젝트, 루딩교 쇠사슬 제작 기술 전승 등의 전시, 작게는 홍군 문짝, 홍군 전단, 홍군 구호, 홍군 당원 등록표, 홍군 입대 시 키 측정 표시선 등 구체적인 문화재에 대한 심도 있는 묘사는 장정문화재와 문화자원의 풍부한 서사 매트릭스를 형성하여 장정 이야기를 들려주며 장정정신을 고취시키고 장정문화를 육성했다. 이것은 영상예술 형식의 재현일 뿐만 아니라 장정문화의 계승과 전파이다.

장정문화는 희생을 두려워하지 않고, 용감히 앞으로 나아가며, 강인하고 끈기 있게 일하고, 일심단결하고 협력하며 백절불굴의 의지로 난관을 극복하는 강력한 장정정신을 낳았다. 이러한 정신에 의지하여 러우관(娄关)을 부수고, 루딩교를 탈취하고 진사강을 건너고, 오령(五岭)을 넘고, 설산을 오르고, 초원을 건너고, 겹겹의 봉쇄선을 뚫고 산베이에 도달했다. 이러한 정신에 의지하여 핑싱관(平型关) 대첩을 이루고, 타이얼좡(台儿庄) 혈전을 벌였으며, 양밍바오(阳明堡)를 야간 습격하고, 백단대전(百团大战)을 치루면서 항일전쟁의 위대한 승리를 이룩하였다. 이러한 정신에 의지하여 3대 전역(三大战役)의 승리를 이루고 백만 용사들이 양쯔강을 도하하여 장제쓰 왕조를 타도하고 전 중국을 해방시켰다. 이러한 정신에 의지하여 사회주의 건설과 개조를 진행함으로써 씻은 듯이 가난하던 중국을 점차 번영하고 강해지게 만들었다. 이러한 정신에 의지하여 중국은 개혁개방을 하고 점차 일어서고 부강해졌으며, 세계의 여러 민족과 어깨를 나란히 할 수 있게 되었다. 앞으로도 우리는 여전히 이러한 정신에 의지하여 중화민족의 위대한 부흥을 실현해야 할 것이다. …… 장정은 늘 현재진행형이고 장정의 노래는 항상 불 것이며, 장정정신은 우리의 위대한 사업과 더불어 바람을 맞받아 활짝 꽃피우리라.

군민의 정이 깊어 단결의 꽃을 활짝 피우다

장정은 민중을 일깨우는 위대한 원정이었다. 『장정의 노래』는 방대한 분량으로, 물과 물고기처럼 떨어질 수 없는 군민의 정에 대한 이야기를 담고 있다. 류보청(刘伯承) 원수와 이족(彝族)의 우두무리 샤오예단(小叶丹)의 삽혈지맹(歃血为盟)이든, 비바람과 굶주림에 시달리면서도 결코 대중의 이익을 침범하지 않고 철과 같은 규율을 일관되게 관철하는 홍군 전사든, 그들은 자신들의 실제 행동으로 억압받는 인민들에게 동경과 희망을 주었고, 밑바닥에서 허덕이는 인민들에게 무엇이 착취이고 무엇이 억압인지 알게 하여 그들의 운명을 바꿀 용기와 힘을 일깨웠다. 모든 것은 대중을 위한 것이고, 모든 것은 대중에 의지했다. 인민의 이익을 최우선으로 하고 세상의 부당함과 억압을 바꾸기 위한 혁명을 위해 싸웠기 때문에, 결국 역사와 인민은 홍군을 선택했고 중국공산당을 선택했다. 홍군은 가난한 사람들의 대오이고 홍군은 노동자와 농민의 무장이다. 그래서 백성들은 마지막 남은 식량을 군량미로 보냈고, 마지막 남은 천으로 군복을 지었으며, 마지막은 아들을 전쟁터로 보냈다. 군인은 백성을 사랑하고, 백성은 군대를 옹호하며, 군민은 물과 물고기처럼, 가족처럼 감동적인 장면을 연출한다. 이 피보다 진한 군대와 인민의 정은 홍군 장정의 가장 강력한 보증이자 장정 승리의 중요한 열쇠였다. 전쟁 때도 그랬고, 특히 서부 개발, 군 개혁, 빈곤 퇴치 등 평화시대에도 군민의 정은 큰 힘을 발휘했다. 장정이 키운 단결의 꽃은 역사의 모든 시기에서 내내 눈부신 빛을 뿜었다.

새 국면을 열어 풍요의 꽃을 피우다

장정은 15개 성(자치구, 직할시)을 종횡무진하고 700여 개의 현성을 점령했으며, 300여 차례의 전투를 벌여 적들에 의한 겹겹의 포위를 돌파했다. 진사강을 건너고, 따뚜하를 뛰어 넘고, 루딩교를 탈취하고, 설산을 오르고, 초원을 지났으며, 사람이 다니기 어려운 무인지대마저 기어이 통과하였다. …… 그렇게 인류역사에 위대한 기적을 이룩했다.

与彝族首领小叶丹歃血为盟
長征之歌

선야오이(沈尧伊)가 2010년에 창작한 유화 「이하이 결맹(彝海结盟)」

『장정의 노래』는 시간을 초월하여 홍군의 창조적인 각종 우회, 포위, 저격, 기습 등의 전투장면과 전쟁의 기적을 보여주었는데, 특히 고달프고 피비린내 나는 전투장면을 바로 눈앞에서 보듯 생생하게 재현했다. 또한 한편으로는 '남수북조' 프로젝트, '중국 천안', '츠수이 홍군대교', '우똥더 수력발전소', '시창 위성발사센터', '타라탄(塔拉滩) 태양광발전소' 등을 과학기술사의 기적을 보여주었다. 이러한 것들은 각각의 성과이기도 하지만 역사적으로 지역적으로 서로 얽혀있으며, 모두 혁신의 정신이라는 하나의 공통된 특징을 구현하고 있다.

장정이 통과하는 대부분의 지역은 낙후한 국경지역과 빈곤지역으로, 모두 빈곤 퇴치의 핵심적이고 어려운 지점에 속한다. 최근 몇 년 동안 당 중앙은 혁신적인 정신으로 빈곤과의 전쟁에 맞서 싸우고 있으며, 주목할 만한 성과를 거두었다. 나는 구지역 건설촉진회(老区建设促进会)에서 일하면서 홍군의 장정이 경과한 많은 곳을 다녀봤는데, 중앙에서 지방, 정부기관에서 공장, 광산, 기업, 각종 자선단체에서 구지역(老区) 인민에 이르기까지 각계가 빈곤퇴치와 발전을 위해 투자한 인력, 물자, 재정, 과학기술 자원은 모두 비할 데 없고 전례가 없는 수준이었다. 낙후지역 주민들의 생활수준, 자급자족 능력, 생태 환경, 정신상태 등은 모두 천지개벽같은 변화가 일어났다. 진사강 협곡을 가로지르는 철쇠로

된 라인에 의존해야만 외부로 나갈 수 있었던 사람들, 90도에 가까운 사다리에 의존해 외부 세계와 연결되던 아투례얼(阿土列尔) 마을의 사람들, 벼랑 꼭대기에서 살던 아브로하(阿布洛哈) 마을 사람들은 모두 생존의 곤경에서 벗어났다. 이와 같은 마을들은 꾸준한 발전을 거듭하여 지금은 교통이 편리해지고 주민들의 생활수준이 향상되었다. 루딩교와 자진산은 더욱 몰라보게 변했다. 이것이 바로 장정정신이 낳은 풍요의 꽃이다.

만 리 강산에 문명의 꽃을 피우다

장정은 일종의 문화이자 문명이며 화하(华夏) 5천년 문명사에서 가장 찬란한 꽃다발이다. 깃발은 방향을 가리키고 정신은 시공간을 초월한다. 비록 시대가 발전하고 상황이 변하고 있지만, 장정정신은 역사의 긴 흐름 속에서 여전히 더욱 빛나는 시대의 빛을 발하고 있다. 장정이 남긴 정신적 불씨는 중화민족의 무궁무진한 힘의 원천이 되었다. 장정정신은 만 리 강산 곳곳에 문명의 꽃을 피우며 용기와 인내를 가지고 앞으로 나아가도록 사람들을 격려하고 있다.

『장정의 노래』는 일반인들이 장정을 기념하고 연구하는 다양한 형태를 제시함으로써 장정정신이 현대인의 삶에 녹아들어 있음을 표현하고 있다. 수많은 젊은이들이 뉴미디어를 통해 장정의 역사 전시물를 관람하고, 일반인들은 장정

해설원이 학생들을 인솔하여 장정 국가문화공원(후베이 구간) 윈시현(郧西县) 혁명열사기념관을 참관하다

의 길 답사에 나서고 있다. 초등학생들은 장정 국가문화공원에서 조용히 경청하고, 국내외 관광객과 사진작가들이 장정의 길에서 사진 촬영에 바쁘다. 또 초중학생들 수업시간에 홍군이야기를 배우고…… 장정정신은 이미 당대의 일상생활에 스며들어 감화의 힘과 문화의 힘, 문명의 힘을 보여주고 있다.

세대마다 자기 세대의 장정이 있고, 세대마다 자기 세대의 장정을 잘 해나가야 한다. 장정의 정신은 대대로 전해지고 장정의 영혼은 대대로 사라지지 않는다. 초심을 잃지 않아야 시종일관할 수 있다. 89년 전 위뚜(于都)를 출발해 거대한 홍수처럼 온갖 위험천만한 장애물을 뚫고 나갔고, 점점의 불꽃이 민족의 희망에 불을 붙였다. 89년 동안 지나온 길을 잊지 않고 비바람을 맞아가며 모두가 뜻을 모아 중화민족의 강한 등줄기를 바로 세웠다. 89년 후 새로운 시대의 중국 공산당은 책임과 사명을 명심하고 중국 특색 사회주의의 위대한 사업을 새롭고 더 큰 승리로 이끌 것이다.

산완리(单万里)
중국 영화예술연구센터 연구원

『장정의 노래』: 역사적 사건의 현대적 표현

최근 CCTV 종합편성채널 황금시간대에 방영된 6부작 대형 특집 프로그램 『장정의 노래』는 익숙하지만 낯선 장정의 이야기를 담았다. 익숙한 것은 장정이 여러 세대의 교과서에 등장하기 때문이고, 낯선 것은 장정 국가문화공원이 근래에 등장한 신선한 일이었기 때문이다. 『장정의 노래』는 장정 국가문화공원이 속속 건설되고 있는 상황에서 80여년 전의 일을 다시 이야기하고, 장정연선에서 현 시대를 살아가는 사람들의 생활을 주목하였다.

우리는 항상 역사 속에서 생활한다. 모든 역사는 당대사이다. 『장정의 노래』의 핵심 멤버들은 지난 2016년 장정 승리 80주년을 기념해 8부작의 다큐멘터리 『장정』을 제작했었는데, 당시에는 기념성 부각에 초점을 맞추었다. 여기에 비해 『장정의 노래』는 장정 연선의 현실에 주목하며 친서민적인 정서를 더했다.

제1부 「장정문화재에 생명을 불어넣다」는 장정 국가문화공원에 대해 서술하고 있다.

제2부 「시공간을 초월한 약속」은 당년에 홍군이 장정 연선 지역 백성들에게 한 약속을 소개하고 있다.

제2부는 「홍군은 대체 누구인가?」로 시작된다. 이 군대가 탄생한 날부터 이

질문은 끊이지 않았다. 장정 국가문화공원 후베이 구 윈시현(郧西县) 혁명열사 기념관에는「홍군은 어떤 사람인가?」라는 제목의 홍군 전단지가 있는데, 다음과 같은 내용이 적혀져 있다. "홍군은 노동자·농민의 군대이고, 홍군은 소비에트 정부가 지휘하는 군대이며, 홍군은 공산당이 이끄는 군대이다." 홍군들이 당시 산, 석벽, 건물에 남겼던 표어는 여전히 구별할 수 있으며, 오늘날 '빈곤 퇴치'와 '농촌 진흥' 표어와 어우러져 장정 국가문화공원의 독특한 경관을 형성하고 있다. 이는 이 다큐멘터리 전체를 관통하는 중요한 단서이기도 하다.

이어 2020년 9월 16일 오후 후난에서 시찰 중인 시진핑 총서기가 천저우(郴州) 루청(汝城)현의 야오족(瑶族) 마을을 찾아 '반쪽 이불의 온기' 테마 전시관을 방문하는 장면이 등장한다. 시진핑 총서기는 '반쪽 이불' 이야기는 중국공산당의 인민 정서와 인민을 위하는 본질을 구현한 것이라고 하면서, 당시 홍군은 먹고 입는 것이 부족했고 생사가 달린 상황인데도 백성들의 냉온난방까지 생각하고 있었으니 정말 대단하다고 말했다. 뒤이어 다음과 같은 해설이 나온다. "시공간을 초월해 공산당원들의 엄숙한 약속은 일관되었습니다. 이것이 바로 인민이 더 나은 삶을 위해 분투하는 것입니다." 이번 편은 대부분은 빈곤에서 벗어나 부유해지는 이야기를 다루고 있다.

역사를 돌이켜보는 것은 현실을 인식하기 위해서이고, "새로운 시대의 장정의 길"을 이야기하는 것은 아름다운 미래를 건설하기 위한 것이다. 이것이 바로『장정의 노래』의 전체적인 서사의 특징이다.

제3부「녹색 생태 회랑」은 장정 연선 지역이 인류의 새로운 형태의 문명을 창조하는 데 기여한 점을 중점적으로 다루었다. 제4부「여정의 길에서 기적이 빛나다」는 새로운 장정의 길에서 취득한 첨단기술의 기적에 초점을 맞춘다. 제5부「붉은 리본 위의 이상향」은 장정을 주제로 한 다채로운 문화작품을 선보이고 있다. 제6부「장정으로 세계가 중국을 읽다」는 장정의 국제적인 영향력을 보여주고 있다.

이 작품은 영상자료가 풍부하고 상세하며 진귀하다. 이번에 새로 촬영한 소재 외에도 다양한 소재들을 정성들여 선정했다.

여기에는 2016년에 촬영한 다큐멘터리『장정』의 취재 영상과 1990년대 이후 해당 제작진이 제작했던 혁명사 관련 다큐멘터리의 진귀한 취재 영상이 포함된다. 이밖에도 제작진은 일찍부터 다양

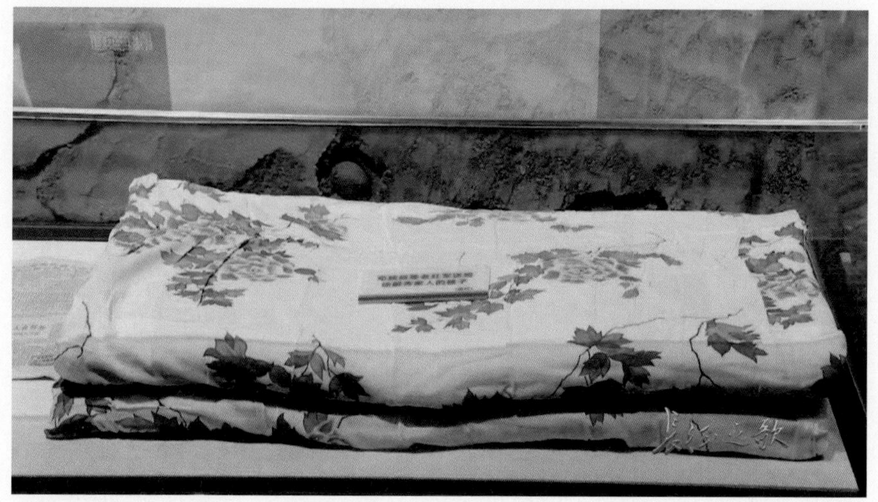

사저우 마을의(沙洲村) '반쪽 이불의 따스함' 특별 전시관은 덩잉차오(邓颖超) 등 옛 홍군들이 수제슈(徐解秀)의 가족에게 선물한 이불을 소장하고 있다.

한 출처의 역사 영상 자료를 수집해 왔다. 동시에 이 작품은 '역사 자료를 살아 숨쉬게' 하는 방면에서 다양한 시도를 했으며, 장정 연선의 문화공원과 박물에서 뉴미디어 방식으로 선보인 생생한 문헌자료들을 충분히 활용했다.

『장정의 노래』는 장정정신의 찬가로서 사상성, 예술성, 관람성을 겸비하고 있으며, 지식성도 아주 풍부하다. 이 작품은 장정 연선지역의 자연지리(예를 들면 3부의 츠수이의 형성), 인문역사, 풍토와 인정 등 방면의 지식을 간결하게 형상화해 관객들의 지식을 풍부하게 하여 젊은 관객들의 인기를 얻었다. 이는 어디까지나 제작진과 학술전문가팀의 참여 덕분이라고 할 수 있다. 장정은 중국에 속할 뿐만 아니라 세계에도 속한다. 장정은 풍부한 정신적 의미를 담고 있기에 앞으로도 더 많이 탐구되어야 할 것이다.

청훼이저(程惠哲)

중국예술연구원 문화발전전략연구센터 부주임,
국가문화공원 전문가자문위원회 사무국 부주임

『장정의 노래』: 장정의 영혼, 시대의 바람, 영상의 소망

2년간 거듭 연마하고 정성껏 제작한 끝에 많은 전문가들의 지혜와 재능이 모인 『장정의 노래』가 정식으로 방영되었다. 이 작품은 장정의 영혼을 재현하고 장정의 정신을 계승하였으며, 장정 국가문화공원의 모습과 시대적 발전상을 보여주고, 과거와 현재를 절묘한 영상과 생생한 그래픽으로 연결했다. 따라서 한 번쯤은 꼭 봐야할 가치가 있는 다큐멘터리 작품이다.

이것은 단호하게 새로운 것을 창조한 작품이다

장정과 관련해서는 그동안 영화 작품, TV 작품 등 다양한 시각과 의도를 가지고 예술적으로 표현된 문예작품들이 많이 있었다. 하지만 국가문화공원이라는 개념도 새롭고, 장정 국가문화공원 건설도 새롭고, 장정 국가문화공원 건설을 위해 특별히 제작된 TV 특집 프로그램 『장정의 노래』도 새로운 기획이다. 장정 국가문화공원 건설은 특집 프로그램 『장정의 노래』를 촬영하게 된 이유이기도 하다. 장정 국가문화공원이 없으면 『장정의 노래』도 없었을 것이고, 장정이 없으면 장정 국가문화공원도 없었을 것이다.

따라서 『장정의 노래』에는 장정 국가문화공원이 있어야 할뿐만 아니라 '장정'도 있어야 하고, 새로운 시대의 새로운 장정도 있어야 한다. 관건은 얼마나 많은 공간을 할애하여, 어떤 방식으로 표현 할 것인가이다. 장정은 혁명전쟁 시대의 잔혹한 전투와 철혈의 신념일뿐만 아니라 새로운 시대의 영원한 여정이며 언제나 현재진행형이다. 장정은 홍군이 만든 군사적 기적과 생명의 기적 일뿐만 아니라, 인류가 공유하는 정신적 재부이며 정신적 기념비이기도 하다. 장정 국가문화공원 건설을 중심으로 관련 다큐멘터리를 촬영하기 위해서는 장정과 장정 국가문화공원의 관계, 역사적인 장정과 새로운 시대의 새로운 장정의 관계를 진지하게 다루고, 기존의 다양한 장정 테-마 영상 작품들을 기반으로, 새로운 아이디어를 만들고 새로운 인식을 만들어내야 한다. 『장정의 노래』는 창조적 사고와 혁신적 의식으로 개척적이고 혁신적인 작품을 만들겠다는 의지를 비교적 잘 실현했다. 즉 장정 국가문화공원 건설과 새로운 시대 새로운 장정의 위대한 건설성과를 통해 장정의 정신을 예술적으로 활성화하고 장정의 영혼을 진지하게 폭발시켰으며, 장정의 정신이 대대로 이어져 내려오고 장정의 영혼이 대대로 존재한다는 것을 형상적으로 표현했다. 장정의 영혼에 대한 해석은 여러 가지가 있을 수 있지만, 그 기본 내용과 두드러진 특징은 '4철 4고집(四铁四坚持)'으로 개괄된다. 즉 철의 의지, 철의 믿음, 철의 규율, 철의 단결과 탐구를 고집하고, 실사구시를 고집하며, 진리를 고집하고, 바른 길을 고집하는 것이라고 할 수 있다. 이러한 장정 영혼이 있었기에 당과 홍군은 지도체제를 지속적으로 조정하고 보완하여 영명하고 리더십이 있는 지도핵심을 추대하여 결속력, 전투력, 호소력이 있는 지도그룹을 형성할 수 있었다. 이러한 장정 영혼이 있었기에 홍군은 행진 루트를 지속적으로 조정하고 변경하여 적의 포위를 돌파하고 곤경에서 벗어나 새로운 세계를 개척할 수 있었다. 이러한 장정 영혼이 있었기에 홍군은 죽음을 초개같이 여기면서 어떠한 타격에도 흔들리거나 무너지거나 흩어지지 않음으로써 절체절명의 위기를 타파할 수 있었다. 이러한 장정 영혼이 있었기에 중국공산당은 장정의 승리를 이뤄냈고, 혁명의 승리를 이뤄냈으며, 새로운 시대 새로운 장정의 승리를 달성했다.

요약하자면, 『장정의 노래』의 새로운 장점은 장정의 영혼에 초점을 맞추고, 장정의 영혼을 둘러싸고, 장정 국가문화공원에서 장정을 이야기하고, 장정의 성과를 이야기함으로써 오늘날 사람들에게 장정의 어려움을 알리고, 혁명의 위대함을 알리고, 홍색 정권의 어려움을 알린 것이다. 장정 국가문화공원 건설을 통해 새로운 시대의 새로운 성과를 볼 수 있다. 새로운 시대의 새로운 성과는 빈곤 퇴치, 농촌 부흥과 생태 문명에 있고, 중국의 꿈과 부흥의 꿈에 있으며 중국식 현대화에 있다.

이것은 시대를 예찬한 작품이다

장정 국가문화공원 건설은 국가적인 중대 문화사업인 국가문화공원의 중요한 부분이다. 특집 프로그램『장정의 노래』는 장정 국가문화공원 건설에 발맞춘 시대적 작품으로 시대정신이 충만하고 시대의 빛을 발산해야 한다. 그것은 장정에 대한 경의이자 새로운 시대에 대한 예찬이어야 한다. 장정에 대한 경의가 없으면 창작의 근본을 잃게 되고, 새 시대에 대한 예찬이 없으면 창작의 방향을 잃게 된다.『장정의 노래』는 창작의 핵심을 더 잘 파악하고 새로운 시대에 대한 예찬과 구가의 목표를 잘 실현했다.『장정의 노래』에는 장정 국가문화공원을 통해 새로운 시대에 들어선 이래 새로운 장정이 이룩한 풍성한 성과와 위대한 업적이 반영되어 있다. 여기에는 혁명문화의 재조명이 포함되고, 장정 중의 혁명 문화재와 혁명 문화재 중의 장정이 포함된다. 여기에는 의지를 이야기하는 시와 정을 이야기하는 노래가 있고, 오래도록 울려 퍼지는 노랫소리와 깊고 깊은 정이 있으며, 장정 중의 문예가 있고, 문예 중의 장정이 있다. 장정과 장정 국가문화공원의 문화재와 문예 외에도 빈곤 탈퇴의 기적, 장정 연선지역의 공동 부유, 농촌진흥의 풍성한 성과, 과학기술 혁신, 전략적 중장비, 생태환경 보호가 있으며, "녹수청산이 곧 금산과 은산"이라는 확고한 신념이 있다. 이처럼『장정의 노래』에서는 새로운 시대의 건설 기적과 장정의 길에서 전쟁의 기적이 서로 어울려서 서로 눈부신 빛을 발한다.

이것은 정성에 정성을 다한 작품이다

『장정의 노래』의 참여자이자 증인으로서 나는 이 작품이 훌륭한 작품이라고 말할 수 있는 용기와 자신감, 그리고 책임감을 가지고 있다. 제작진의 책임감과 헌신, 대본의 창의적인 수정, 고심 어린 소재 선택, 정성 가득한 편집 등 많은 노력이 반영된 결과물이기 때문이다.

『장정의 노래』의 제작진은 "반드시 훌륭한 작품을 내야 한다"는 강한 신념을 가지고 있었다. 감독·작가·카메라맨은 물론 후기 편집·제작팀까지 모두 산전수전 다 겪은 베테랑이며 걸출한 영재들이다.

『장정의 노래』는 대본의 수정·보완부터 어려운 작업이었다. 고치고 또 고치다 보니 사람들이 민감하고 감정적으로 변하기도 했는데, 이는 지나친 완벽을 추구하다보니 생긴 부작용이었다. 『장정의 노래』의 각본은 종이 원고에 전자 원고까지, 내가 본 초안만 10여 편이나 되는데, 원고마다 5~6만 자 분이다. 이 10여 편의 초안은 작가들이 문을 닫아걸고 내키는대로 만든 것이 아니라, 창작회에서 각 분야의 베테랑들이 끊임없는 토론을 통해 개선한 것이다. 이런 창작회에 나는 전후로 십여 차례 참가했다. 이처럼 빠른 템포와 강도 높은 수정 작업에서 작가가 감정 통제를 잘해낸다면 그것이 오히려 이상한 일이었다. 당연히 이런 상태에서 나온 각본은 훌륭할 수밖에 없는 것이다.

『장정의 노래』의 화면은 매우 정교하고 시각적 임팩트가 있으며, 영상 소재는 대부분 제작진이 직접 촬영하고 축적한 1차 재료이다. 2022년 봄과 여름, 코로나 19가 연이어 닥치는 엄중한 환경 속에서도 여러 갈래의 촬영팀은 위험을 무릅쓰고 촬영의 길에 올랐다. 촬영팀은 빙산과 같아서 무대에 노출되는 사람은 감독, 작가, 카메라맨 등 10여 명에서 수십 명이지만, 그들의 작업에 협력하는 스탭은 종종 수십 명에서 수백 명에 이르렀다. 모든 화면은 즉흥적인 것이 거의 없고 기본적으로 충분히 연구하고, 기획하고, 연락하고, 소통했다. 어디서 찍고, 언제 찍고, 어떻게 찍고, 어디에 쓰고, 어떻게 쓰고 어떤 효과를 얻을 것인지를 세밀하게 연구해야 했다.

촬영을 위해 제작진은 장정 국가문화공원 관련 15개 성(자치구, 직할시) 관련 부서와 지방에서 각각 촬영 간담회를 가졌다. 이처럼 세심하고 전문적인 준비를 마쳤기 때문에 촬영 작업은 원활하게 진행될 수 있었기에, 촬영팀은 코로나로 인한 불편함과 불이익을 극복하고 촬영 임무를 예정대로 완료하고 많은 수준 높은 영상 재료를 수집 및 축적하여 후기 작업의 견고한 토대를 마련할 수 있었다.

『장정의 노래』를 제작하는 과정에서 총감독의 결재에 맞춰 작업 결과물을 내놓기 위해서는 모든 참여자들이 침식을 잊어가면서 밤낮으로 일해야 작업 템포와 진행 상황을 따라잡을 수 있었다.

이런 노력들이 밑바탕이 되었기에 『장정의 노래』는 장정의 영광과 위대함을, 장정 국가문화공원의 품격과 포인트를, 새로운 시대 새로운 장정의 놀라운 기적과 찬란한 업적을 고품격으로 재현하여 시청자들에게 선보일 수 있었다.

마지막으로 부언하자면, 『장정의 노래』는 TV 특집 프로그램으로서 제한된

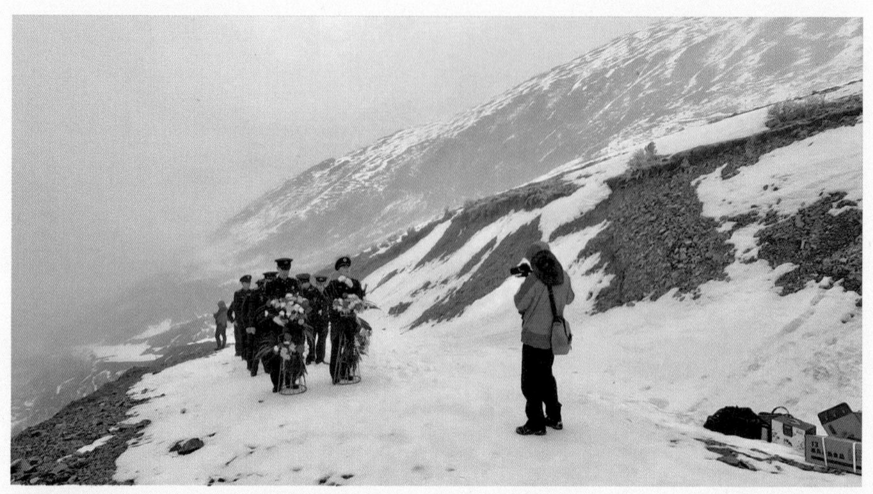

2022년 3월 30일, 제작진은 쓰촨성 홍위안(红原) 야커샤(雅克夏) 홍군열사묘지(해발 4800m)에서 촬영하였다.

시간과 분량의 한계가 있기에 장정의 본래 모습을 온전하게 재현하기 어렵고 장정 국가문화공원의 전모를 보여주기도 어렵다. 이는 장정을 새로운 시각으로 재조명하고 장정 국가문화공원의 품격과 포인트를 볼 수 있는 창과 같은 프로그램이며, 새로운 시대의 새로운 장정의 길로 우리를 안내해주는 한줄기 빛과 같은 프로그램이다.

『장정의 노래』를 통해 혹자는 깨달음과 영감을 얻어 선열들의 발자취를 따라 장정의 길 답사에 나설 수 있을 것이다. 혹자는 장정 국가문화공원에 의연히 들어가 공원 건설에 보탬이 되거나, 아름다운 명산대천으로 신앙과 신념의 여행을 떠날 수도 있을 것이다. 또 혹자는 새로운 시대의 새로운 장정의 길을 화려하게 출발하여 새로운 여정에서 경력을 쌓고 인류의 새로운 기적을 창조하는 시대의 급류에 합류할 수도 있을 것이다.

류웨(刘岳)

전 CCTV 군사프로그램 센터장, 선임 편집자, 『장정의 노래』의 수석 작가

산과 물에 향기를 남기다 — 6부작 다큐멘터리 『장정의 노래』에 대한 평론

장정은 하나의 문화로서 오늘날 사회의 모든 측면에 깊숙이 스며들어 있으며, 현재진행형이며 끊임없이 이어지는 이야기의 사슬이다. 오늘날 거의 100개에 달하는 장정 국가문화공원은 당년에 홍군이 걸어온 노선에 차례로 분포되어 있으며, 중요한 사명을 띠고 있다. 피와 전승, 이것은 국가와 민족을 결집하여 내일로 나아가게 하는 정신력이며, 민족과 국가의 경계를 초월하여 인류의 운명 공동체를 구축하는 음표이다.

6부작 TV 특집 프로그램 『장정의 노래』는 장정에 대한 과도한 표현이 없으며 그렇다고 장정 국가문화공원의 내용 소개도 아니다. 다만 정신적 문화적 측면에서 생생한 TV 언어로 장정 국가문화공원을 건설하는 데 있어서 세 가지 다른 차원의 가치 포지셔닝을 보여준다. 이 작품은 현재를 기반으로 넓은 시야와 국제적 시각으로 시청자들에게 참신한 예술적 품격과 비범한 스타일을 보여준다.

1. 그것은 공간이자 시간이며, 지리적 개념이자 심리적 개념이다

모든 이야기에는 역사적 장소가 있

광시(广西) 궤이린(桂林)의 다랑논
广西桂林龙脊梯田

으며, 이러한 지리적 공간은 시간의 장막을 덮고 있다. 오래 전의 일이라도 그곳에 가면 역사의 한 장면이 눈앞에 생생하게 되살아나기도 한다. 『장정의 노래』는 홍군의 장정이 경과한 곳의 이야기를 담고 있으며, 그 이야기는 오솔길과 시냇물, 발아래 바위와 머리 위의 하늘 등 장정 국가문화공원의 곳곳에서 만날 수 있다. 『장정의 노래』에서는 이러한 것들은 더 이상 단순한 자연경관이 아니라 장정의 유적지이고 장정의 자연 랜드마크이며 장정의 탐방로이다. 그리고 거의 100개의 장정 국가문화공원 경계 너머에 있는 관련 역사, 문화, 자연 및 교육 자원은 사람들로 하여금 장정이라는 인류 운명 교향곡의 한 구절을 감상할 수 있도록 해준다. 설령 그 중 어떤 이야기는 이미 널리 알려진 것이라 하더라도, 이런 곳에서는 좀 더 다층적으로 역사를 느끼고 이해할 수 있다.

샹강전역에서 중앙홍군이 8만여 명에서 3만여 명으로 급감하는 등 피해가 컸다는 것을 우리는 잘 알고 있다. 그러나 샹강전역에서 홍군 전사들의 유해가 묻힌, 지하에서 흐르는 강과 연결된 주하이징(酒海井)이라는 동굴이 있다는 지역 주민들의 오랜 전설에 대해 아는 사람은 거의 없다.

『장정의 노래』는 이를 연결고리로 해서 관객들을 역사의 깊은 곳으로 안내한다. "2017년, 고고학팀원과 수중탐험가들이 약 한 달에 걸친 인양 작업 끝에 동굴 속 진흙탕 속에서 홍군 열사의 유해를 발견했다. 전문가팀이 종합적으로 분석한 결과 대략 20구 정도 되는 이들 유해는 모두 15~25세 남성이었고, 신장은 1.37~1.63m, 체중은 55kg 이하인 것으로 추정되었다. 유해에 종려나무 가지로 엮음 줄로 묶인 큰 돌은 이곳에서 희생된 홍군 병사들이 총에 맞아 희생된 것이 아니라, 적에 의해 큰 돌에 묶여 산 채로 동굴 아래로 버려졌음을 말해준다." 그야말로 "매 한 치의 땅마다 홍군의 피 천 방울이 스며있고, 매 한 걸음마다 열사의 시체가 녹아있다."는 생생한 역사의 한 목격하게 한 것이다.

이것은 장정 국가문화공원이 보존하고, 장정 연선 인민들이 끊임없이 써서 추가한 장정문화의 목록으로, 모두가 자신의 삶과 생계를 장정 이야기에 녹여냈다. 그렇다면 우리는 이 이야기에 어떻게 참여할 수 있을까? 『장정의 노래』가 바로 그 길로 관객을 안내한다. 여기에는 감탄을 자아내는 트레킹, 온라인 가상디지털 투어, 따뜻하고 감동적인 견문이 있고, 교육자와 환경보호 팀의 이야기가 있으며, 옛 홍군의 추억(33명의 옛 홍군이 구술한 역사 자료)이 있다. 『장정의 노래』는 장정에 직접 참여했던 6명의 100세 노인들을 인터뷰했다. 지금은 대부분 고인이 되었지만, 장정 체험에 대한 어르신들의 진솔하고 소박하며 진심 어린 이야기는 장정 국가문화공원의 문화재들에 생생한 생명을 불어넣고 있다. 문화공원은 개방된 경관이다. 여기에서 우리가 장정을 돌아보고 장정을 표현하는 것은 모두 알려진 결과를 바탕으로 과정을 되짚어보는 것이기에 마음가짐이야 어쨌든 느긋할 수밖에 없다. 하지만 『장정의 노래』 속 100세 홍군들이 남긴 소중한 구술 증언을 통해 우리가 느끼는 장정은 두렵고 고된 여정이고, 예측할 수 없는 긴장감 속에서 치러지는 사느냐 죽느냐의 혈투였다. 걱정과 신념, 현실과 비전, 의지와 결단력, 이 모든 것들이 하나하나의 풍경에 녹아있고 전진의 길에 녹아있다. 장정의 길은 그야말로 "풀 한 포기 나무 한 그루마다 열사의 영혼이 깃들어 있고, 개개의 산과 돌은 모두 기념비"인 것이다. 세월이 흐르면서 오늘날 우리는 점차 홍군이 흘렸던 뜨거운 피를 눈앞에서 피어나는 꽃 정도로 여기고, 장정의 시련을 찬란한 낭만쯤으로 여기는 경향이 다분하다. 이러한 감동은 일종의 예술적인 감동이며 일종의 미적 소비활동일 뿐이다. 하지만 『장정의 노래』는 특정 장소의 사건이나 역사적 인물을 기념하기 위해 우뚝 솟은 기념비와 기념관은 예술가와 시인처럼 역사의 비장함을 노래하고 있으며, 오늘날 우리가 소중히 여겨야 할 많은 것들을 해석해주는 특별한 장소에 와 있다는 사실을 깨닫게 해준다. 공원이 제공하는 격정과 사상의 휴양지를 즐기면서 우리는 마음의 공원도 발견하게 되는 것이다.

『장정의 노래』에서 장정 국가문화공원의 문헌, 문화재, 랜드마크, 유적, 명소, 기념비, 기념관에서 들려주는 역사는 더러 감상적인 느낌을 주기도 하지만, 동기부여가 더 크며, 용기와 신념을 주는 이야기들이라고 할 수 있다. 과거에 책이나 박물관, 기록 보관소에서 배웠던 것들이 이곳에서 생생하게 살아나고, 사람들은 자신도 모르는 사이에 이야기의 일부가 되어 더 이상 구경꾼이 아닌 주인공이 된다.

2. 그것은 문화이자 텍스트이며, 운반체이자 발견이다

장정은 만 리의 여정에서 거대한 이야기 자원을 남겼고, 시간의 풍화 속에서 창세적인 신화 전설로 변모하여 푸른 물과 푸른 산에 녹아들었다. 장정문화의 바다를 노닐며 『장정의 노래』가 관객들을 발견의 여정으로 안내할 것이다.

당시의 거칠고 사나운 파도는 현재 우리 눈앞에 펼쳐지는 평온함을 점점 더 아름답게 보이게 만들어준다. 역사 유적이 들려주는 이야기는 시간의 시련을 겪고 있지만, 『장정의 노래』는 세월이 결코 홍군의 숨결을 감추지 못할 것이라 믿게 한다.

오늘날의 룽성은 사진작가들이 '아름다운 중국'을 기록하는 촬영지이다. 그림과도 같은 룽성의 다랑논과 더불어 장정 국가문화공원의 야오자이(瑶寨) 용설암(龙舌岩)에 새겨진 홍군 전사들의 구호 역시 사진작가들이 선호하는 배경이다. 바로 "홍군은 절대적으로 야오민(傜民)들을 보호한다."는 구호이다. 원래는 개사슴록변이 붙은 '야오(猺)'자였는데, 사람인변이 붙은 '야오(傜)'자로 바뀌었다. 그래서 백성들은 돌아가면서 이렇게 말했다. "홍군은 우리를 인간으로 대한다." "공산당은 우리 자신의 조직이다." 홍군이 떠난 후 현지 야오족 동포들은 목숨을 걸고 이 구호를 보존해 왔다. 해방 후 이 용설암은 '광명바위', '홍군바위'로 이름이 바뀌었다. 한때 고립되어 있던 이 마을이 점차 세상에 알려지게 된 것은 바로 이 구호 덕분이었다. 오늘날 룽성을 여행할 때 이 홍색 마을은 관광객들이 꼭 들러야 할 코스가 되었고, 홍군의 장정 루트는 오늘날 마을 사람들이 관광으로 부유해지는 길이 되었다.

당시 홍군이 쓴 이 이야기는 마치 한 권의 두꺼운 책처럼 수많은 산과 들에 펼쳐져 있으며, 오늘날 그들의 자손들, 오늘날의 지역 주민, 공원 관리인, 역사학자, 고고학자, 교사, 학생, 자원봉사자들에 의해 발굴 작업이 진행되고 있다.

우강 강변에서 『장정의 노래』 제작진은 특별한 3km 구간의 오솔길을 촬영했다. 당년에 홍군이 우강으로 질주하면서 거쳤던 루트이다. 수십 년 후, 우강 기슭에서 '중국 천안' 팀은 장정의 길을 다시 답사하면서 더 깊고 새로운 체험을 했다. '중국 천안'은 우주 깊숙한 곳까지 가는 국가적 프로젝트이다. 23년 동안 난런동은 홍군처럼 비바람을 맞으며 '중국 천안'을 향한 긴 장정을 이어갔다. 난런동이 사망한 지 25일 후인 2017년 10월 10일, '중국 천안'이 처음으로 펄서를 포착하고 발견했다. 16,000광년 떨어진 곳과 4,100광년 떨어진 곳에서 펄스 신호가 잡혔는데, 이는 난런동이 먼 곳에서 보낸 인사말인 것만 같았다. ……

이처럼 따뜻한 이야기들은 『장정의 노래』에서 50여 건 등장한다. 바로 이런 이야기들이 추억과 풍경을 공존하게 하는 것이다.

『장정의 노래』는 이러한 독특한 장소를 기록하고 특별한 문화적, 물리적 중요성에 대해 설명할 뿐만 아니라 카메라에 담긴 발견을 흥미진진하게 해석한다. 장정의 랜드마크를 방문하거나 장정의 스토리를 경험하고 싶거나 또 다른 놀라움을 느낄 수 있는 독특한 시각을 찾고 싶다면 『장정의 노래』는 색다른 경험을 선사할 것이다.

전국의 장정 국가문화공원은 이곳을 찾는 사람들만큼이나 독특하고 다양하지만, 모든 이야기는 '장정의 정신'으로 귀결된다. 『장정의 노래』에서는 어느 곳을 여행하든 장정의 정신과 함께 새로운 추억이 만들어진다. 각각의 이야기에는 깊은 감동이 담겨 있으며, 다시 방문하거나 가족 및 친구들과 공유할 가치가 있는 오래도록 기억에 남는 추억이 된다. 이러한 감동이 새로운 발견으로 정착되면, 우리는 자신의 발견을 통해 더욱 분발하게 될 것이다. 왜냐하면 역사는 이렇게 끊임없는 발견 속에서 우리의 곁으로 왔기 때문이다. 그리고 우리는 어느덧 장정 국가문화공원과 떼려야 뗄 수 없는 관계를 맺게 된다. 왜냐하면 우리 모두는 장정 이야기에서 자신을 볼 수 있기 때문이다. 즉 우리가 어떻게 자신을 묘사하고 사회를 이해하든, 우리는 그 당시 장정에서 많은 공통점을 찾을 수 있다. 비록 때때로 우리는 당장의 곤경과 불확실성에 눈이 멀어 불안과 낙담으로 가득 차서 우리를 연결시키는 이 연결고리를 간과할 수도 있지만 말이다. 불확실성으로 가득 찬 고난의 여정에서 홍군의 장정을 만나고 결국 확실한 승리의 길을 찾게 되면서, 우리는 『장정의 노래』가 우리에게 보여준 자신감과 용기가 얼마나 시의적절하고 가치가 있는 것인지 깨닫게 된다.

3. 그것은 과거이자 미래이고, 공원이자 너와 나이다.

장정의 역사는 우리의 어제와 현재, 그리고 미래의 일부이며, 우리를 자랑스럽게 만드는 과거와 중국의 꿈을 실현하기 위해 더 잘하고 더 열심히 노력해야겠다는 결심을 하게 만드는 더 완벽한 현재와 미래를 포함한다. 즉 장정의 기적이 이 땅에서 계속되고 있다는 이야기를 전하고자 하는 것이 바로 같은 소재의 이전 작품들과 차별화되는 『장정의 노래』의 핵심 포인트이자 의도이다.

우똥더 수력발전소는 세계에서 가장 폭이 좁은 300미터의 이중 곡선 아치형 댐이고, 댐 전체에 저열 시멘트를 적용한 세계 최초의 초고층 아치형 댐이며, 진정한 '이음매 없는 댐'이기도 하다. 진사강 도강으로부터 세계 최대 규모의 댐을 건설하기까지, 이 위업의 이면에는 모두 장정의 정신이 담겨있다. 오늘날 장정 국가문화공원 기획자들은 진사강 도하 박물관과 우똥더 수력발전소를 긴밀하게 연결했다. 이 두 개의 전설은 진사강의 영광스러운 어제와 아름다운 오늘과 더욱 아름다운 내일을 이야기하고 있다.

시창(西昌)은 홍군이 지나갔던 따량산(大凉山) 지역에 위치해 있다. 수천 년 동안 횃불만 사용하던 고대 시창은 하룻밤 사이에 현대화되어 '베이떠우(北斗)의 고향', '창어(嫦娥)의 고향'으로 불린다. 시창 위성발사센터는 중국의 모든 베이떠우 발사 임무를 수행했으며, 위성은 모두 예정한 궤도에 진입했다. 장정의 이름을 딴 로켓은 조국의 우주 산업의 도약을 위한, '하늘로 가는 사다리'를 마련하며 연이어 우주 비행을 성공시켰다.

황허(黄河)를 횡단하는 것은 전체 남수북조 중선에서 가장 상징적인 프로젝트이다. 황허 수로 아래로 4,250미터 길이의 터널 두 개를 뚫어야 하는 어려운 작업이었다. 수중 수리(水利) 공사는 세계적으로도 전례가 없는 일이다. 그래서 이 프로젝트는 장정처럼 선례를 만들어 내는 일이었다. 오늘날 장정 국가문화공원 두수진 전투유적지에서 멀리 바라본 맑은 물이 북상해 베이징과 톈진으로 흘러가고 있다. 이것이 바로 중국 북부의 대지를 촉촉하게 적시는 남수북조 중선(中线) 프로젝트이다. ……

『장정의 노래』에서 각각의 이야기는

위대한 장정의 역사가 사실은 서로 다른 역사적 발전과정을 통해 함께 만들어졌다는 것을 깨닫게 해준다. 결국 오늘날 중국의 진보와 발전은 장정에서부터 시작된 것이다.

시간, 인물, 장소라는 세 가지 스토리 요소는 모든 장정의 주제를 하나로 연결해준다. 『장정의 노래』에서 시간은 단순히 역사적 사건을 찾는 지점이 아니라 시간의 축을 따라 끊임없이 전진하는 의미 생성의 궤적이자, 과거를 현재로 만드는 원인을 더 잘 이해하게 해주고, 수많은 불확실성과 변화 속에서 영원하고 변하지 않는 것을 찾아 미래에 대한 확신을 가질 수 있게 해주는 요소이다. 싱궈현 현성에서 동쪽으로 45km 떨어진 관톈 중앙병기공장이 바로 이와 같은 점과 선의 조합으로, 공식 번호를 가진 최초의 병기공장이자 인민 군수산업의 발상지였다. 관톈 병기공장은 1931년 설립 당시 단조로(打铁炉) 4기와 줄칼·바이스 300여 자루가 전부였다. 홍군 총사령관 주더(朱德)는 “공장의 모든 가산을 통털어도 왕얼마쯔(王二麻子)의 가위가게 수준에도 미치지 못한다.”고 한탄한 적이 있다. 500명 이상의 관톈 병기공장 노동자들이 장정에 참여했지만 그중 소수만이 산베이(陝北)에 도착했고, 이들은 새로운 중국 군수사업의 불씨가 되었다.

중국인민혁명군사박물관에 보관 중인 75㎜ 587산포(山炮)는 홍군을 따라 장정을 완주한 유일한 산포다. 이 산포는 허룽(贺龙)과 런비스(任弼时)가 이끄는 홍군 제2군단과 제6군단이 적들로부터 노획한 것이다. 전투와 무기의 정비를 반복하는 어려운 여정이었지만, 장병들은 기어이 이 산포를 부품으로 분해해 눈덮인 산을 오르고 초원을 가로지르며 힘든 고생 끝에 마침내 산베이(陝北)로 가져갔다. 산포 한 문 뒤에는 인민병기공장의 힘겨운 발전과정이 반영되어 있으며, 선진 무기와 장비에 대한 홍군 장병들의 강한 열망이 담겨져 있다. 소규모 작업장으로 시작한 관톈 병기공장은 전쟁에서 담금질하고 신중국의 설립과 함께 점차 발전하여 중국 군수산업의 성장을 견인했다. 장정 국가문화공원 장시(江西) 구간의 주요 전시 공원인 이곳은 장정정신이 대대로 이어져 내려온 역사를 생생하게 전하고 있다.

장정 국가문화공원은 역사와 자연에 대해 배울 수 있는 현장감 있는 수업의 장이며, 모든 연령대와 다양한 신분의 사람들이 필요한 자원을 찾을 수 있는 곳이기도 하다. 그러나 이것은 단지 한 가지 측면일 뿐이며, 『장정의 노래』는 그러한 수준의 표현에 그치지 않는다. 이곳에 있는, 이곳을 찾는 모든 사람들이 『장정의 노래』 속에서 장정 국가문화공원 콘텐츠의 일부가 된다. “우리가 무엇 때문에 해야 하는가”, “우리는 뭘 해야 하는가”, “장정 국가문화공원에서 무슨 일이 일어나고 있는가”에 대한 질문과 대답은 물론, 장정 국가문화공원 조성을 위한 자손 대대의 노력 역시 장정 국가문화공원의 유기적인 결과의 하나이다.

장정 국가문화공원은 『장정의 노래』가 이야기를 전개하는 실체적 배경이자 이야기를 들려주는 출발점이며, 영혼이 뿌리를 내리고 성장할 수 있는 곳이다. 그러나 『장정의 노래』의 표현 시각에서 볼 때, 당년에 홍군의 장정이 파급되었던 장소는 모두 공원으로서, 중화민족이 내일로 나아가기 위한 중요한 기원이자 출발점이다.

이 변화무쌍한 시대에, 새로운 시대의 장정은 특히 역사에서 그 힘을 얻을 필요가 있다. 오늘날 우리가 장정에 대해 해설하는 것은 바로 스스로의 내면에 대한 해독이다. 역사를 말하는 것은 사실 현재를 말하는 것이므로, 장정은 아버지 세대의 이야기이면서, 우리 모두의 자서전이기도 하다.

부록

『장정의 노래』의 총감독을 만나다

총감독 옌동(闫东)은 창작회의에서 장정의 정신으로 창작할 것을 주문했다

새롭게 장정 이야기를 하며 새로운 장정의 길을 가다
— 6부작 대형 TV 특집 프로그램 『장정의 노래』의 총감독 옌동을 만나다

쑨롄롄(孙莲莲), 중국TV신문(中国电视报) 기자

옌동은 다큐멘터리 감독으로서 행복하다고 자주 말한다. "수년간 다큐멘터리를 만들면서 가장 설레고 작품으로 만들고 싶었던 두 가지 군사 소재는 장정과 중국 인민지원군이 북한에서 전쟁에 참전하는 것이었습니다. 다행히도 이 두 가지는 제 커리어에서 모두 이루어졌습니다. 장정은 두 번이나 촬영을 했습니다."

2016년 중국 노농홍군 장정 승리 80주년을 기념해 옌동이 제작한 8부작 대형 다큐멘터리 『장정』이 CCTV에서 방영되었고, 반응은 폭발적이었다. 6년여 만인 2023년 1월 11일, 역시 옌동이 제작한 6부작 대형 TV 특집 프로그램 『장정의 노래』가 CCTV 종합채널에서 방영되었다. 그렇다면 옌동은 무엇 때문에 다시 장정에 관심을 가졌고 새로운 작품을 내놓게 된 것일까?

참신한 시각으로 장정을 다시 읽다

옌동이 보기에 장정은 크고 두꺼운 책이며, 장정을 읽는다는 것은 곧 중국을 읽는 것이다. "80여 년 전에 일어난 일인 것 같지만 중국인의 정신적 품격 형성에 깊은 영향을 미쳤으며, 오늘날까지 우리 사회생활의 모든 측면에 영향을 미치고 있습니다. 새로운 중국의 발전과 중국공산당의 근간을 연구하고자 하는 사람이라면 누구나 이 역사를 무시할 수 없습니다."

2019년 중앙개혁위원회 제9차 회의에서 「만리장성, 대운하, 장정 국가문화공원 건설 계획」을 심의하고 채택했다. '14차 5개년 계획' 기간 동안 국가가 추진할 주요 문화 프로젝트로서 장정 국가문화공원 건설이 서서히 막을 열었다. 옌동의 내면에 있던 창작 열정도 다시 불타올랐다. "장정은 늘 현재진행형이며, 이는 끝없는 주제입니다. 장정 국가문화공원은 우리에게 장정을 다시 읽을 수 있는 참신하고 독특한 시각을 제공합니다."

2021년 8월 『장정의 노래』 제작진이 공식적으로 구성되었는데 그 핵심 멤버는 2016년에 다큐멘터리 『장정』을 만든 원년 멤버였다. 옌동이 보기에 이것은 매우 어려운 자아 도전이었다. "자칫하면 2016년 버전으로 돌아갈 수 있습니다. 혁신해야 합니다. 단호하게 혁신해야 합니다!" 제작진은 이전의 창작 패러다임에서 벗어나기 위해 중앙과 지방의 유관기관과의 협조 하에 국가문화공원 전문가 자문위원회, 중앙당사·문헌연구원, 군사과학원, 국방대학교 등의 전문가와 협력하여 15차례에 걸친 세미나를 통해 장정 국가문화공원의 새로운 시각에 입각하여 역사와 현실을 충분히 접목시켜 장정과 우리의 이야기를 여러 세대의 공감 속에서 표현해내는 방향으로 최종 결정했다.

다시 장정의 길을 걸으며 장정정신으로 창작하다

제작진 회의실 벽에는 2016년에 사용했던 홍군 장정 로드맵이 여전히 걸려 있는데, 이는 옌동이 '병력을 배치'하기 위한 '전투지도'이다. 옌동은 "더 새롭고 진솔한 이야기를 담기 위해" 다큐멘터리 스타일을 고집하면서 2016년과 마찬가지로 재차 장정의 길을 답사하기로 결정했다. 그는 발로 뛰는 것이야말로 가장 확실한 수단이라고 생각하며 "이렇게 촬영한 영상은 생생하고 뜨겁고 열정과 온도가 있다"고 말한다. 약 60명의 외부 촬영 제작진이 6개 팀으로 나뉘어 두 달여 동안 장정 루트를 따라 15개 성(자치구, 직할시)의 110개 이상의 시와 현, 총

4만 5천 킬로미터를 이동하며 촬영한 외부 촬영 분량은 400시간이 넘는다. "이번에 이동한 거리와 촬영 분량은 모두 2016년의 분량을 초과했습니다."

옛 홍군이 구술한 역사는 이번 작품에서도 여전히 주목하는 내용이었다. 2016년에 『장정』을 촬영할 때, 제작진은 50명의 옛 홍군들을 인터뷰했는데, 이들 중 대부분은 이미 세상을 떠났다. 이 소중한 영상 자료들은 『장정의 노래』에서 다시 활용되었다. 이번에는 33명의 옛 홍군들의 구술 역사자료를 활용했으며, 장정에 참여했던 6명의 100세 노인을 인터뷰했다. "그들의 표현은 비록 단편적인 말일지라도 가장 힘이 있습니다. 왜냐하면 그들이 바로 살아있는 역사이기 때문입니다." 6년 후 다시 찾아갔을 때, 완만린(万曼琳) 할머니는 더 이상 말을 할 수 없었다. 하지만 제작진은 그녀의 생활 영상을 기록했는데, 이 역시 소중한 자료이다. "장정의 정신이 여전히 그 자리에 서 있는 것을 보았습니다." 옌동이 감개무량해하면서 말했다.

촬영 중 겪은 어려움은 상상을 초월했다. 옌동은 "장정정신으로 창작에 임하라"고 제작진을 격려했다. 제작진은 출발에 앞서, 2022년 2월 9일부터 21일까지 보름 가까이 장정 노선을 따라 15개 성(자치구 및 직할시)의 관련 부서와 일대일로 영상 조사를 진행했다. 이는 맞춤형 촬영에 큰 도움이 되었을 뿐만 아니라 생생한 이야기를 한가득 수집하는 추가 효과까지 얻었다. 그들은 또 업무 프로세스를 혁신하고 비상계획을 최적화했는데 이것도 홍군에서 배운 것이다. 장정은 설산을 오르고 초원을 통과할 뿐만 아니라 언제 어디서 복병이 튀어나올지 모르기에, 용감해야 할 뿐만 아니라 지혜도 필요했었다.

"장정은 우리가 다큐멘터리를 만들기 위해 연구하는 게 아니라, 이미 우리가 하는 모든 일의 기본 정신으로 내면화되어 있습니다." 옌동은 이 다큐멘터리에서 자체 촬영 비율이 70%에 육박하는 것을 아주 자랑스럽게 여긴다고 하면서 다음과 같이 부언했다. "여러분이 받은 정신적 세례가 이 작품의 품격을 결정합니다."

정도를 지키며 혁신하고 새로운 시대의 장정 이야기를 발굴하다

옌동은 이번 창작은 장정에 대해 다시 한 번 돌아보고, 다시 한 번 정리하고, 새롭게 인식해나가는 것이며, 진행과정에서 끊임없이 생각하고, 점차적으로 개선해 나가는 과정이라고 말했다. 촬영팀은 장정의 연선을 따라 사람들의 삶의 변화

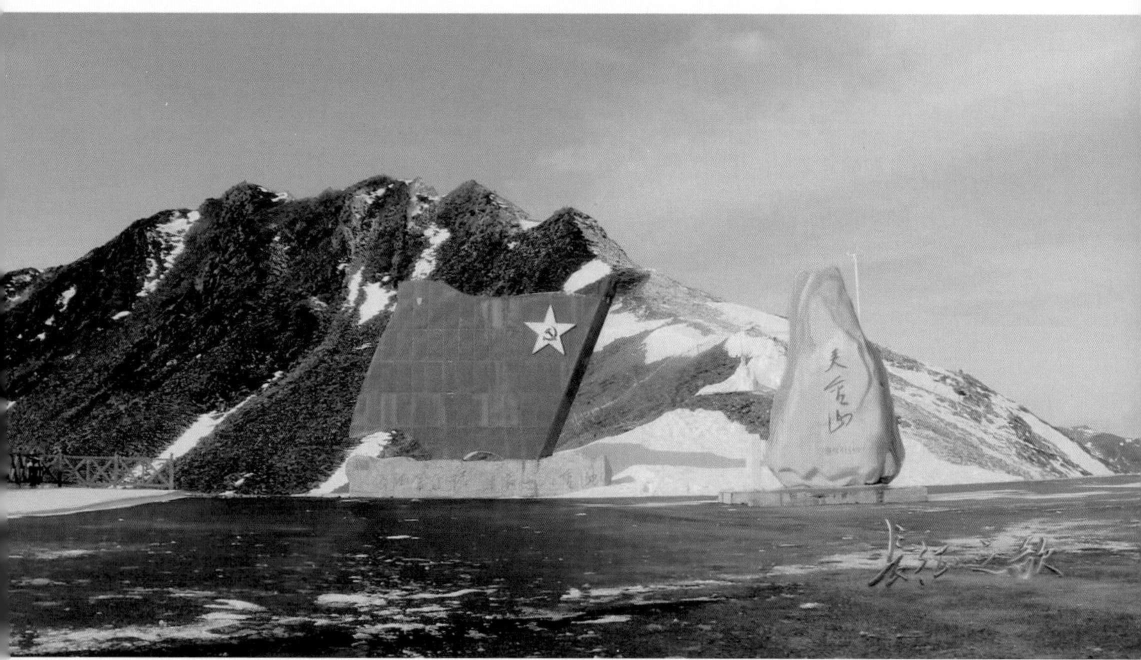

장정 국가문화공원(쓰촨 구간)자진산(夹金山)

와 정신의 변화를 실감했고, 새로운 시대 중국의 거대한 발전과 변화를 목격했다. "이것이 바로 이 다큐멘터리의 현실적 가치와 미래적 의미입니다. 살아 숨쉬는 장정정신은 장정 연선의 15개 성(자치구, 직할시)에서 한창 시대의 이야기를 열연하고 있습니다."

2016년 『장정』에 비해 『장정의 노래』에서는 25000리 장정의 역사가 더 이상 주인공이 아니라 현재의 이야기 속에 온전히 녹아들어 있다. 6부작 특집 프로그램은 문화재 보존과 활용, 빈곤 퇴치, 녹색 생태, 항공우주 과학과 산업, 문화와 예술, 글로벌 전파 등 다양한 관점에서 장정의 정신을 시대와 공명할 수 있도록 구성했다.

옌동에게 있어서 이 다큐멘터리의 많은 내용은 자연스런 정감의 발로라고 할 수 있다. 이를테면 제4부의 제목 "여정의 길에서 기적이 빛나다"는 그가 직접 지은 것이다. "저는 항공우주인(航天人)의 후손이고 부모님 모두 제3항공우주연구원(航天三院)에서 일하고 있습니다." 항공우주연구원에는 옛 홍군들이 많았는데 옌동은 어린 시절 하얀색 유니폼을 입고 에너지 넘치는 아저씨들을 자주 보았다. "홍군에 대한 궁금증이 많았던 저는 그들에게 여러 가지 질문을 했습니다. '배가 너무 고파서 가죽벨트를 삶아 드셨다는 게 정말이세요?' 라고 말입니다."

어려서부터 장정 이야기를 들으며 자랐고 아버지 세대가 항공우주산업에 헌신하는 모습을 보며 자란 옌동은 항공우주정신과 장정정신은 일맥상통한다고 생각했다. 당시의 홍군전사들처럼 수많은 지식인들이 두려움 없이 나라를 위해 '칼'을 만드는 길을 걸어왔다. '장정'시리즈 운반로켓과 '베이떠우(北斗)', '톈공(天宮)', '천안(天眼)' 등 '전략적 중장비'들은 중국 과학기술의 부상을 목격했다. 이 다큐멘터리에서 말했듯이 "장정과 같은 기적을 일으킬 수 있는 위대한 민족은 어떤 인간 기적이든 창조할 수 있다"는 것이다.

'영상으로 보는 장정 국가문화공원'을 구축하다

『장정의 노래』는 중요한 사건, 중요한 인물과 장정 국가문화공원의 중요한 지점을 교묘하게 융합하여 입체적이고 풍부한 이야기를 선보이며, 다큐멘터리 감독의 독특한 해석으로 '영상으로 보는 장정 국가문화공원'을 구축하였다.

'공원'이라고 하면, 누구나 어린 시절 공원에 대한 좋은 기억을 떠올릴 수 있는데, 공원은 즐겁게 놀던 장소일 뿐만 아니라 우리가 가장 먼저 배우고 성장하고 삶의 실천에 참여했던 장소 중 하나이다. "공원의 기능은 휴식을 취하고 교육을 받으며, 지성을 계발하고 성정을 도야하는 것입니다. 영혼을 형성하는 포대기라고 할 수 있습니다. 장정 국가문화공원은 중국의 힘을 하나로 묶는 정신적 고향입니다. 이곳에는 인간의 이상과 신념을 이야기하는, 정서적으로 가장 풍부한 이야기가 있습니다. 누구나 이 '영상으로 보는 장정 국가문화공원'에서 자신만의 정서적 해방구를 찾을 수 있다고 믿습니다."

『장정의 노래』는 과거와 현재, 미래를 유기적으로 결합해 장정의 광범위한 영향력과 깊은 의의를 보여줄 뿐만 아니라, 세대마다 각자의 장정의 길을 걷고 있는 모습을 보여주며, 새로운 시대의 동료이자 새로운 여정의 동반자인 우리 모두가 각자의 장정의 길을 걷기 위해 노력하고 있는 모습을 보여준다.

옌동이 보기에 시대를 위한 전기를 만들고 역사의 진실을 보존하여 국가의 영상파일을 구축에 기여하는 것이 바로 그의 장정의 길이다. 『1937년 난징 기억(1937南京记忆)』, 『동방의 주요 전장(东方主战场)』, 『장정』, 『우리는 큰길을 걷고 있다(我们走在大路上)』, 『영웅자녀(英雄儿女)』, 『감히 해와 달을 새 하늘로 바꾸다(敢教日月换新天)』, 『항해를 인도하다(领航)』, 『장정의 노래』 …… 등 그의 작품 한 편 한 편마다 모두 새로운 시대 장정의 착실한 발자국이다. 끝으로 옌동은 이런 작품들을 통해 여러 동행자와 젊은 친구들과 교류하고 싶다는 바람을 전했다.